Andreas Schweizer
Das Gilgamesch-Epos

Andreas Schweizer

Das Gilgamesch-Epos

Die Suche nach dem Sinn

Kösel

ISBN 3-466-36484-1
© 1997 by Kösel-Verlag GmbH & Co., München
Printed in Germany. Alle Rechte vorbehalten
Druck und Bindung: Ebner Ulm
Umschlag: Elisabeth Petersen, München
Umschlagmotiv: Ernesto Oeschger, CH-Intragna

1 2 3 4 5 · 01 00 99 98 97

*Gedruckt auf umweltfreundlich hergestelltem Werkdruckpapier
(säurefrei und chlorfrei gebleicht)*

Inhalt

II. TEIL:
Inanna-Ischtar – Eine unmütterliche Göttin.
Gedanken zur Dynamik von Leben und Tod

III. TEIL:
Gilgameschs Lebenssuche –
Der Archetypus des Weges

IV. TEIL:
Heimkehr

Vorwort

Gilgamesch beschäftigt mich seit vielen Jahren. Ungeachtet seines hohen Alters hat der Mythos nichts an Aktualität eingebüßt. Das wechselvolle Schicksal des Königs – er mag vor 5000 Jahren in Mesopotamien gelebt und gewirkt haben – und dessen Abenteuer mit den ihn begleitenden und führenden Träumen wirken wie eine Schilderung des Individuationsprozesses, wie in C.G Jung für die heutige Zeit beschrieben hat. Nun ist es sicher nicht selbstverständlich, eine mehrtausendjährige Geschichte mit dem Anspruch interpretieren zu wollen, etwas über die Psyche des heutigen Menschen zu erfahren. Was Gilgamesch in seiner Auseinandersetzung mit den Göttern erlebt, sein Ringen um den Sinn des Lebens, sein Leiden, seine Hoffnungen, die bald bitter enttäuscht, bald wieder in unerwarteter Weise erfüllt werden, all dies repräsentiert nichts anderes als die lebendigen Bilder der autonomen Psyche, die einer allgemeinen seelischen Grundlage überpersönlicher Natur entstammen, weshalb sie von Jung als archetypische, das heißt kollektiv gültige Bilder bezeichnet worden sind. In der unmittelbaren Erfahrung jedoch stellen die Inhalte der unbewussten Psyche, anders als in der kunstvollen mythischen Erzählung, ein oft undurchdringliches Durcheinander von allen möglichen Motiven dar, wobei es manchmal nur mit großer Mühe gelingt, in diesem Chaos eine sinnvolle Ordnung, so etwas, wie einen roten Faden, zu finden.

Anders der Mythos! Das war ja gerade die großartige Leistung der Mythen-Dichter, dass sie, die Zeitgeschichte reflektierend, die zeitlosen Strukturen aufgezeigt haben, die nicht nur den Menschen damals, sondern auch uns helfen konnten und können, die hintergründige Anordnung der Psyche zu erkennen. Jeder lebt sein ganz persönliches, individuell geprägtes Schicksal, seinen Mythos, und es ist die Aufgabe des Einzelnen, den Sinn *seines* Weges zu finden, einen Sinn, der ahnen lässt, dass das individuelle Schicksal in ein übergeordnetes Ganzes eingebettet ist. In der Vorstellungswelt des archaischen Menschen entspricht dies der lebensnotwendigen seelischen Verbindung zur Welt seiner Gottheiten und Ahnen.

So wie Gilgamesch seinen Weg über weite Strecken allein gehen muss, um schließlich zur Gemeinschaft zurückzufinden, so kann uns der Individuationsprozess zunächst von den alten Strukturen, Bindungen und Sicherheiten weg in eine manchmal nur schwer ertragbare Isolation hineinführen. Erst in dieser Isolation aber begegnet der Mensch seinem eigentlichen Wesen, dem ihm *von Gott bestimmten* Schicksal, was oft ein Leiden an der Unvollkommenheit der Schöpfung miteinschließt. Doch wie Gilgameschs Initialtraum, in welchem ihm ein Stern aus dem Firmament herab unmittelbar vor die Füße fällt, deutlich macht, findet er in der Einsamkeit auf seiner Wanderung zum mythischen Meer den ihm von Gott her bestimmten einzigartigen Sinn, eben seinen Stern, was im Mythos dadurch ausgedrückt wird, dass Gilgamesch auf seiner Heimreise nicht mehr allein ist, vielmehr von einem Unsterblichen begleitet wird. Damit ist, psychologisch gesehen, eine verlässliche Bindung zum inneren, ganzheitlichen Menschen hergestellt, was die Hinfälligkeit des irdischen Wesens zwar nicht aufzuheben, aber doch zu realisieren vermag.

Dadurch verliert Gilgamesch seine anfängliche Ichhaftigkeit und Selbstgefälligkeit. Er hat sich dem göttlichen Willen gefügt. Während sein erster, dem Tod geweihter Freund Enkidu die männliche Tatkraft herausgefordert hat, weckt sein späterer Begleiter, der Fährmann Urschanabi, in ihm die *religio*, die sorgfältige und stetige Beachtung des Numinosen, und verkörpert eine zwischen dem Diesseits und dem Jenseits, zwischen der Welt des Bewusstseins und dem Unbewussten vermittelnde Kraft. Damit ist Gilgamesch mit der im Sternentraum erstmals erschienenen göttlichen Macht verbunden, die psychologisch betrachtet einem autonomen Faktor des kollektiven Unbewussten entspricht. Mit dem Gilgamesch-Epos setzt jener Prozess der Bewusstwerdung ein, in welchem der Mensch zum mitverantwortlichen Partner Gottes wird. Das ist ja gerade das Faszinierende am Schicksal des Helden, dass dieser durch seine Auflehnung gegen die Göttlichen schuldig wird, dass er aber gerade dadurch lernt, Gott und den Menschen in echter Weise zu dienen. Es ist, wie Augustin einmal gesagt hat, eine *felix culpa*, eine glückliche Schuld, die das Leiden an der Unvollkommenheit und Brüchigkeit menschlichen Lebens erträglich machen kann.

Zollikon, im Dezember 1996   *Andreas Schweizer*

Herkunft und Umfeld des Gilgamesch-Epos

Es sind gut hundert Jahre her, dass ein junger Engländer namens George Smith in London einen Vortrag hielt, in welchem er eine Übersetzung des akkadischen Sintflutmythos vorlegte. Smith war ein Laie, wurde aber wegen seiner außerordentlichen Begabungen als Übersetzer von Keilschrifttexten allgemein geschätzt. Die nur für einen kleinen Kreis von Wissenschaftlern bestimmte Lesung erwies sich bald als eine Sensation, die durch die gesamte Presse ging. Plötzlich war aller Welt klar, dass die biblischen Texte teilweise wörtlich auf Vorlagen beruhen, die um Jahrhunderte älter sind! Das Dogma der Bibel als Offenbarung Gottes geriet ins Wanken.

Der viel beachtete Sintflut-Text stammt von einem kleinen, in Keilschrift verfassten Tontäfelchen und wurde bei Ausgrabungen in Ninive gefunden. In dieser Stadt sind unzählige Schätze ans Licht gekommen, denn hier befand sich die berühmte und riesige Bibliothek des Assyrerkönigs Assurbanipal (7. Jh. v.Chr.). Wie sich bald herausgestellt hat, gehört die Geschichte der Sintflut zu einem größeren Zyklus, den die Babylonier den *Gilgamesch-Zyklus* genannt haben. Damit hat die Erforschung des ältesten Epos der Weltliteratur ihren Anfang genommen.

In der Mitte des letzten Jahrhunderts begannen überall im Zweistromland von Euphrat und Tigris archäologische Grabungen. Etwa um 1870 herum stieß man auf ein Volk, nach welchem man gar nicht gesucht hatte, weil es seit zweitausend Jahren aus dem Gedächtnis der Menschen verschwunden war: die *Sumerer*. Die Griechen scheinen dieses Volk noch gekannt zu haben, dann aber geriet es in Vergessenheit. Was die Erde preisgegeben hat, ist ein reiches Material an Bildwerken und an schriftlichen Dokumenten: Legenden, Hymnen, Gebete, Mythen und anderes mehr. In ihnen spiegelt sich ein kultureller und geistiger Reichtum, der wie ein Urhügel aus dem Wasser, aus der dunklen Vorzeit einer jahrmillionenalten Geschichte hervorbricht. Auf dem Boden der Sumerer und der später zugewanderten Semiten entwickelte sich das menschliche Bewusstsein in einem fast sprunghaften Ausmaß. Ein stolzes Zeugnis dieser Entwicklung ist das Gilgamesch-Epos, mit dem darin gepriesenen Helden.[1]

Die Anfänge einer höheren Kultur müssen um 4000 v.Chr. datiert werden. Zu der Zeit entstehen die ersten städtischen Siedlungen, das Ackerland wird planmäßig angebaut und die Viehzucht kultiviert. Auch auf religiösem Gebiet begegnen wir erstaunlichen Leistungen, sei es im Tempelbau oder in der religiösen Kleinplastik. Der wesentliche Anstoß zur Entfaltung einer eigentlichen Hochkultur gegen Ende des vierten Jahrtausends scheint jedoch von den Sumerern gekommen zu sein. Ihre Herkunft verliert sich im Dunkel der Frühgeschichte.[2] Ein Höhepunkt der schnell aufblühenden sumerischen Kultur ist zweifellos die Erfindung der Schrift (um 3000 v.Chr.), die zunächst ganz praktischen Zwecken, dem Handel unter den Stadtstaaten, gedient hat, bald aber in den Dienst von Religion und Poesie getreten ist.

Die geschichtliche Entwicklung war wie überall prägend für die geistige Kraft Mesopotamiens.[3] Das Land Sumer besitzt keine natürlichen Grenzen. Flach und offen liegt es da, den feindlichen Mächten schutzlos preisgegeben. Vom Norden her drohten die Wasserfluten des Gebirges das wertvolle Kulturland zu überschwemmen, und aus dem Süden brachen Sandstürme herein. Doch damit nicht genug, denn von allen Seiten und zu allen Zeiten drängten Fremdvölker heran, allen voran die aus dem Nordwesten eindringenden Semiten (Akkader u.a.). Sie vermischten sich teils friedlich, teils in kriegerischen Auseinandersetzungen mit der ansässigen Bevölkerung der Ureinwohner und der Sumerer. Seit der so genannten frühdynastischen Zeit (2800-2350 v.Chr.) bestimmten sie maßgeblich das politische Geschick des Landes, wobei die kulturellen und geistigen Impulse nach wie vor stark von der sumerischen Bevölkerungsschicht ausgegangen sind. Unter *Sargon von Akkad* und seinen Nachfolgern entstand das erste semitisch-akkadische Großreich (2350–2200 v.Chr.).

Doch schon bald stürmte ein neues Volk heran, die Gutäer. Sie zerstörten Sargons Großreich so gründlich, dass wir die Lage seiner Hauptstadt bis heute noch nicht kennen. In der Folge kam es zu einer geistigen Renaissance der sumerischen Kulturwerte und Religion, die das politische Ende des Sumerertums (nach 2000 v.Chr.) um Jahrhunderte überdauerte. Die großen schöpferischen Leistungen Sumers fallen in diese Zeit. In der darauf folgenden Zwischenzeit sowie im großbabylonischen Reich der Hammurabi-Dynastie entfaltete sich die sumero-babylonische Kultur zu neuer Blüte. Weder der Hethitereinfall im Jahre 1595 v.Chr. (Fall Babylons), noch die aus Iran einbrechenden Kassiten vermochten diese geistige Kraft entscheidend zu brechen.

Die alten sumerischen Werke wurden von den politischen und geistigen Erben immer wieder abgeschrieben. Dieser Tradition verdanken wir das Gilgamesch-Epos, das wie kein zweites Dokument vom geistig-kulturellen Reichtum dieser Zeit Zeugnis ablegt. Vieles spricht dafür, dass Gilgamesch eine historische Figur ist, die um 2800 v.Chr. in Uruk regiert hat. Der an mehreren Stellen erwähnte und archäologisch nachgewiesene Mauerbau, ein gewaltiges Werk von 9 km Länge, kann auf diesen König zurückgehen. Um seine Gestalt haben sich im Laufe der Zeit verschiedene Legenden gebildet, die im so genannten *sumerischen Gilgamesch-Zyklus* zusammengefasst werden.

Es war ein unbekannter babylonischer Dichter, der die alten Gesänge zu einem Gesamtwerk zusammengeschmiedet hat. Diese so genannte »altbabylonische Rezension« ist uns nur in vier Fragmenten zugänglich. Die weit bekanntere Fassung, das Gilgamesch-Epos in akkadischer Sprache, entstand in der Zeit um 1200 v.Chr. Es ist die geniale Schöpfung eines unbekannten Dichters, der sein

14

Werk wohl in Erinnerung an Sargon von Akkad geschaffen hat.[4] Dank zahlreichen Abschriften, meist wesentlich jüngeren Datums, die in der groß angelegten Tontafelbibliothek des Assyrerkönigs Assurbanipal (668-628 v.Chr.) in Ninive entdeckt worden sind, lässt sich dieser Text mehr oder weniger vollständig rekonstruieren. Einzelne hethitische und churritische Fragmente zeigen die Beliebtheit und die weite Verbreitung des Werkes und geben zur Vermutung Anlass, dass dieses auch den Griechen Kleinasiens, also auch dem Dichter der Odyssee bekannt gewesen sein mag. Wenn wir davon ausgehen, dass den ältesten schriftlichen Fassungen eine längere mündliche Überlieferungsgeschichte vorangegangen ist, so können wir bei der Gilgameschtradition mit einer fast 1700-jährigen Redaktionsgeschichte rechnen.

Wir verdanken die Kenntnis des vorliegenden Textes der unermüdlichen Arbeit unzähliger Archäologen und Übersetzer, die in ihrer Forschertätigkeit eine immense Arbeit geleistet haben. Ich benutze in der Regel die Ausgabe von Hartmut Schmökel. Sie ist handlicher und übersichtlicher, auch im Sprachlichen schöner, – weil in fünffüßigen Jamben, den so genannten Blankversen geschrieben –, als die ältere im reclam Verlag erschienene Übersetzung von Albert Schott und Wolfram von Soden. Weil Letztere aber, was den Inhalt betrifft, verläßlicher ist, greife ich im Zweifelsfall stets auf diese zurück.[5]

Es mag etwas anachronistisch anmuten, viertausend Jahre oder mehr zurückzublicken und dabei den Anspruch zu erheben, den heutigen Menschen und seine Psychologie besser verstehen zu lernen. Doch wie sehr sich auch das äußere Erscheinungsbild des Menschen und seiner Umwelt ändern mag, so bleibt er in seiner Grundstruktur, in den instinktiven Reaktionen und in den Anschauungsformen, mit welchen er auf die Grundelemente seines Lebens (Geburt, Lebenskampf, Macht, Liebe, Tod, Verlust, usw.) reagiert, mehr oder weniger derselbe. Darum kann uns Gilgamesch in seinem Kämpfen, Suchen, Zweifeln, Hoffen und Weinen, kurz: in seiner ganzen Menschlichkeit, mit welcher er den Göttern antwortet, ans

Herz wachsen. Es ist, als ob er uns in seinem Lebensweg ein Stück weit vorausgegangen wäre, zwar vor Tausenden von Jahren, aber doch so lebendig, als würde er gerade heute neben uns hergehen. Von Dilthey, einem Philosophen des 19. Jahrhunderts, stammt der bedenkenswerte Satz: »Was der Mensch sei, das erfährt er ja doch nicht durch Grübeleien über sich, auch nicht durch psychologische Experimente, sondern *durch die Geschichte.*«[6] Die Dokumente der Seele, wie sie uns in den Zeugnissen vergangener Kulturen überliefert werden, halten uns jenen Spiegel vor Augen, in dem wir uns als Teil der Menschheit erkennen können. Nur so ist es uns möglich, die Beschränktheit des eigenen Horizontes zu durchbrechen, um in jene Gebiete vorzudringen, in welchen sich uns die Weite des kollektiven Unbewussten öffnet.

Und doch trennt uns eine mehrtausendjährige Entwicklung von jener Zeit, in der das Epos entstanden ist. Im Laufe der Geschichte des Abendlandes sind uns die Schattenseiten der einseitig männlichen Bewusstseinshaltung in erschreckender Weise vor Augen geführt worden. Die Überbetonung des solaren männlichen Prinzips führte zu einer entsprechenden Verachtung der dunklen, weiblichen und erdnahen Bewusstseinsinhalte und damit zu einem gefährlichen Ungleichgewicht von weiblichen und männlichen Werten.

Gilgamesch, der zum Sonnengott ein besonders inniges Verhältnis hat, ist zumindest am Anfang des Epos ein *Sonnenheld*: selbstbewusst, kämpferisch, siegesgewiss und erfolgreich. Dann aber stirbt sein Freund Enkidu. Und dieser Tod stürzt Gilgamesch in eine tiefe Verzweiflung, die ihn völlig verwandelt. Auf der nun folgenden Suchwanderung begegnen wir nicht mehr dem strahlenden Helden von einst. Zwar hat Gilgamesch seinen Mut nicht verloren, aber, von vielen Entbehrungen und Rückschlägen erschüttert, beugt er sich seinem Schicksal. Er, der »viele Wege ging bis zur Erschöpfung«, kehrt als Wissender in seine Heimat zurück. Er ist menschlicher geworden, ein König seines Volkes, der diese Auszeichnung auch wirklich verdient.

Emma Jung und Marie Louise von Franz haben in ihrer Interpretation der Graalslegende auf einen ähnlichen Umschwung des Heldenideals innerhalb des Christentums hingewiesen.[7] Um das Jahr 1000 herum scheint das bis dahin dominierende Ideal des Sonnenhelden in den Hintergrund zu treten, um einem neuen archetypischen Heldenbild Platz zu machen. Letzteres ist in der Figur des Parzival verkörpert. In ihm ist kaum mehr etwas vom strahlenden, immer siegreichen Helden zu spüren. Gerade in seiner Menschlichkeit, in seiner erdhaft-natürlichen und allem Sterblichen gegenüber offenen Art erweist er sich als Erlöserfigur seiner Zeit. Dementsprechend dominiert in der christlichen Ikonographie nicht mehr das Bild des glorreichen, triumphierenden Christus, sondern der am Kreuz leidende Gottessohn.[8] Er wird zur Leitfigur sowohl der bald einsetzenden Armutsbewegung, die ganz Europa erfasst hat, als auch vieler Mystiker und Mystikerinnen, bei denen die Leiden Christi zum Ausgangspunkt des mystischen Schauens werden. Schließlich begegnen wir in den Volksmärchen demselben Umschlag. Der Dummling, von dem niemand etwas Gescheites erwartet, ist oft der Held, der in seiner Naivität den älteren Brüdern weit überlegen ist. Frei von jeder Ichhaftigkeit und Zweckdienlichkeit bleibt er offen für die Stimme des Unbewussten und für die Weisheit der Natur. Instinktiv stellt er sich in den Dienst hintergründiger archetypischer Ordnungsfaktoren, die das Leben stets begleiten.

So leuchtet Gilgameschs Wandlung bis in unsere Zeit hinein. Offenbar sind wir seinen Weg noch nicht zu Ende gegangen. Wer das Ewige sucht wie er, wird sich bescheiden müssen, damals wie heute.

Freilich werden wir die Wahrheit des Mythos neu entdecken müssen. Dass ich dabei das Gilgamesch-Epos als eine mythische Erzählung deute, bedarf wohl keiner Erklärung. In der Frühzeit sind Mythos und Dichtung insofern identisch, als beide auf Weltorientierung ausgerichtet sind.[9] Psychologisch können wir den Mythos wie einen *Menschheitstraum* deuten: gleich einem großen, für das Kollektiv gültigen und in unserem Fall besonders schönen Traum nimmt er intuitiv eine zukünftige Entwicklung des menschlichen

Bewusstseins vorweg.[10] Ein bekanntes Beispiel eines großen Traumes ist Jakobs Traum von der Himmelsleiter, an welcher die Engel Gottes hinauf- und hinabsteigen. Dann erscheint ihm Gott, und Jakob fürchtet sich sehr. (Genesis 28,10ff.). Wie in allen großen Träumen geht es nicht um eine Botschaft an den Einzelnen, sondern um die Offenbarung Jahwes gegenüber seinem Volk. Wegen seiner Numinosität ist die Mitteilung eines großen Traumes in vielen archaischen Gesellschaften nicht nur geboten, sondern auch mit allerlei rituellen Vorkehrungen verbunden. Der Mythos wie der große Traum beschreiben eine überindividuelle, kollektiv wichtige Wirklichkeitserfahrung und beide enthalten sie Hinweise für deren Bewältigung.

Wer immer einen solchen Traum hat, muss sich gut überlegen, wem er das göttliche Geheimnis anvertrauen will. Wenn er zu schnell und zu offenherzig darüber spricht, zerfällt das Mysterium zur Banalität. Gerade darum wurden ja seit uralten Zeiten die numinosen Erfahrungen in die Form der wunderbaren Mythen gekleidet, weil nur deren sorgfältige, dichterische Gestaltung dem Göttlichen gerecht werden kann.

Viele Mythen zeigen in schöner Weise die Erzählkunst – oder wäre besser zu sagen: die Erzählfreude? – der alten Kulturen. Solches Erzählen stiftet Gemeinschaft, denn wer Geschichten erzählt, gründet eine Gemeinschaft von Hörenden. Man könnte allerdings auch umgekehrt formulieren: eine Gemeinschaft entsteht dort, wo sich Einzelne denselben Geschichten oder, im Falle der analytischen Beziehung, denselben Traumbildern anvertrauen.

Nun ist der Mythos nicht irgendeine Geschichte, weil er zwar von einer konkreten Wirklichkeitserfahrung ausgeht, diese aber darin überschreitet, dass er das Alltägliche und Menschliche mit der Welt der Götter, wir würden heute sagen: mit dem kollektiven Unbewussten verknüpft. Immer sind es Grundfragen des Menschen, die er zum Thema macht: etwa die Bedrohung des Lebens durch Krankheiten, durch Feinde, durch Naturkatastrophen und anderes mehr. Doch nicht um eine rationale Erklärung dieser Lebensphänomene geht es der mythischen Erzählung, sondern darum eben, in diesen Vorkommnissen einen religiösen Sinn zu finden. Der Mythos akzeptiert die tragische Problematik des Lebens und der Welt, aber er zeigt auch eine Möglichkeit, mit dieser umzugehen. Dabei soll seine Deutung von jedermann nachvollzogen werden können. Der Mythos will einleuchten. Indem er eine isolierte, oft schmerzliche Erfahrung des Menschen in einen größeren Sinnzusammenhang einbettet, stiftet er Heimat. Er versöhnt den Menschen mit der äußeren Natur ebenso wie mit seinen innerpsychischen Kräften. Diese Versöhnung wird oft in dramatischer Form geschildert: dem Suchen folgt das Finden, dem Umherschweifen das Sich-Niederlassen, dem Auszug die Heimkehr. Gegen die Isoliertheit in der Welt setzt der Mythos die Beziehung zur Natur, zu den Göttern und zu den Menschen. Angesichts der Verlassenheit des Menschen in der kosmischen Weite erzählt er von der Vertrautheit und von einem Sinngefüge der Welt. Er überwindet die Weltangst durch eine realistische Schilderung eines sinnvollen Daseins. Kaum ein Mythos vermag das schöner zu zeigen als die folgende Erzählung.

Die Erzählung

Prolog – Gilgamesch, der Weise

»Der alles schaute bis zum Erdenrande,
Jed' Ding erkannte und von allem wusste,
Verschleiertes enthüllte gleichermaßen,
Der reich an aller Weisheit und Erfahrung,
Geheimes sah, Verborgenes entdeckte,
Verkündete, was vor der Flut geschah,
Der ferne Wege ging bis zur Erschöpfung,
All seine Müh' auf einen Stein gemeißelt –
Er baute des umwallten Uruk Mauer
Rings um Eanna, den geweihten Tempel.«[11]
»Gilgamesch – König von Uruk.«

Mit diesen Worten führt das Epos den mächtigen König Gilgamesch ein, ihn, der einst in Uruk, einer Stadt am unteren Euphrat, geherrscht hat. In seinem selbstherrlichen, tyrannischen Auftreten unterdrückt er sein Volk. Dieses bittet in seiner Not die Götter, dem Leiden ein Ende zu setzen.

Enkidu – Der Tierbruder

Der Götterrat zieht sich zur Beratung zurück und beschließt, dass Aruru, die große Muttergöttin, dem Tyrannen ein Ebenbild und einen Ausgleich schaffen soll. So bildet sie aus Lehm den Tiermenschen Enkidu. Doch Enkidu ist scheu, er nährt sich mit den Gazellen und freut sich mitten unter dem Wild am Wasser. Ein *Jäger* versucht den Tiermenschen in eine Falle zu locken, aber vergeblich. Was ihm, dem Jäger, nicht gelingt, vollbringt dann eine Tempeldirne: auf ›Frauenweise‹ verführt und schwächt sie ihn.

> *»Sechs Tage, sieben Nächte gingen hin,*
> *Da Enkidu die Tempeldirne liebte,*
> *Bis er an ihren Reizen sich gesättigt.«*

Sie ist es, die ihn in die Welt der Menschen einführt, die ihn in die Stadt und vor den König bringt, wo es zum Kampf zwischen den beiden Helden kommt. Doch sind sie gleich stark und schließen alsbald Freundschaft.

Chuwawa – Dunkle Lebensgier

Nun beschließen die beiden, gegen den Riesen Chuwawa auszuziehen, um ihn, den Herrn des weit von der heimatlichen Stadt entfernten Zedernwaldes, zu töten. Nach langer Wanderschaft wagen und bestehen sie den Kampf dank der Hilfe des Sonnengottes Schamasch. Sie töten den Riesen, schlagen einige Zedern und bringen das wertvolle Holz nach Hause.

Inanna-Ischtar – Das übermächtige Weibliche

Offenbar ist Inanna-Ischtar die Göttin der Erotik und Lust, die vertraute, »große« Schwester aller Helden, von dieser Tat sehr angetan. Jedenfalls bietet sie dem Helden Gilgamesch ihre Liebreize an. Doch dieser verschmäht die Göttin, wohlwissend um das Schicksal ihrer früheren Geliebten. Das aber erregt Inannas göttlichen Zorn. Von den Göttern fordert sie den Furcht erregenden und zerstörerischen Himmelsstier. Anfänglich schlagen ihr die Unsterblichen diese Bitte ab, weil sie um die vernichtende Kraft des Untieres wissen. Doch wie Inanna der Himmlischen Zögern gewahr wird, droht sie damit, die Toten aus der Unterwelt zu befreien, was offenbar einer schlimmen Katastrophe gleichkäme. Jedenfalls erhält sie den Stier, aber die beiden Helden töten ihn, spotten über die Ohnmacht der Göttin und opfern das Herz des Tieres dem Sonnengott Schamasch.

Enkidus Tod und Gilgameschs Suchwanderung – Die Wandlung

Damit ist das Maß überschritten. Wieder sehen sich die Götter gezwungen einzugreifen. Enkidu muss sterben, so lautet ihr Beschluss. Das stürzt Gilgamesch in tiefste Verzweiflung:

> *»Gar bittre Tränen weinte Gilgamesch*
> *Um Enkidu, den Freund, irrt' durch die Steppe.*
> *wird's mir nicht, sterb' ich, gehn wie Enkidu?«*

Hier ist der Höhepunkt der Erzählung überschritten. In seinem Schmerz macht sich Gilgamesch auf einen langen, beschwerlichen und einsamen Weg. In der vergeblichen Hoffnung damit den »bittern Tod« abwenden zu können, geht er auf die Suche nach dem Wunderkraut, das »den Greisen zum Knaben macht«. Er weiß nur von einem Menschen, der die Unsterblichkeit erlangt hat: der Sintflutheld Utnapischtim. Bei ihm will er sich Rat holen. Nach einer beschwerlichen Nachtfahrt durch den finstern Berg gelangt er zur Schenkin *Siduri*, »die da wohnt in des Meeres Abgeschiedenheit«. Nach anfänglichem Zögern weist sie ihm den Weg zum Fährmann *Urschanabi*, dem göttlichen Begleiter und neuen Freund des Gilgamesch, mit dessen Hilfe beide, nun völlig ermattet, das Todeswasser überqueren und endlich die mythische Weltgrenze erreichen. Hier wohnt Utnapischtim, der Weise, der Gilgamesch freundlich empfängt und ihm seine Geschichte vom Bau der Arche, von der tosenden Flut und von seiner Erhöhung in den Kreis der Unsterblichen erzählt. Damit offenbart er Gilgamesch sein göttliches Geheimnis: hinter aller Finsternis des Lebens herrscht eine Art »Schicksalsgerechtigkeit«, die jenseits aller zerstörerischen Kräfte der Welt wirksam ist. Die Mächte des Chaos und des Todes sind zwar eine Realität, aber sie sind nicht siegreich. In allem Chaos liegt ein geheimer Sinn.

Wunderkraut, Schlange und Heimkehr – Der königliche Mensch als Diener der Gemeinschaft

Was dem Sintfluthelden gelang, bleibt Gilgamesch versagt. Zwar taucht er zum tiefsten Grund des Meeres hinab und findet das Kraut der Verjüngung. Doch wie er unterwegs ein kühlendes Bad nimmt, stiehlt ihm eine aus dem Wasser auftauchende Schlange das Kraut. »Da hockte Gilgamesch sich weinend nieder, die Tränen flossen über sein Gesicht.« Gebeugt und doch gewandelt kehrt Gilgamesch, begleitet von seinem neuen Freund Urschanabi, einem Unsterblichen, heim. Der Anblick Uruks erfüllt ihn mit Freude: die Stadt, die Palmgärten, die Flussniederung und dazu der heilige Bezirk des Ischtartempels, alle Bezirke umschlossen von der gewaltigen Mauer. Mit diesem Bild des gemeinschaftlichen Lebens endet das Epos. Der einsame Held ist heimgekehrt, um einer der Seinen zu werden.[12]

I. TEIL

Gilgamesch und Enkidu – Das Leben als Kampf und Abenteuer

Gilgamesch – König von Uruk

Gilgamesch, der »durch alle Beschwernisse zog, überragend ist er, weit voran den Königen, der Ruhmreiche von schöner Gestalt, der heldenhafte Abkömmling von Uruk«, er der Allererste gleicht dem wilden Stier. Das Volk aber leidet unter seinem Übermut: nicht lässt zum Vater Gilgamesch den Sohn, rast ohne Maß bei Tage und bei Nacht. Nicht lässt zum Liebsten Gilgamesch die Jungfrau (die junge Frau), die Tochter des Helden, die Gemahlin des Mannes. Ihre Klage hörten so oft die großen Götter ... (Tf. 1)

In Gilgamesch begegnen wir einem Menschen, dessen Schicksal uns bei aller individuellen Ausprägung an Erfahrungen erinnert, die wir im eigenen Leben gemacht haben. Wir fühlen uns unmittelbar angesprochen, wir leiden mit ihm und freuen uns an ihm, hoffend darauf, wie er erlöst zu werden. Gilgameschs Verhalten ist oft derart menschlich, dass man sich gerne mit ihm identifizieren möchte. Doch das Epos wäre missverstanden, wenn wir daraus lediglich eine subjektive Empfindung und Erkenntnis ableiten wollten. Wir dürfen die Gestalt des Helden nicht privatisieren, um so vermeintlich selbst zum Helden zu werden. Es geht nicht darum, gewissermaßen selber ein Gilgamesch zu werden. Das wäre psychologisch betrachtet eine Inflation, eine künstliche Überhebung über die reale Alltäglichkeit des Daseins und über die eigene subjektive Befindlichkeit. Nicht darum also geht es, Gilgamesch zu imitieren, sondern darum, ihn auf seinem Weg zu begleiten oder besser: mich von ihm begleiten zu lassen. Als archetypische Figur, die dem kollektiven Unbewussten entstammt, bleibt der Held eine allgemein-menschliche Gestalt, die die Sphäre des Einzelnen stets transzendiert. Der Mythos sucht Antworten auf Grundfragen des Menschen.[1] Dazu gehört die religiöse Orientierung, die Sehnsucht nach Gott, beziehungsweise psychologisch gesagt, die Beziehung zu den archetypischen Schichten des kollektiven Unbewussten. Keine Erklärung des Mythos, das sei vorweggenommen, kann das Geheimnis endgültig aufdecken, weshalb jede psychologische Deutung lediglich ein Versuch bleibt, sich dem Numinosen anzunähern.

Das dunkle, unlösbare Rätsel, das Gilgamesch umgibt, das Unbekannte und Fremde an ihm, steht unmittelbar neben dem Vertrauten, Altbekannten, ja Alltäglichen; das Staunen wird immer wieder von der Feststellung abgelöst: »Natürlich, so ist es!«

Diese seltsame Doppelgestalt charakterisiert alles Seelische »als ein Allbekanntes und zugleich Unbekanntes« (Jung, GW 8, § 356) und ist kennzeichnend für die Gestalt des Helden. Einerseits erhebt sich dieser über jedes menschliche Maß, weshalb der Mythos von seiner göttlichen Abstammung berichtet, andrerseits ist sein Benehmen oft derart menschlich, dass wir immer wieder versucht sind, zu sagen: Typisch Mann! Das Epos selbst ist sich dieser Spannung bewusst, indem es Gilgamesch als göttlich und menschlich schildert.

Schon der Prolog spricht von Gilgamesch als dem göttlichen Helden:

> *Der alles schaute bis zum Erdenrande,*
> *Jed' Ding erkannte und von allem wusste,*
> *Verschleiertes enthüllte gleichermaßen,*
> *Der reich an aller Weisheit und Erfahrung,*
> *Geheimes sah, Verborgenes entdeckte,*
> *Verkündete, was vor der Flut geschah,*
> *Der ferne Wege ging bis zur Erschöpfung,*
> *All seine Müh' auf einen Stein gemeißelt –*
> *Er baute des umwallten Uruk Mauer*
> *Rings um Eanna, den geweihten Tempel.*

Als Wissender wird Gilgamesch eingeführt. Während eines langen und mühevollen Lebensweges hat er sein Wissen erlangt. Anfangs folgt er diesem voller Tatendrang und mit heldischem (Über-)Mut, dann aber immer mehr als einer, der sein Schicksal erleidet. Wenn er, der ferne Wege ging bis zur Erschöpfung, das, was er mühevoll erfahren und erduldet hat, in einen Stein meißelt, so verleiht er damit seinem individuellen Erlebnis eine dauerhafte Gestalt. Er setzt dieses in eine Kulturtat um und erweist sich, wie jeder Held, als ein Kulturbringer.[2] Gilgamesch weiß um das Geheimnis von Chaos und Schöpfung. Er kennt die Nähe und die Ferne. Er baut eine Stadt auf, die Bestand hat. Kurz: er ist der Initiator einer langen kultur- und geistesgeschichtlichen Entwicklung. Sein Leben trägt den Stempel dieser Entwicklung, in welcher sich das Erblühen der ersten Hochkultur mit ihrem Aufschwung der Religion, der Wissenschaften und der Kultur widerspiegelt.

Wer immer mit dem numinosen Leben in sich selbst und seiner Zeit in Berührung kommt, wird darauf in der ihm möglichen Art antworten müssen. Vielen Menschen fällt es allerdings schwer, ihre Verantwortung wahrzunehmen, weil sie sich nicht vorstellen können, dass ihr Dasein von irgendwelcher besonderer Bedeutung ist. Sie sind, wie sich Marie Louise von Franz einmal ausdrückt, »von der Gewöhnlichkeit des Lebens überwältigt«[3]. Die Geringschätzung des persönlichen Lebens angesichts der kollektiven Mächte des Staates und anderer Massenorganisationen ist der Fluch eines statistischen Denkens, welches das Leben des Einzelnen bis zur beinahe vollständigen Bedeutungslosigkeit entwertet. Kompensatorisch dazu breitet sich ein Egoismus aus, der ängstlich nur noch das Eigene sucht. Dem Weg des Gilgamesch nachgehen hieße deshalb: dem Gefühl der Einzigartigkeit vertrauend jene Seite in mir wahrzunehmen, mit der ich als Einzelner in meinem ganz persönlichen Beitrag an der Erneuerung meiner Zeit teilhaben und so ernsthaft damit beginnen kann, mich für die Gestaltung der Zukunft einzusetzen. Mag der Beitrag noch so klein sein, die Erneuerung wird stets von Individuen, nie von Massenorganisationen oder vom Staat ausgehen.

Und immer wird die Voraussetzung zur Wandlung jenes unermüdliche Suchen auf den verschlungenen Wegen der Seele sein; ein Weg, den Gilgamesch, die alttestamentlichen Propheten, Jesus, Mohammed und viele andere uns vorausgegangen sind.

Nach der Eröffnung durch den Prolog folgt nun gewissermaßen der Abstieg in die Wirklichkeit. In der Stadt Uruk herrscht ein Tumult. Die Bewohner haben Angst. Als allzu selbstbewusster und selbstherrlicher Mensch verbreitet Gilgamesch Leiden und Kummer unter seinem Volk. Mit immer neuen Forderungen schreckt er die Mitbürger. »Nicht lässt zum Vater Gilgamesch den Sohn, rast ohne Maß bei Tage und bei Nacht – Ist das der Hirte des umwallten Uruk? ... Nicht lässt zum Liebsten Gilgamesch das Mädchen ...«.

Die Söhne lässt er nicht zu den Vätern, vermutlich weil er sie für seine ehrgeizigen Kriegszüge braucht. Und dem Geliebten verweigert er die Braut. Das könnte in Erinnerung an einen Brauch der Vorzeit eine Anspielung auf das *jus primae noctis* sein. Das Recht, beziehungsweise die Pflicht des Herrschers, die erste Nacht mit jeder Neuvermählten seiner Stadt zu verbringen, scheint hier auf Gilgamesch übertragen worden zu sein. Der Übergang vom Mädchen zur heiratsfähigen Frau war, wie jeder Schritt in eine neue Lebensphase, bei fast allen Völkern der Frühzeit von Inititiationsriten begleitet. Das Blut der Defloration galt als gefährlich. Deshalb wurde der erste Beischlaf nicht vom Ehemann vollzogen, sondern von einem fremden Mann, von einem Ausländer, einem Priester oder Häuptling. Er also sollte sich der »Gefahr« aussetzen oder galt, wie im Falle des Priesters und Häuptlings, als dieser gewachsen. Im *jus primae noctis* wird diese Stellvertretung in einen Autoritätsanspruch umgedeutet. Nicht mehr der schwierige Übergang und seine Bewältigung stehen jetzt im Vordergrund, sondern der Machtanspruch des herrschenden Mannes.

Damit ist das Vertrauensverhältnis zwischen dem König und seinem Volk zerstört. Wenn nämlich die Söhne und Töchter des Volkes vom König unterdrückt werden, droht Letzterer die Hoffnungsträger der Zukunft und damit seine eigene Grundlage zu zerstören. Dies entspricht psychologisch einer Situation, in welcher die instinktiven Erneuerungskräfte des Unbewussten (die Jugend) von kollektiven Idealen und Wertvorstellungen (der König als Repräsentant der Herrschenden) verdrängt werden.

Das ist die Ausgangslage des Gilgamesch-Epos: Der Held hat sich in blindem Tatendrang von seinen Wurzeln losgesagt, wodurch er mit seiner eigenen Natur und den Instinkten in Konflikt gerät. Wer zu viel will und zu viel weiß, und sei es im Rahmen der traditionellen Weltordnung noch so wahr, droht sich damit von den schöpferischen Kräften der Regeneration, das heißt vom lebenserneuernden Strom des seelischen Lebens abzuschneiden. »Gefahr entsteht dort«, sagt Konfuzius, »wo sich einer auf seinem Platz zu sicher fühlt.« Dieser Gefahr hat sich Gilgamesch ausgesetzt, weshalb sich der Himmelsgott *Anu* genötigt fühlt, ihm im Tierbruder einen Ausgleich zu schaffen. Sogleich beauftragt er die große Muttergöttin *Aruru*, die schon Gilgamesch erschaffen hat, den Tiermenschen Enkidu ins Leben zu rufen.

Kaum dass Aruru dieses hörte,
schuf sie sich im Herzen, was Anu befahl;
Aruru wusch sich die Hände,
kniff Lehm sich ab, warf ihn draußen hin.
Enkidu, den gewaltigen, schuf sie, einen Helden,
einen Sprössling der Nachtstille,
mit Kraft beschenkt von Ninurta (dem Kriegsgott),
mit Haaren bepelzt am ganzen Leibe …
Dieser wird sich Gilgamesch in den Weg stellen, denn nur durch
seinesgleichen wird Gilgameschs Missbrauch seiner königlichen
Macht ein Ende finden. (Schott, Tf. 1, II, 33ff.)

Wie mancher Traum, wie viele Märchen und Mythen, darunter besonders die kosmogonischen Mythen, schildert auch das Gilga-

30

mesch-Epos zu Beginn jenen bedrohlichen, mangelhaften und problematischen Zustand, den es zu überwinden gilt.[4] Was im Märchen der alte und schwache König symbolisiert, dessen Reich durch einen der Söhne erlöst werden muss, ist im Epos Gilgamesch und seine exzessive Lebensweise, mit welcher er sich von den natürlichen Wurzeln losgelöst hat. Der Anfang des Prozesses ist stets charakterisiert durch eine Sackgasse. Das Gefühl, dass es so nicht weitergehen kann, erzählt uns das Epos in der Klage des Volkes vor den Göttern, welche dann auch erhört wird.

Gilgamesch repräsentiert in gewissem Sinne den damaligen Zeitgeist. Seine Gestalt steht sinnbildlich für eine kollektive Geisteshaltung, die unserer Zeit gar nicht so fremd ist. Man kann sich gut vorstellen, dass die gewaltigen Erfindungen im dritten Jahrtausend vor Christus vor allem im Bereich des Ackerbaus eine Einstellung gefördert haben, die sich zu weit von den Instinktgrundlagen und damit ganz allgemein von der Natur entfernt hat. Erstmals in der Geschichte der Menschheit sah sich der Mensch einer Situation gegenüber, die nicht mehr vom täglichen Lebenskampf geprägt war; man hat gelernt, Vorräte anzulegen, und auch die wachsenden Viehherden garantierten einen sicheren Lebensunterhalt.

Die damit freiwerdende Energie verlangt nach einem neuen, geistigen Betätigungsfeld. Nun gilt es, eine Ichfestigkeit zu entwickeln, die den Einzelnen befähigt, echte Verantwortung für die Gemeinschaft zu übernehmen. Ein Ich soll sich heranbilden, das nicht in selbstherrlicher Manier meint, allein Herr im Hause zu sein (Gilgamesch, der sein Volk knechtet), das vielmehr um die eigenen instinktiven und geistigen Grundlagen weiß. Wenn er die seelische Matrix als solche anerkennt, kann der Held dem Sog des Unbewussten, seiner Begehrlichkeit und Triebhaftigkeit, einen geistigen Wert, das Tao oder den Sinn, entgegensetzen. Diesen Sinn wird Gilgamesch auf seinem langen Weg, den ihn die Götter führen, finden. Der Sinn ist der Weg selbst, auf dem er kämpft, leidet, bald verzweifelt sucht, bald findet, verliert, trauert und schließlich heimkehrt.

Zu Beginn des Epos droht das Gleichgewicht der Kräfte auseinanderzufallen. Nur weil die Götter, allen voran der Sonnengott Schamasch eingreifen, und nur weil Gilgamesch lernt, sich diesen zu fügen, wird die drohende Katastrophe abgewendet. Psychologisch gesehen entspräche diese der Spaltung zwischen dem Bewusstsein und dem Unbewussten. Die einseitige Betonung des Bewusstseins provoziert eine Aktivierung des Unbewussten, d.h. der Welt der Instinkte und der archetypischen Faktoren. Mythisch gesprochen: die Götter werden aktiv. Damit wählt der Mythos die positive Konfliktlösung, wie das für die Mehrzahl der Mythen typisch ist.[5] Gäbe es für Gilgamesch keine Möglichkeit für eine positive Konfliktbewältigung und könnte er in Enkidu seiner anderen Seite nicht begegnen, um sich mit ihr zu versöhnen, so wären er und sein Volk dem Untergang geweiht. Wer sich gänzlich von den natürlichen Grundlagen loslösen will, wird leicht zum Gefangenen seiner selbst.

In Goethes Faust ist diese Gefangenschaft im dunklen Reich der Natur und der Mütter unübertrefflich geschildert. Gilgamesch ist vom gleichen Schicksal bedroht, denn das Volk ist seinen sprühenden Kräften nicht gewachsen. Dadurch entsteht ein gefährlicher Zustand, in welchem das Gleichgewicht der Kräfte nicht mehr gewahrt ist. In seiner ungebändigten, impulsiven Art erinnert Gilgamesch an den Sohn von Faust und Helena, Euphorion, dem »faunenartig ohne Tierheit« alles Erdhafte abgeht. »Zu allen Lüften hinaufzudringen« ist seine Begierde, bis er – es kann gar nicht anders sein – in die Tiefe stürzt und im dunklen Reich der Persephone untergeht. Sterbend ruft er herauf:

> »Lass mich im düstern Reich,
> Mutter, mich nicht allein.«

Doch der Chor kann nur noch den Trauergesang anstimmen:

> »Ach zum Erdenglück geboren,
> Hoher Ahnen, große Kraft,
> Leider früh dir selbst verloren,

Jugendblüte weggerafft ...
Doch du ranntest unaufhaltsam
Frei ins willenlose Netz,
So entzweitest du gewaltsam
Dich mit Sitte, mit Gesetz;
Doch zuletzt das höchste Sinnen
Gab dem reinen Mut Gewicht,
Wolltest Herrliches gewinnen,
Aber es gelang dir nicht.« (Faust II, 9905ff.)[6]

Euphorion wird schmählich untergehn, denn er leidet wie Faust an jener Hybris des Bewusstseins, die den modernen Menschen dazu verführt, sich mit dem autonomen Geschehen der Seele zu identifizieren (vgl. Jung, GW 12, Epilog). Fausts Schuld wird dort offenbar, wo er Philemon und Baucis, das alte Paar, das einst trotz ihrer Armut die Götter gastlich bewirtet hat, rücksichtslos ermorden lässt. »Die Alten droben sollten weichen, ... Verderben mir den Weltbesitz« (II, 11.239).

Dieser Überschätzung des Bewusstseins, die sich das Leben selbst schaffen will, begegnen wir in der psychotherapeutischen Praxis fast täglich, wenn auch, und das macht es manchmal schwierig, sie als solche zu erkennen, oft in versteckter Form: unter dem täuschenden Mantel der Selbstlosigkeit. So ist es eine gängige Ansicht, dass derjenige, der leidet oder krank ist, offensichtlich etwas falsch gemacht hat. Es muss doch, so die kollektive Fantasie, irgendeine psychologische Methode geben, irgendeine Form der Meditation oder Religion, die ihn von seiner Einsamkeit, von seinem Leiden und oft verzweifelten Ringen um den Sinn befreien kann. Auch Gilgamesch ist von dem ungestümen Drang, sich selbst zu erlösen, befallen. Bei allem Übermut aber bekennt er sich letztlich zu den numinosen Mächten, oder psychologisch gesagt, zur Eigendynamik der Welt des Unbewussten und zur Autonomie der inneren Figuren. Doch damit habe ich vorgegriffen, denn bis dahin ist es für ihn noch ein weiter Weg ...

Enkidu – Der Tierbruder

Jetzt tritt Enkidu, der Mächtige und Held, auf, ein Spross der Stille, bedeckt mit Haaren am ganzen Leib. Mit den Gazellen nährt er sich vom Gras, zieht hin zur Tränke mit den Steppentieren und freut sich mitten unterm Wild am Wasser.
(Tf. 1,II, 29ff.)

Es ist ein weiser Rat der Götter, dem von seinen Instinkten und von der Natur entfremdeten Gilgamesch ein Ebenbild zu schaffen, einen Freund, der noch ganz mit der Wildnis verbunden ist. In Enkidu wird Gilgamesch seiner *anderen Seite*, dem *archaischen, chthonischen* Menschen begegnen. Gemäß einem allgemein gültigen psychologischen Entwicklungsgesetz setzt jede Einseitigkeit des Bewusstseins im Unbewussten, – der Mythos würde sagen: bei den Göttern –, eine Gegenbewegung in Gang. Während Gilgamesch seine eben erst errungene Freiheit von der stofflichen Gebundenheit an die Natur (durch Ackerbau und Tierhaltung) missbraucht, indem er sich allzu radikal über die bloße Naturgesetzlichkeit erhebt, trifft er in Enkidu auf sein im Unteren, Chthonischen und Animalischen beheimatetes Gegenbild. Zwei Figuren, wie sie gegensätzlicher nicht sein könnten, prallen aufeinander: der in der Stadt ansässige Gilgamesch und der ganz dem Naturraum verbundene Enkidu.[7]

Mit einem feinen Gespür für die Dramatik lässt das Epos den Konflikt zunächst noch nicht voll ausbrechen. Nach einem kurzen Kampf befreunden sich die beiden Helden. In immer kühneren Taten beweisen sie gemeinsam ihren Mut, und der Hörer vernimmt mit Bangen die Erzählung vom höchsten Triumph, vom »Sieg« über die Göttin Ischtar durch die Tötung des von ihr ausgesandten

34

Himmelsstieres. Schlagartig bricht die ins Unerträgliche gesteigerte Dynamik zusammen. Enkidu stirbt. Jetzt erst erkennt Gilgamesch die ganze Tragweite der Problematik und jetzt erst wird er sich seiner Grenzen bewusst: »Der bittre Tod ist wahrlich unausweichlich.« In ihm erwacht ein Todesbewusstsein, eine Angst auch, der Dunkelheit der Erde und damit der uranfänglichen Finsternis seiner Seele schutzlos ausgeliefert zu sein. Wie er damit umzugehen lernt, schildert uns der zweite Teil des Epos, die Erzählung von Gilgameschs Lebenssuche.

Doch damit greife ich vor. Wer ist dieser, zu einem frühen Tod verurteilte Enkidu? In seiner Naturverbundenheit hebt er sich wohltuend vom Stadtkönig ab. Im Gegensatz zu diesem lebt Enkidu in harmonischer Verbindung mit der Erde. Noch kennt er die Spaltung zwischen dem Ich und der Umwelt, zwischen Innen und Aussen nicht. Seine Liebe zur Steppe, seine Unbeholfenheit, sein scheues Wesen, all das erweckt in uns freundschaftliche Gefühle für ihn. Er verkörpert den archaischen Menschen, der die Wirklichkeit noch als Einheit erlebt. Seiner Verbundenheit mit dem »Kosmos« entspricht auf sozialer Ebene das Eingebettetsein in die Gemeinschaft. Der Mensch der Frühzeit hat ein schwach ausgebildetes Ichbewusstsein. In unserem Text ist es keine Stammesgemeinschaft, welcher Enkidu angehört, wohl aber eine Tiergemeinschaft. Er ist noch ganz identisch mit und getragen von der numinosen Macht, welche ihm in den Tieren begegnet. Psychologisch hieße das, dass er mit seiner Tierseele identisch ist.

Das Gemeinschaftserlebnis Enkidus steht auf einem animalischen, das heißt sehr tiefen, beziehungsweise unbewussten Bewusstseinsniveau. Er ist, wo er auf sich allein gestellt ist, ähnlich wie Gilgamesch noch ganz in der Psychologie des Massenmenschen befangen. Erst das Erlebnis der Liebe zu einer Frau wird ihn aus seiner Unbewusstheit befreien. Damals wie heute ist es die persönliche Erfahrung einer unausweichlichen Liebe, die den Menschen aus der Suggestivkraft der Gruppe herauszulösen vermag. Dort, wo wir von der Liebe berührt sind, ohne ausweichen zu können, kann in uns die Tierseele erwachen. Es spielt dabei keine Rolle, ob diese Liebe real gelebt werden kann oder nicht. Das Entscheidende ist vielmehr, ob wir uns den darin aufbrechenden Gefühlswerten stellen oder nicht.

Der Naturmensch hat zwei gegensätzliche Seiten. Zwar teilt er mit dem Tier dessen Getriebenheit und Unbewusstheit, aber darin eben auch die mit den Instinkten und archetypischen Schichten des Unbewussten verbundene eigentümliche Weisheit. Jedenfalls müssen wir, wo immer in unseren Träumen Tiere oder Tiermenschen vorkommen, aufhorchen, denn sie können auf ein großes, numinoses Geheimnis der Seele hinweisen. Ein schönes literarisches Beispiel dafür stammt aus der islamischen Mystik des 12. Jahrhunderts: das Bild vom »Elefanten, der im Traume Indien sah«. Man mag ihn zwar einfangen und in ferne Länder führen, »aber wenn er im Traum seine Heimat erblickt, wird er alle Ketten zerreißen und dorthin eilen:

Der Elefant, der gestern im Traume Indien sah,
sprang aus der Fessel – wer hat, ihn festzuhalten, Macht?«[8]

So wird der Elefant zu einem Bild für die Seele des Mystikers, die inmitten weltlicher Verstrickungen durch die Vision ihrer ewigen Heimat aufgerufen ist, in den göttlichen Urgrund, wo alles Sehnen endet, einzukehren. Mit einem feinen psychologischen Gespür hat der Dichter das Wesen der Tierseele erfasst, denn durch sie ist der Mensch mit dem Ewigen verbunden.

Von der Problematik des Stadtmenschen Gilgamesch war bereits die Rede. Da wir selber Stadtmenschen sind, laufen wir Gefahr, Enkidus Dasein inmitten der Natur zu verherrlichen. Darum sei im Folgenden auf einige problematische Aspekte des Frühzeitmenschen hingewiesen. Die instinktive Bezogenheit auf die Naturordnung gewährt als solche noch keine Entwicklung, denn reine Triebmäßigkeit hat (noch) keine Bewusstheit (Jung, GW 8, § 380). Entwicklung entsteht erst dort, wo ein freier Wille ist (Gilgamesch), bzw. in jenem konflikthaften Zwischenreich zwischen blindem Trieb und Wille, das die Psyche charakterisiert. So unproblematisch Enkidu als solcher ist, so wird doch die Stille seines Daseins inmitten der Tiere durch ein anderes Naturgesetz, dasjenige der Entfaltung, gestört. Darum muss die »Schlange der Erkenntnis« ins Paradies einbrechen und die ganze Problematik der menschlichen Existenz wachrufen.

Die Liebenswürdigkeit des Enkidu hat ihre Kehrseite. In seinem träumerischen Dasein droht der Naturmensch jederzeit vom gewalttätigen Schatten überwältigt zu werden. Wo ihm dies zustößt, wird er von unbeherrschten Affekten und Emotionen überschwemmt, wodurch er einer Besessenheit verfällt, die gefährliche Ausmaße annehmen und von der er nur mehr schwer erlöst werden kann. Daher die große Angst des archaischen Menschen vor dem Seelenverlust, ein Zustand, den dieser als schwere Krankheit empfindet. Um diese zu heilen, gibt es zahlreiche Riten, durch welche der »Seelenvogel« wieder in den Kranken zurückgeholt wird (Jung, GW 8, § 586). Was Enkidu betrifft, so ließe sich etwas paradox formulieren: Enkidus Schuld ist seine Un-Schuld, eben seine Unbewusstheit, die ihn zum Gefangenen der eigenen Natur macht.[9]

Mit dem Auftauchen Enkidus ist jener urmenschliche Konflikt zwischen Natur und Kultur ausgebrochen, die das Gilgamesch-Epos zu seinem zentralen Thema macht. Kultur entsteht nur durch die Bewusstwerdung dieses Konflikts. In seinem Aufsatz über die Lebenswende (GW 8) geht C.G. Jung ausführlich darauf ein: »Wenn das seelische Leben nur aus Tatsächlichkeiten bestünde – was übrigens auf primitiver Stufe noch der Fall ist –, dann könnten wir uns mit handfester Empirie begnügen. Das seelische Leben des Kulturmenschen aber ist voll Problematik, ja es lässt sich ohne Problematik überhaupt nicht denken. Unsere seelischen Vorgänge sind zum großen Teil Überlegungen, Zweifel, Experimente – lauter Dinge, welche die unbewusste, instinktive Seele des Primitiven so gut wie gar nicht kennt. Die Existenz der Problematik verdanken wir dem Wachstum des Bewusstseins; sie ist das Danaergeschenk der Kultur. *Das Abweichen vom und das Sich-in-Gegensatz-Setzen zum Instinkt schafft Bewusstsein*. Instinkt ist Natur und will Natur, Bewusstsein hingegen kann nur Kultur oder deren Negation wollen ... Insofern wir noch Natur sind, sind wir unbewusst und leben in der Sicherheit des problemlosen Instinktes. Alles in uns, was noch Natur ist, scheut sich vor dem Problem, denn sein Name ist Zweifel, und wo immer Zweifel herrscht, da ist Unsicherheit und die Möglichkeit verschiedener Wege. Wo aber verschiedene Wege möglich scheinen, da sind wir von der sicheren Führung des Instinktes abgewichen und der Furcht ausgeliefert. Denn hier sollte nun unser Bewusstsein das tun, was die Natur stets für ihre Kinder getan hat, nämlich sicher, unzweifelhaft und eindeutig entscheiden. Und da befällt uns allzu menschliche Furcht, dass das Bewusstsein, unsere prometheische Errungenschaft, es am Ende der Natur doch nicht gleichtun könnte.

Das Problem führt uns in eine *vater- und mutterlose Einsamkeit*, ja in eine naturlose Verlassenheit, *wo wir zu Bewusstheit und zu nichts als Bewusstheit gezwungen sind.* Wir können nicht anders, sondern müssen bewusste Entscheidung und Lösung an Stelle des naturhaften Geschehens setzen« (Jung, GW 8, § 750f.).

Die Begegnung mit Enkidu und der ihr folgende schmerzliche Verlust des Freundes machen Gilgamesch die menschliche Tragik der Entzweiung und des Konfliktes bewusst. Damit beginnt sein Abenteuer der Bewusstwerdung. Es führt ihn zunächst in die Fremde, die ihn öde, trostlos und finster empfängt. Doch Gilgamesch gibt nicht auf, durchschreitet die Finsternis und macht die paradoxe Erfahrung, dass dieselben Götter, die ihn eben noch mit furchtbaren Anfechtungen geprüft haben, ihn nun schützend begleiten.

Das uns manchmal an die Grenzen des Ertragbaren führende Leiden an den Gegensätzen und Widersprüchlichkeiten des Lebens gehört zur Natur des Menschen. Zeitlebens muss die Spannung zwischen der triebhaften Willkür (Gilgamesch) einerseits, und der ans Unbewusste fesselnden Naturverbundenheit (Enkidu) andrerseits ausgehalten werden. Im Christentum hat sich diese bittere

Erfahrung im zentralen Symbol des Kreuzes niedergeschlagen. Doch das Leiden ist hier ebensowenig wie im Gilgamesch-Epos ein endgültiges, denn es kann von denen, die »im Geiste wandeln«, überwunden werden. In Christus, sagt der Apostel Paulus, ist »unser alter Mensch mitgekreuzigt worden« (Römer 6,6), wonach sich das neue Leben offenbart: Denn »sind wir mit Christus gestorben, so vertrauen wir darauf, dass wir auch mit ihm leben werden«. (6,8) Mit der paulinischen Theologie vom Leben im Geiste und von der Einwohnung des Geistes Gottes im Menschen (Römer 8,9) tendiert das vom Hellenismus durchdrungene Christentum von Anfang an zu einer Lösung, die sich weitgehend von der Instinktnatur losgesagt hat. Während das Gilgamesch-Epos seinen Helden zum Schluss in die reale Gemeinschaft zurückführt, das heißt ins konkrete, irdische Leben als letztem Ziel, setzt das christliche Dogma andere Akzente. Es gehört zum hintergründigen Strom der Geschichte, dass jede Zeitepoche mehr den einen oder den andern Aspekt betont. Denn immer wird eine neue Zeit folgen, die die Vereinigung der Gegensätze auf einem neuen, bewusstseinsgeschichtlich höherem Niveau suchen wird. Auch heute stehen wir an der Schwelle zu einem neuen Zeitalter. Dazu mehr später.

Die Begegnung:
Gilgamesch und Enkidu
werden Freunde –
Annäherung
der Gegensätze

Der Jäger – Gewalt statt Hingabe

Der Jäger entdeckt Enkidu Aug in Aug an einem Wasserloch. Beim Anblick des Jägers erschrickt Enkidu gewaltig ...

>»Da ihn der Jäger sah, erstarrte er (Enkidu)
>Entfloh zum Unterschlupf mit seinen Tieren.
>Vor Schrecken war er wie betäubt und stumm,
>Verstört im Herzen, das Gesicht verdunkelt.
>Denn jäher Schmerz erfüllte sein Gemüt,
>Sein Antlitz glich dem Wandrer ferner Wege ...«
>(Tf. 1, II, 45ff.)

Die hier einsetzende Erzählung ist eine der schönsten des ganzen Epos. Wir hören, wie es gelingt, den scheuen Tiermenschen aus dem Busch herauszulocken und ihn an menschliche Sitten und Gebräuche zu gewöhnen. An das eben, was bei Euphorion nicht gelungen ist: »So entzweiest du gewaltsam, dich mit Sitte, mit Gesetz.« Einfach ist dieses Unterfangen allerdings nicht, jedenfalls misslingt ein erster Versuch eines Jägers. Erst eine Tempeldirne wird das scheinbar Unmögliche möglich machen. Aber werfen wir zuerst einen Blick auf den Jäger.

Er versucht, Enkidu durch Fallen einzufangen, weil er sich durch ihn am Jagen gehindert fühlt. Aber vergeblich: »Ich vermochte ihm nicht zu nahen vor Furcht. Die Gruben, die ich aushob, warf er zu, die Netze, die ich stellte, riss er weg ...« (Schott).

Bis in unser Jahrhundert hinein ist die Jagd von allerlei magischen Praktiken begleitet. In dem reichen Volksglauben, welcher sich um Weidmanns Heil spinnt, verbirgt sich eine unbewusste Erinnerung an die einst mythische Bedeutung des Jagens. Im alten Orient gab es den merkwürdigen Brauch, Tiere in einen Pferch zusammenzutreiben, um sie dann allesamt niederzumetzeln. Dieses Ritual ist ein Nachvollzug der einstigen Chaosbändigung durch den Schöpfergott. Wir dürfen nicht vergessen, dass in der damaligen Zeit wilde Tiere immer wieder in den Kulturraum eingedrungen sind und den Menschen existentiell bedroht haben, ganz zu schweigen von allfälligen Reisen durch unbewohntes Gebiet. Und trotzdem ist dem archaischen Menschen das Tier als das mächtige, nicht-menschliche, grundsätzlich fremde, zugleich das seit uralter Zeit vertraute mitgeschöpfliche Wesen. Der beseelte Blick des Tieres vermag auch dem heutigen Menschen noch etwas von diesem geheimnisvollen, fremden und doch vertrauten Wesen zu vermitteln. Tier und Mensch gehören auf der Stufe eines magisch religiösen Weltgefühles untrennbar zusammen. Im Gilgamesch-Epos aber bricht die magische Einheit, in welcher Enkidu noch gänzlich beheimatet ist, auseinander und weicht einer bewussten Erfassung der Distanz zwischen Mensch und Tier.[10]

Dies also ist die ursprüngliche Funktion des Jagens: das Chaos zu bändigen und jene Ordnung zu schaffen, die der Fruchtbarkeit des Landes dienlich ist. Da der König wie kein anderer der Garant der kollektiven Ordnung ist, ist es seine Aufgabe, die Jagd anzuführen und damit dem Wohl seines Landes zu dienen.[11]

Die Symbolik des Jagens hat nun aber noch einen andern, dunklen Aspekt, denjenigen der Gewalt. Der Jäger greift als Tötender gewaltsam in die Ordnung der Natur ein. Ein alter Schamane der Iglulik-Eskimo formuliert »den tiefen und quälenden Konflikt, dass man

41

töten muss, um zu leben«, mit den folgenden Worten: »Die größte Gefahr des Lebens liegt darin, dass die Nahrung des Menschen aus lauter Seelen besteht.«[12] Um diese Problematik hat der frühgeschichtliche Jäger immer gewusst, weshalb er das Töten des Tieres mit allerlei apotropäischen Ritualen verband. Da zwischen der Seele des Tieres und derjenigen des Menschen kein grundsätzlicher Unterschied besteht, und weil diese bald in dieser, bald in jener Gestalt erscheinen kann, darf das Tier ebenso wenig wie der Mensch der endgültigen Vernichtung preisgegeben werden. Wird also das Tier getötet, so wird das, was von ihm übrigbleibt, etwa der Schädel oder die Knochen, mit größter Sorgfalt behandelt. In dieser Gestalt kann es bei der Leichenfeier einen Ehrenplatz einnehmen.

In den berühmten Bärenfesten, wie sie in der 46. Rune des finnischen Nationalepos Kalevala geschildert sind, werden für das Tier Klagen angestimmt. Man macht ihm Geschenke, sucht es zu belustigen und zu unterhalten, bis schließlich »der Bär mit ehrerbietig-freundlichen Sprüchen gebeten (wird), Stück um Stück seiner selbst herzugeben; hat er sich all der schönen und nützlichen Dinge entäußert, so wird er, das heißt sein Schädel – denn anderes besitzt er jetzt nicht mehr –, eingeladen, nun die in der Krone einer Fichte gesicherte und aussichtsreiche Wohnung zu beziehen: der Bär ... wird auf dem Baum bestattet.«[13]

Demgegenüber droht der Jäger, der die Verbindung mit der Tierseele nicht mehr kennt, in Umkehrung seiner ursprünglichen Bedeutung zu einer düsteren Gestalt, zu einem alten Zauberer und dämonischen Jäger zu werden. Psychologisch personifiziert der dunkle Jäger die triebhafte Schattenseite des Helden. »Er vergaß, den chthonischen Mächten den Tribut zu entrichten, weil er eben nichts ist als ein Räuber ... Der Jäger erscheint wie ein erstmaliger, missratener Versuch des Helden, mit Raub und Gewalt in den Besitz seiner Seele (seines Tierbruders) zu gelangen. Die Erlangung der Seele aber bedeutet in Wirklichkeit ein Opus von Geduld, Opferwille und Hingebung« (Jung, GW 9/1, § 433), alles Eigenschaften, die Gilgamesch auf seinem langen Weg erlernen wird.

Darum muss der Versuch des Jägers, Enkidu einzufangen, misslingen. Mit einer allzu einseitigen Einstellung, mit List und Gewalt, lassen sich die hilfreichen Instinkte – und sie verkörpert der Tiermensch – nicht wecken. Nur die Liebe kann die Tierseele berühren. Es ist, als ob schon zu Beginn der menschlichen Bewusstseinsentwicklung diese urmenschliche Problematik bekannt gewesen wäre. Enkidu entstammt dem Reich der Natur, psychologisch gesehen: dem Unbewussten. Das Unbewusste verlangt aber eine andere Einstellung, nicht die gewaltsam eindringende Haltung, sondern Hingebung. Hingebung, wie sie uns von der Tempeldienerin der Ischtar vorgeführt wird. Sie beherrscht diese Kunst, die dem Jäger fremd ist. Sie wird den »Sprössling der Nachtstille« in die Sitten der Menschen einweihen.

Mit einer räuberischen, gewaltsam-aktiven Einstellung zur Natur, zur Welt des Triebes und zum Unbewussten verfällt der Mensch dem Chaosaspekt der Natur. Dann dient sein Streben nur dem eigenen Begehren, nicht der kulturellen Erneuerung und nicht dem Suchen nach Gott. Ein typisches Beispiel dafür ist wiederum Fausts Euphorion:

Zwar versuchen ihn die Eltern noch zu warnen:

> *»Bändige! Bändige!*
> *Eltern zuliebe*
> *Überlebendige,*
> *Heftige Triebe.«*

Doch vergeblich ... Euphorion im Reigen des Chores tanzend und springend antwortet:

> *»Ich bin der Jäger.*
> *Ihr seid das Wild ...*
> *Das leicht Errungene,*
> *Das widert mir,*

Nur das Erzwungene
Ergetzt mich schier.«

Bald wird seine das Weibliche verachtende Haltung überdeutlich. Ein junges Mädchen hereintragend ruft er:

> *»Schlepp' ich her die derbe Kleine*
> *Zu erzwungenem Genuss;*
> *Mir zur Wonne, mir zur Lust,*
> *Drück ich widerwärtgen Mund,*
> *Tue Kraft und Willen kund.«* (Faust II, 9737ff.)

Ungeduld, Egoismus, Triebhaftigkeit und Gewalt herrschen vor, all jene Eigenschaften, die sich dem Individuationsprozess in den Weg stellen. Manchmal habe ich den Eindruck, dass die ganze erste Lebenshälfte, und vorwiegend bei den Männern gar das ganze Leben, voll ist von Jägergeschichten, von einseitigen, nur mit Kraft und Willen erzwungenen Lösungsversuchen.

Die innere Verwandtschaft des Jägers mit *dem* Gilgamesch, der mit seinen Machtansprüchen die Bewohner der Stadt schreckt, ist unübersehbar. Sicher: Kultur fordert ein Opfer an Natur. Aber dieses Opfer darf den berechtigten Anspruch des Volkes nicht missachten. Eines allerdings muss man dem Jäger zugute halten: er erkennt, dass er mit seiner Kunst am Ende ist. Und diese Erkenntnis hilft ihm weiter. Ich meine, dass dies den Individuationsprozess manchmal so schwierig und verwirrend macht, dass eine falsche Einstellung gegenüber dem Unbewussten zwar falsch ist und es auch bleibt, sich dann aber doch als »richtig« erweisen kann, weil sie in eine ausweglose Situation hineinführt. Die ausweglose Situation ist das *principium individuationis* schlechthin, der Anstoß zur Veränderung, ganz besonders für den erfolgreichen Mann (Gilgamesch), denn »nichts gefährdet den Zusammenhang mit dem Unbewussten beim Manne mehr, als ein erfolgreiches Leben, das ihn dessen Abhängigkeit vom Unbewussten vergessen lässt« (Jung, GW 5, § 457).

Es ist etwas Paradoxes am Jäger. Er ist unfähig zu helfen und hilft doch! Denn er, der selbst nicht mehr weiter weiß, verbreitet die Kunde von Enkidu in der Stadt und er führt die Tempeldirne zu ihm in die Wildnis. In gewissem Sinne könnte man sagen, dass die dunkle Getriebenheit, wie sie uns im Jäger aber auch in Gilgamesch begegnet, nötig sei. Die so hervorgerufene Problematik ruft die Götter auf den Plan, was psychologisch eine Aktivierung des Unbewussten bedeutet. Es nützt meines Erachtens wenig, über den Sinn oder Unsinn solcher Irrwege nachzudenken, das Entscheidende ist die dadurch hervorgerufene Emotionalität, denn diese ist eine unerlässliche »Vorstufe der Erkenntnis unbewusster Inhalte« (Jung, GW 14/2, § 64).

Die Tempeldirne – Hingabe statt Gewalt: Erste Begegnung mit dem Weiblichen

Es folgt die Geschichte der Verführung und Vermenschlichung Enkidus. Vermittlerin ist eine junge Frau, die ihr Leben in den Dienst der Göttin Inanna gestellt hat. Gegenüber dem Jäger vertritt sie eine jüngere Kulturstufe, indem sie ganz zentral ins Kulturleben des Stadtstaates integriert ist.

> »Da zeigte ihm (Enkidu) die Dirne ihre Brüste,
> tat auf den Schoß ihm, dass er sich ihr nahte,
> War ohne Scheu und ließ ihn zu sich eingehn,
> Warf ab ihr Kleid, dass er sich auf sie legte,
> Erregte seine Lust nach Frauenweise,
> Und seine Fülle teilte sich ihr mit.
> Sechs Tage, sieben Nächte gingen hin,
> da Enkidu die Tempeldirne liebte,
> Bis er an ihren Reizen sich gesättigt.«

Die Begegnung der Liebenden bewirkt eine gewaltige Veränderung:

>*Das Wild der Steppe wich vor ihm zurück,*
Und Enkidu erschrak, sein Leib ward starr,
Die Knie wankten, da sein Wild ihn floh.
Schwach ward er, und es war nicht wie zuvor,
Doch hatte er nun Wissen, er begriff.«
(Schott: »Er aber wuchs, ward weiten Sinnes.«)

Die Tempeldirne wendet sich an ihn:

>*Klug bist du, Enkidu, nun wie ein Gott!*
Was läufst du jetzt noch nach dem Wildgetier?
Lass mich dich führen nun zum umwallten Uruk,
Zum Heiligtum, da An und Ischtar wohnen.[14]
Denn dort weilt Gilgamesch, der starke Held.«

Jetzt erwacht in Enkidu der Kämpfer:

>*Ich fordre ihn heraus, sprech' kühn ihn an,*
Laut ruf' in Uruk ich: »›Ich bin der Stärkste!‹« (Tf. 1,IV,16ff.)

In dieser herrlichen Episode wird Gilgamesch erstmals in die Handlung einbezogen, wenn auch nicht direkt, so doch am Rande, indem er in jenen Plan, Enkidu mit Hilfe der Tempeldirne aus der Wildnis zu locken, einwilligt. Damit deutet der Dichter des Epos an, dass die Liebesszene an der Wasserquelle, die Vereinigung der Dirne mit Enkidu, etwas mit Gilgamesch zu tun hat. Man könnte psychologisch sagen, es sei eine *unio oppositorum*, eine Vereinigung der Gegensätze, die dem Helden geschieht, zwar nicht bewusst und ohne die aktive Anteilnahme des Ich, aber doch im Einverständnis desselben. In der Bilderserie des »Rosarium philosophorum«, die Jung in seiner »Psychologie der Übertragung« (GW 16) bespricht, findet die *coniunctio* im Wasser statt, also im Unbewussten. Auch in unserer Erzählung wird eine Vereinigung der Gegensätze im Unbewussten angedeutet, bloß nicht im, sondern am Wasser, inmitten einer von Tieren geprägten Naturlandschaft.

Junge Menschen erleben die erste Begeisterung weckende Begegnung mit ihrer Seele oft ganz unbewusst inmitten einer von der Natur geprägten Szenerie. Hier kann ihre Tierseele erwachen. Darum suchen sie die Nähe zur Natur, weil sie hier wie nirgends sonst in ihrer Seele berührt werden. So gehen sie in Zeltlager, machen Kanufahrten auf wilden Flüssen, besteigen Berge und durchklettern steile Wände, fahren zum Segeln ans Meer und vieles andere mehr, weil sie ahnen, dass sie nur hier zur Liebe verführt werden können, denn hier herrscht jener lebendige Geist, der ihre Seele zu überwältigen vermag.

Dabei spielt das Verlassen der gewohnten Umgebung, die *separatio* in den Bergen, am Meer oder wo auch immer, eine wichtige Rolle. Das entspricht dem unter Naturvölkern weitverbreiteten Brauch, pubertierenden Jugendlichen während der Zeit ihrer Initiation in einer vom Stamm weit entfernten Hütte zu isolieren. In andern Völkern sucht sich der Initiant sein Lager selbst auf und je weiter er sich dabei von den Seinen entfernt, desto angesehener wird er später sein. Ich erinnere mich noch gut, wie ich vor Jahren inmitten einer öden Buschlandschaft Afrikas nackten, zum Schutz gegen die bösen Geister weiß bemalten, umherschweifenden Jugendlichen begegnet bin. Sie vollzogen ihre Mannbarkeitsriten in Gruppen.

Ein mittelalterliches Sprichwort sagt, dass ein Mensch zweimal in seinem Leben eine Chance habe, die Herrlichkeit Gottes, die »goldene« Welt, zu schauen: in seinen frühen Jugendjahren und im Alter. Darum träumen erwachsene Menschen gerne von der Zeit ihrer Pubertät, von ihren ersten, äußerlich oft unbeholfenen Liebeserfahrungen, weil sie damals im Innersten ihrer Seele ein numinoses Erlebnis hatten, an welches sie das Unbewusste nun erinnern möchte. Es ist ein mystisches Erlebnis und ein Ahnen Gottes, das in ihnen eine tiefe Liebessehnsucht hinterlassen und ein Suchen bewirkt hat, das sie in ihrem künftigen Leben nicht mehr loslässt.

Ein solches Erlebnis hatte Parzival, wie er in der Gralsburg zu Gast war. Er sieht das Gralsgeheimnis, stellt aber noch keine Fragen, weil er zu unbewusst ist. So erwacht in ihm eine Ahnung vom göttlichen Geheimnis, die ihn beim Verschwinden der Burg am nächsten Morgen in die Welt hinaustreibt.

Das Liebeserlebnis Enkidus mit der Tempeldirne, diese erste liebende Begegnung – sechs Tage, sieben Nächte – ist auch ein solches Geschehen. Den Kern der Erzählung können wir aber nur auf dem religionsgeschichtlichen Hintergrund der Göttin Inanna-Ischtar und des an ihrem Tempel gefeierten Ritus der Heiligen Hochzeit verstehen. Ich gehe hier darauf ein, obwohl das Wesen der Göttin erst im Zusammenhang mit Gilgameschs Zurückweisung der Ischtar besprochen werden soll (II. Teil).

Exkurs: Inanna-Ischtar und die »Heilige Hochzeit«[15]

Die erotische Färbung altorientalischer Texte ist für die damalige Zeit nichts Ungewöhnliches. Sie erinnert an zahlreiche Liebes- und Kultlieder, wie sie bei jeder Hochzeit, beziehungsweise zu Beginn des zweiten Jahrtausends beim alljährlich gefeierten Ritual der Heiligen Hochzeit vorgetragen worden sind. Auch im Alten Testament ist uns ein ähnliches Lied überliefert, ein Liebeslied von poetischer Schönheit. Dass das »Hohelied« allerdings auf eine kultische Tradition zurückgeht, wie vielfach behauptet worden ist, möchte ich bezweifeln.[16] Sicher ist nur, dass die jüdischen Schriftgelehrten die Zeilen allegorisch interpretiert haben: der Bräutigam verbindet sich in Liebe mit seiner Braut: Jahwe »liebt« sein Volk Israel.

Das Ritual der Heiligen Hochzeit scheint weit weniger verbreitet gewesen zu sein, als man bisher angenommen hat. Historisch belegen lässt es sich nur für die Zeit der so genannten sumerischen Renaissance, das heißt für den Königskult der Ur-III- und der

Isin-Zeit (ca. 2100–1900 v.Chr.).[17] Die Herrscher der neu gegründeten Dynastien besannen sich auf die schicksalsbestimmende Macht der alten sumerischen Göttin. Mit ihr feierten sie alljährlich die Heilige Hochzeit, nicht wie man immer gedeutet hat, im Sinne eines Fruchtbarkeitsrituales, vielmehr im Zusammenhang mit den Krönungsfeierlichkeiten, in der Hoffnung und mit der Bitte, dass die Göttin dem König ein gutes Schicksal gewähren möge.[18]

Zum guten Schicksal gehören innerer Friede und Wohlstand des Landes. Jetzt erst, nach dem Krönungsritual, folgen die Wünsche für die Fruchtbarkeit der Felder, die Vermehrung der Herden, reichliches Wasser der Flüsse und vieles mehr.

Gut hundert Jahre später feiert der erste König der Isin-Dynastie, *Iddindagan*, sein königlich-kultisches Ritual als Neujahrsfest. Wie wohl viele Herrscher des alten Orients fühlte er sich den wechselnden meist kriegerisch herbeigeführten Machtverhältnissen ausgeliefert. Die Vereinigung mit der Göttin soll ihm deshalb die Herrschaft über das Land sichern. Der Hymnus, der die Heilige Hochzeit ausdrücklich erwähnt, beginnt mit einem Lobpreis der Göttin, von »Inanna, die wie die Sonne leuchtet«:[19]

…
»Von der Größe der Gottgeweihten des Himmels
will ich der Himmelsherrin im Liede singen! (15f.)
Sie sitzt mit An (Himmelsgott) auf hohem Hochsitz,
entscheidet mit Enlil ihrem Lande Sumer das Geschick.« (25f.)

So und ähnlich wird ihre Herrlichkeit gepriesen, worunter der mit Spannung erwartete Höhepunkt des Festes, die Vereinigung der Geliebten Inanna mit ihrem Freund Dumuzi (der Ischtar-Priesterin mit dem König), näher und näher rückt. Jetzt badet sie ihren heiligen Schoß,

»badet sich für den Schoß des Königs,
badet sich für den Schoß Iddindagans …« (182f.)

und er, »der König geht stolz erhobenen Hauptes zum heiligen
Schoß,
geht stolz erhobenen Hauptes zum Schoß Inannas,
Ama'uschumgalanna (Beiname Dumuzis)[20] *liegt bei ihr,*
kostet getreulich ihren heiligen Leib.« (185ff.)

Es war meines Wissens Wolfgang Helck, der in seinen »Betrachtungen zur großen Göttin« (1971) als erster nachdrücklich darauf hingewiesen hat, dass nicht ein Fruchtbarkeits- oder Vegetationszauber das Wirken der Göttin und damit das Wesen der Heiligen Hochzeit charakterisiert, sondern die Sexualität und die mit ihr verliehene Vitalität. Im Blick auf die überall im alten Orient ans Licht gekommenen Frauenfigürchen, die in zahlreichen Publikationen als »Beweis« für die Existenz einer (heilen und friedlichen) matriarchalen Urzeit im Sinne Bachofens herhalten müssen, schreibt Helck: »Dass »Fruchtbarkeit« Hauptzweck der Frau ist, und dass ihr »Wert« sich allein aus der Zahl der von ihr geborenen Kinder ergibt, ist eine Einstellung einer scharf patriarchalisch ausgerichteten Gesellschaft, wie sie etwa im Alten Testament als Abbild der Lebenseinstellung semitischer Nomaden erscheint und dort im »Geburtswettkampf« zwischen Lea und Rachel (Genesis 29f., AS) ein eindeutiges Beispiel gibt. In der von uns vorausgesetzten Gesellschaft des vorsemitischen Ostmittelmeerraumes, in der Mann und Frau als »Bruder« und »Schwester« gleichberechtigt nebeneinander gestanden haben, ist nicht die »Fruchtbarkeit« der Wunsch der Frau, sondern das Sexualleben. Für dieses scheinen mir die Figürchen wenigstens primär als Schützer und Garanten gedacht gewesen zu sein.«[21] Wir werden später sehen, dass Inanna keine *mütterliche Göttin* ist. Nicht die Fruchtbarkeit verkörpert sie, wohl aber die Vitalität des Sexualtriebes. Dann bleibt aber die Frage offen, wie die in zahlreichen Texten offensichtlich vorhandene Verbindung des sexuellen Aktes mit der Vegetationssymbolik zu erklären ist. Als Beispiel sei ein Liebeslied erwähnt, das von S.N. Kramer übersetzt worden ist:[22]

»Und ich, Inanna?
Wer wird pflügen meine Vulva?
Wer wird pflügen mein hohes Feld?
Wer wird pflügen meinen feuchten Grund?

Und ich, die junge Frau?
Wer wird pflügen meine Vulva?
Wer wird den Ochsen vor mir aufstellen?
Wer wird pflügen meine Vulva?«

Der sexuelle Akt wird mit dem Pflügen der Erde, die sich nach dem »Wasser des Herzens«, nach dem befruchtenden Samen, sehnt, verglichen.

Die Antwort des Geliebten ist eindeutig:

»O königliche Frau, der König wird sie für dich pflügen,
Dumuzi, der König, wird sie für dich pflügen!«
Worauf die Göttin voller Freude erwidert:
»Dann pflüge meine Vulva, Mann meines Herzens.
Pflüge meine Vulva!«

Nach dem Bad ihrer »heiligen Hüfte« kommt es zu der lange ersehnten sexuellen Vereinigung, und nicht überraschend beginnt die Vegetation überall im Lande zu blühen.

Ein derartiges Liebesgedicht gehört kaum in den Kontext der Heiligen Hochzeit, vielmehr handelt es sich bei ihm um ein profanes »Liebeslied in mythologischem Gewande«[23]. Dabei ist die Bezeichnung des Bräutigams als Dumuzi seit alter sumerischer Zeit eine Allegores für den »rechten Sohn«, womit *jeder* Held des Landes gemeint sein kann, ob er nun seine Herde wie einst gegen wilde Tiere und Räuber oder sein Land gegen anstürmende Feinde mit seinem Leben verteidigt hat. Ob Krieger oder mutiger Hirte, in beiden Fällen steht er als tapferer Liebling der Inanna unter dem Schutz der Göttin. In diesen der Lebenswelt von Hirten und Bauern entstammenden volkstümlichen Liedern liegt der Anfang der jahrtausendealten orientalischen Tradition der Liebeslyrik. Wir kennen sie vor allem in der Gestalt des Hohenliedes und der islamischen Liebesmystik, in welcher die Seele durch das Feuer der Liebe, durch die »Flamme, die alles außer dem Geliebten verbrennt«, gereinigt wird und zu Gott aufsteigt. Aber gerade in dieser im Sufismus beheimateten Tradition, die am Ende einer langen Entwicklung steht, sehen wir, dass es in jeder menschlichen Liebe letztlich um jene allumfassende göttliche Liebe geht: »Der Geliebte (d.i. Gott, AS), er ist alles; Schleier nur der Liebende; der Geliebte, er ist lebend; und der Liebende ist tot« (Jalaluddin Rumi).[24]

In vielen sumerischen Liebesliedern steht nicht die Erotik, sondern die Trauer um den dem Tod geweihten Geliebten im Zentrum. Denn auch das, der Tod im Kampf, ist die bittere Realität von so manchem Helden. »Inannas Klagen«, die Klagen der Geliebten, vermögen ihn nicht wiederzubringen:

> »*Inanna klagt um ihren Bräutigam,*
> *Weg ist mein Gemahl, süßer Gemahl,*
> *Weg ist mein Sohn, süßer Sohn ...«*[25]

Als Sumers tiefstes Geheimnis wird immer wieder sein *Realismus* bezeichnet. In Dumuzis Schicksal offenbart sich schonungslos die Unentrinnbarkeit des Todesschicksals[26]. Sie, die vitalste aller Gottheiten, ist machtlos gegenüber der Gewalt des Todes. Der Mythos von ihrem Gang in die Unterwelt schildert diese ihre Ohnmacht in krassen Zügen. Doch soll dieser später besprochen werden. Nur ein Detail sei hier vorweggenommen, weil es die Verbindung von Inannas Macht über die Sexualität und dem Gedeihen, beziehungsweise Dahinschwinden des Lebens veranschaulicht: in der akkadischen Fassung des Epos verschwindet mit Inannas Untergang auch der sexuelle Trieb aller Kreaturen, so dass

»der Bulle die Kuh nicht mehr bespringt,
kein Esel die Eselin mehr befruchtet,
kein Mann mehr, wie er es sich wünscht,
eine Frau schwanger macht:
Jeder schläft für sich in seiner Kammer
und jeder geht allein schlafen.«[27]

Im Ritual der Heiligen Hochzeit geht es *psychologisch* um die periodisch nötige Erneuerung der alten überkommenen, kollektiven Bewusstseinshaltung. Wie in vielen Märchen verkörpert der als Partner der Göttin verstandene König die traditionelle männliche Weltanschauung, das heißt eine alte Einstellung des Bewusstseins, die sich allzu sehr auf die politischen Machtstrukturen verlassen will und sich entsprechend von den Gefühlswerten und der Instinkt-grundlage abzuspalten droht. In dieser Beziehung gleicht der Tyrann Gilgamesch, der sein Volk unterdrückt, dem »alten König«, der das Wasser des Lebens längst verloren hat. Demgegenüber verkörpert Inanna den élan vital, weshalb die Vereinigung mit ihr zu einer unerschöpflichen Quelle von Vitalität und Inspiration und damit zur schöpferischen Erneuerung des Bewusstseins führen kann.

Wo immer wir, Männer wie Frauen, in einem allzu rigiden männlichen kollektiven Vatergeist erstarren, kann uns die erotisch-aggressive Lebendigkeit der Inanna zu neuem Leben erwecken. Freilich: wo SIE auftaucht, droht Gefahr, denn der Eros sprengt die Grenzen der sozialen Ordnung und Konvention. Er verführt zu blindem Rausch, weshalb die Göttin ja auch Kriegsgöttin ist. Deren natürliche Ambivalenz und Nähe zum Tod widersetzen sich dem männlichen Sicherheitsstreben und den eingeschliffenen Denkge-wohnheiten, die sich auf Altbewährtes verlassen wollen.

Wenn es stimmt, dass das Ritual der Heiligen Hochzeit dem König ein gnädiges Schicksal bestimmt, dann heißt das psycholo-gisch, dass die Vereinigung mit diesem vitalen weiblichen Prinzip trotz dessen Ambivalenz den *königlichen Menschen* beleben kann. Nicht um das Ich allein und seine Lebendigkeit also geht es, vielmehr um den filius regius der Alchemisten, das ist der »große Mensch« in uns, den wir immer nur erahnen, nie fassen können. Auf ihn zielt die Heilige Hochzeit und die Begegnung mit dem Eros.

✦

Damit kehre ich zum Gilgamesch-Epos zurück. Die Tempeldirne ist als Kultdienerin der Ischtar eine typische Repräsentantin der Stadtkultur. Sie scheint aber gleichzeitig eine intime Beziehung zur Natur zu haben. So wird sie zur Mittlerin zwischen den Bereichen der Natur und der Kultur. Sie führt Enkidu in die Sexualität ein, sie schenkt ihm neue Kleider, gibt ihm Brot und Bier und begleitet ihn in die Stadt, kurz: sie stellt Verbindungen her. Als Mittlerin zwischen zwei Welten ist sie schwer zu fassen. Das zitierte Liebeslied von Inanna lässt das Gemeinte bewusst in der Schwebe: »Pflüge meinen feuchten Grund!« Die Zweideutigkeit ist ganz natürlich.

Vermutlich gehören die kontroversen Auslegungen der Heiligen Hochzeit essentiell zum Wesen der *coniunctio* als einer paradoxen Verbindung von Natur und Kultur, von Körper und Geist, von Mann und Frau und anderen Gegensätzen. Die Vielfalt der Deutungen ist in ihr selbst begründet und, wie es scheint, in den uns überlieferten Texten mehr oder weniger bewusst angelegt. Eine Hochzeit ist immer zwei-, um nicht zu sagen vieldeutig! Die Paradoxie aber gehört zum höchsten geistigen Gut des Menschen, während die Eindeutigkeit ein Zeichen der Schwäche ist. Eine Religion verarmt innerlich, wenn sie ihre Paradoxien verliert oder vermindert (Jung, GW 12, § 18). Darum können wir einen Mythos oder einen Traum, die archetypisches Material enthalten, nie ausdeuten.

Wo immer wir uns jenem seelischen Bereich annähern, in welchem das innerste Geheimnis des Menschen berührt ist, sind wir auf mythische Bilder angewiesen. Wer dem Gesetz der *coniunctio* in seiner widersprüchlichen und wechselhaften Dynamik folgt, muss das Eindeutige meiden. Die Antwort auf die Paradoxie der Liebe kann nur das Leben selbst geben, das Leben mit der ihm eigenen Beschränkung. Der Apostel Paulus hat das in seinem berühmten Loblied auf die Liebe in unvergleichlicher Weise geschildert. Zwar spricht er hier von der Agape nicht vom Eros (lateinisch: caritas)[28], doch zeigen gerade die folgenden Zeilen, dass Paulus hier die übliche Auffassung der Agape als bloßer Nächstenliebe sprengt:

> *»Die Liebe zerbricht nicht.*
> *Prophetische Gaben — sie werden aufhören,*
> *Erkenntnis — sie wird zunichte werden,*
> *denn Stückwerk ist unser Erkennen,*
> *und Stückwerk ist unser Prophezeihen.*
> *Wenn aber das Vollendete kommt,*
> *wird das Stückwerk zugrunde gehen …*
> *Denn jetzt sehen wir wie im Spiegel, rätselhaft,*
> *dann aber von Angesicht zu Angesicht;*
> *jetzt erkenne ich stückweise,*
> *dann aber werde ich ganz erkennen,*
> *wie ich auch ganz erkannt worden bin.«*
> (1. Kor 13,8-12; eigene Übersetzung)

Gegenüber der Liebe ist alles Erkennen und alles eigene Prophezeihen Stückwerk. Mit ihr tritt eine göttliche Macht in unser Leben, die menschliches Erkennen, Wünschen, Drängen und Begehren in die Schranken weist. Darum kann nur eine Kultdienerin der Göttin mit ihrer Liebe zum Tiermenschen Enkidu den tyrannischen, in sich selbst gefangenen Gilgamesch von seinen Machtgelüsten befreien. Für Paulus ist die Liebe die höchste aller Gnadengaben. So ist es letztlich eine Gnade, wenn wir von der Liebe berührt werden, um wie Gilgamesch von unserer Ichhaftigkeit und unseren offenen oder heimlichen Machtgelüsten befreit zu werden.

In der Heiligen Hochzeit verbinden sich geistig-religiöse Elemente mit einer ungeschminkten sexuellen Symbolik. Sicher darf das Liebesspiel nicht nur sexuell verstanden werden. Es liegt darin vielmehr ein schöpferischer Akt verborgen, der im Bereich von Natur *und* Kultur Erneuerung und Regeneration bewirkt. Das gilt auch von der Erzählung im Gilgamesch-Epos. Wenn Enikidu »sein Liebesspiel über der Tempeldirne raunt«, wenn sie ihm ihren Schoß auftut, um ihn in sich aufzunehmen, so ist der sexuelle Akt durchaus als solcher gemeint, weist darüber hinaus aber auf eine jenseitig-göttliche Vereinigung hin. Die Tempeldirne ist als Mittlerin ein paradoxes Wesen. In diesem Sinn entspricht sie ganz dem, was C.G. Jung als Anima bezeichnet hat. Denn auch sie ist als Naturwesen zugleich eine Vertreterin des göttlichen Geistes, die *regina coelestis* und *domina terrestris*.

In den erotischen Texten, in denen die Liebe zwischen der Göttin und ihrem Geliebten geschildert wird, erweisen sich die Unsterblichen als durch und durch menschlich. Ihre Liebe scheint sich in nichts von derjenigen der Menschen zu unterscheiden. Die Schilderungen sind nun aber nicht einfach naive Anthropomorphismen. Dahinter steht vielmehr das tiefe Empfinden, *dass die göttliche und die menschliche Liebe stets miteinander verbunden und unlösbar aufeinander bezogen sind*. Die Gottheit neigt sich, so könnte man sagen, im Liebesakt der Heiligen Hochzeit bis zur Welt des Menschen hinab, während wir umgekehrt, wo wir von der Liebe berührt sind, an einem Geschehen teilhaben, das urbildhaft im Bereich der Götter vollzogen wird.

Es gibt einen schönen alchemistischen Text, der dies zum Thema macht. In der »Chymischen Hochzeit« des Christiani Rosencreutz[29] wird der Adept in das Geheimnis der königlichen Hochzeit eingeführt. Die höchste Ehre, die ihm zuteil wird, ist die, dass er als Gast daran teilnehmen darf. In der Liebe sind wir immer nur Gast, Teilnehmer an einem göttlichen Geschehen, das wir als solches nicht fassen können. Vielleicht vermag das Verliebtsein den paradoxen Aspekt der Liebe zu verdeutlichen. So göttlich die Liebe für den Betroffenen sein mag, so banal kann diese für Außenstehende oder im ungünstigen Fall auch für den daraus Erwachten sein. Aus den alten Texten können wir lernen, dass beides wahr ist: die Liebe ist göttlich und menschlich-allzumenschlich zugleich, eine *unio oppositorum*, die als solche nicht zu fassen ist.

Jung hat dieser Thematik sein letztes großes Werk gewidmet: seine Untersuchungen über das »Mysterium coniunctionis«. Hier finden wir die unübertreffliche Interpretation eines alchemistischen Textes von Philaletha (GW 14/1, § 183ff.). Darin bringt Jung den Vollzug des Hierosgamos auf einen Nenner: es gehe dabei um die Verirdischung des Geistes und um die Vergeistigung der Erde, um eine *unio oppositorum*, eine Versöhnung der Getrennten[30]. Was das bedeutet, will ich anhand unseres Textes verdeutlichen.

Die Liebesszene der Tempeldirne und des Enkidu findet an einem Wasserloch statt. Dass Wasser Leben bedeutet, weiß der Bewohner der mesopotamischen Tiefebene aus Erfahrung. Sein ganzer Reichtum hängt vom Wasser, beziehungsweise von der Kunst, dieses in die richtigen Bahnen zu leiten, ab. Er ist stets konfrontiert mit der segensreichen und zerstörerischen Wirkung des Wassers. Den Überschwemmungen des Winters folgt die Dürre des Sommers, in welchem die Sonne alles mit ihrer Glut verbrennen würde, wären da nicht jene lebenserhaltenden Erfindungen der Bewässerungssysteme. Darum findet das *mysterium coniunctionis* am Wasser statt, weil nur der richtige Umgang mit ihm das Leben fördert und erhält.

Die Tempeldirne erweist sich genau wie die Braut im alchemistischen Text des Philaletha als eine Quellnymphe. »Die Quelle ist der Seelenbrunnen, der »Brunnen der Weisheit«, aus dem das innere Leben quillt« (GW 14/1, § 193) Wenn öde Leere unser Leben heimsucht, wenn ein böser Geist die Quelle der Phantasie, den Brunnen der Seele verstopft, wenn alles trocken wird und nichts mehr wächst, dann kann nur die Begegnung mit der Quellnymphe den lange ersehnten Frühlingsregen bringen. Sie, die an der beständig fließenden Quelle sitzt, weiß um den Strom des Lebens, der unterirdisch die wechselnde Welt der täglichen Erscheinungen kontinuierlich begleitet. Psychologisch symbolisiert die mit den Wassern verbundene Geliebte eine sorgfältige und getreue Aufmerksamkeit gegenüber dem fließenden Strom des Unbewussten, eine *religio* also, die man auch Andacht nennen könnte.

Die Anima und mit ihr alle inneren Figuren beziehen ihr geheimes Wissen aus dem Wasser, das heißt aus dem Schatzhaus des Unbewussten. Es wundert deshalb nicht, dass Enkidu nach der Liebesvereinigung am Wasser ein *Wissender* ist: »Schwach ward er, und es war nicht wie zuvor. Doch hatte er nun Wissen, er begriff.« Und so als könnte er das selbst noch nicht fassen, bestätigt ihm die Geliebte sein Wissen: »Weise bist du, Enkidu, bist wie ein Gott! ...«, um ihn, »der das Leben nicht kennt«, aufzufordern, nun endlich die Steppe zu verlassen und sich einen Freund zu suchen.

Der Weg, der zur Integration des aus dem Unbewussten stammenden Wissens ins reale Leben führt, ist lange, beschwerlich und von immer neuen Rückschlägen begleitet. »Schwach ward er«, heißt es von Enkidu. In gewisser Weise schwächt die Begegnung mit der Seele den Menschen, denn dieser kann dabei etwas von seiner Souveränität und instinktiven Sicherheit verlieren, die in seiner Unbewusstheit begründet waren. Die Auseinandersetzung mit dem Fremden und Unbekannten macht ihn unsicher und oft auch ratlos. Nur langsam entwickelt sich jenes tiefere Wissen, welches er aus der Quelle des Lebens oder eben aus dem Unbewussten schöpft.

Doch ist in dieser Begegnung mit der Anima auch noch eine andere, gegensätzliche Dimension enthalten. »Weise bist du, Enkidu, bist wie ein Gott!«, sagt die Liebende zu Enkidu. Es ist eine der tiefsten Erfahrungen der Liebe, dass diese den göttlichen Wesenskern eines Menschen berühren kann. Wie könnte es mir möglich sein, mein widersprüchliches, fehlerhaftes und unvollkommenes Wesen liebend anzunehmen, es sei denn im Spiegel der Liebe eines anderen Menschen? Nichts kann mir mehr dazu verhelfen, mich als ganzer Mensch zu akzeptieren, als die Begegnung mit mir nahestehenden Freunden. Das Erlebnis der Liebe, gerade jener göttlichen Liebe, die von den Psychologen so gerne als »Projektion« bezeichnet und damit entzaubert wird, ist unumgänglich, wo ich mich selbst lieben soll.

Was bedeutet nun aber jene »Vergeistigung der Erde« konkret? Ich will dafür ein praktisches Beispiel bringen, wobei ich mir durchaus der Gefahr bewusst bin zu simplifizieren. Zwei Menschen haben ein Liebeserlebnis. Nun können sie gewissermassen im irdischen Erlebnis stecken bleiben, ohne dessen geistige Bedeutung zu sehen. Sie genießen das Zusammensein und die sexuellen Freuden, haben ein schlechtes Gewissen oder quälen sich mit moralischen Vorwürfen, ohne zu realisieren, dass die *coniunctio* auch einen inneren Sinn haben könnte, indem sie auf eine geistig-seelische Erweiterung ihres Lebens hinweisen will. Mit andern Worten: sie kommen gar nicht dazu zu fragen, was das Erlebnis ihrer Liebe von ihnen möchte. Dann gilt, was Heraklit einmal gesagt hat: »... denn die bei den Menschen üblichen Mysterien werden unheilig gefeiert«[31]. Wenn das *mysterium coniunctionis* den Liebenden nicht zur Bewusstwerdung verhilft, wenn diese nicht irgendwann einmal zu fragen beginnen, was die Begegnung von ihnen will, dann droht die Vergeistigung der Erde zu misslingen.

Genauso kann aber auch die Verirdischung des Geistes misslingen. Auch dafür ein Beispiel. Ein Mann kann sich mit großer Sorgfalt auf sein Unbewusstes einlassen. Im stillen Kämmerlein meditiert er über seine Träume und spaltet sich dabei zusehends vom Leben ab. Er liefert sich dem Leben nicht aus, indem er sich von seiner Anima nicht mehr verführen lässt. Die Angst vor der Verstrickung ins Irdische mit der ihr folgenden Schuld halten ihn davor zurück. Und wieder könnte man Heraklit zitieren: »Die Esel mögen Spreu lieber als Gold.« (Frag. B 14) Es ist nicht gut, nur nach dem Gold zu suchen. Auch die banalen Seiten des Lebens, die animalisch-schattenhaften Aspekte etwa, beanspruchen ihren Platz. Ohne die Verirdischung des Geistes, die zugegebenermaßen eine gewisse Peinlichkeit und Schuld mit sich bringen kann, wird sich der Geist in Rauch auflösen, wie die Puer-aeternus-Figuren im Faust (Wagenlenker, Homunculus, Euphorion).

Die Folgen jener sechs Tage und sieben Nächte, während denen Enkidu die Tempeldirne liebte, sind beträchtlich. Zwar möchte

Enkidu zu seinen Tieren zurückkehren, doch muss er mit Schrecken feststellen, dass das Wild ihn flieht. In Enkidu ist jener Konflikt zwischen Natur und Kultur aufgebrochen, der sich durch das ganze Epos thematisch hindurchzieht. Bewusstwerdung ist immer mit einem Konflikt verbunden, denn sie zerstört notwendig den paradiesischen Zustand der Unbewusstheit. So hat sich mit dem Tiermenschen ein Stück Bewusstheit aus dem Reich der Mutter Natur herausgelöst. Bald folgen weitere Schritte. Nachdem die Tempeldirne dem Enkidu das Liebesspiel beigebracht hat, kleidet sie ihn nach menschlicher Sitte ein, indem sie ihr Gewand mit ihm teilt. Dann nimmt sie ihn bei der Hand, »wie ein Kind man führt«, und bringt ihn zu den Hirten. Hier gibt sie ihm Brot zu essen und lehrt ihn das Trinken von Bier.

Gilgamesch und Enkidu haben die Rollen vertauscht. Während der Stadtmensch sich wie ein wild gewordenes Tier zu benehmen scheint, unzivilisiert und kulturlos, wird der in der Steppe beheimatete Enkidu mit den Gütern der Zivilisation vertraut gemacht. Dadurch gewinnt er an Weisheit: »Klug bist du, Enkidu, nun wie ein Gott!« Es ist gewissermaßen eine verkehrte Welt, die uns der Anfang des Epos schildert. Der geordnete Bereich der Stadt ist vom Chaos, das Reich der Natur aber vom zivilisierten Menschen bedroht. Das bisher Getrennte, hier die Kultur, dort die Natur, ist durcheinandergeraten. Aber eben, nur wo Konflikte sind, drängen sich Lösungen auf. Eine Neuorientierung kann nur dort entstehen, wo sich bisher Geordnetes im Chaos aufzulösen droht.

Psychologisch ist damit ein Zustand beschrieben, in welchem der Konflikt zwischen dem Bewusstsein und dem Unbewussten in einem Maße ausgebrochen ist, das kein Ausweichen mehr zulässt. Schmerzlich sehnt sich Enkidu nach dem Mutterschoß der Natur zurück. Bei aller Freude, die er in den künftigen Abenteuern mit Gilgamesch zusammen erleben wird, bleibt in ihm ein Stück Trauer, die um das Verlorene weiß. Das ist es, was die Begegnung mit der Anima, mit der Frau am Wasser, bewirkt: eine Trennung von und eine Sehnsucht nach Enkidus Welt der Steppe. Die Trennung ist unumgänglich. Wer sich seiner Sehnsucht willenlos preisgibt, läuft Gefahr, dies mit seinem Leben bezahlen zu müssen. Das hat der Jäger Aktaion erfahren, als er planlos im Wald umherschweifend »ganz zufällig« Diana und ihre Nymphen beim Bade entdeckte. Die Göttin rächte sich an ihm und strafte seine Planlosigkeit dadurch, dass sie ihn in einen Hirschen verwandelte, worauf Aktaion von den eigenen Hunden zerrissen wurde.[32]

Dieses Umherschweifen ohne Rast und Ruh ist typisch für den entwurzelten und noch nicht in eine kulturelle Gemeinschaft integrierten Menschen. In der Psychologie bezeichnen wir diesen als »Sohngeliebten«[33]. Wenn ein Mann nicht Mann genug ist, sich Grenzen zu setzen, wenn er nicht bereit ist, seine Unbewusstheit über das, was ihn antreibt, zu überwinden, so wird das Unbewusste Wege finden, um ihm mit Gewalt Einhalt zu gebieten. Das kann dann irgendein Schicksalsschlag sein, eine Scheidung, eine Krankheit oder gar ein tödlicher Unfall wie bei Aktaion. Nicht einfach ein Rousseau'sches Zurück-zur-Natur kann die Lösung sein, sondern ein bewusstes Hinhören auf die und Lernen von der Natur. Der Alchemist und Verfasser des Rosariums hat das erkannt: »Haltet euch deshalb an die verehrungswürdige Natur, weil aus ihr und durch sie und in ihr unsere Kunst entsteht und nicht in etwas anderem. Daher ist unsere Meisterschaft (*magisterium*) ein Werk der Natur und nicht des Werkmeisters (*opifex*).«[34] Bis Gilgamesch bereit ist, nicht gegen die Natur, sondern mit ihr zu handeln, muss er noch manche Schicksalsschläge erleiden. Ein Anfang auf diesem Weg ist gemacht.

Von der Schwächung und von der Erschütterung des bisherigen Standpunktes war bereits die Rede. Die Trübung der Sicht und eine gewisse Verdunkelung des Lebens scheinen die Voraussetzung dafür zu schaffen, dass der Mann fähig wird, das geheimnisvolle Wissen seiner Seele anzunehmen. In der Alchemie ist es keine Tempeldirne, wohl aber eine *meretrix* (Hure), die um die dunklen Gesetze der Erneuerung weiß. Sie repräsentiert die »Arkansubstanz in deren anfänglicher, »chaotischer« und mütterlicher Form« (GW

14/2, § 74). Die Arkansubstanz aber ist die Essenz der Entwicklung. Das Wissen, welches die Anima dem Manne vermittelt, bringt so etwas wie Bedeutung oder Sinn in sein Leben hinein. Tröstlich auf dem nun folgenden beschwerlichen Weg ist, dass »der Zustand der unvollendeten, bloß erhofften und erwarteten Wandlung ... nicht nur Qual, sondern auch ein positives, wenn auch verborgenes Glück zu sein (scheint) ... Im Verkehr mit sich selber hat er nicht tödliche Langeweile und Melancholie angetroffen, sondern ein Gegenüber, mit dem es sich auskommen lässt, ja mehr noch, eine Beziehung, welche wie das Glück einer heimlichen Liebe aussieht, oder wie ein verborgener Frühling, wo aus anscheinend dürrem Erdreich junge, grüne Saat sprosst, künftige Ernte verheißend« (Jung, GW 14/2, § 289).

Die Anima möchte Beziehung herstellen, um den Mann aus seiner Isolation zu befreien. Es ist deshalb nicht verwunderlich, dass die Tempeldirne in Enkidu den Wunsch nach einem Freund weckt, nach einem Gefährten, »der sein Herz versteht«. Die Vereinigung von »Gleichartigem«, ist psychologisch ein Bild für die Vereinigung mit dem eigenen Wesen, für die Individuation oder Selbstwerdung. Dabei stellt die Verbindung von Männlichem mit Männlichem, beziehungsweise von Weiblichem mit Weiblichem, eine Vorstufe der gegengeschlechtlichen *coniunctio* von Braut und Bräutigam dar, was psychologisch der Verbindung und dem bewussten Inbeziehungsetzen von Anima oder Animus mit dem Selbst entspricht. Am Anfang dieses langen Weges steht die Versöhnung mit dem eigenen Geschlecht. In der psychotherapeutischen Praxis treten in dieser Phase gerne homosexuelle oder lesbische Träume auf. Es ist ein Suchen nach der eigenen Identität und nach dem, was bei mir liebenswert ist als Mann oder als Frau. Der Betreffende schließt gewissermaßen Freundschaft mit dem eigenen Wesen, was eine unumgängliche Voraussetzung jeder Liebe ist.

Gilgameschs Träume

Während in Enkidus Reich der Natur, das heißt aus der Sicht des Stadtmenschen: im Bereich des Unbewussten, sich Dramatisches abspielt, wird Gilgamesch durch zwei gewaltige Träume etwas von diesen Erschütterungen bewusst.

Der Traum vom Stern – Der Einbruch der individuellen Schicksalsbestimmung

Den folgenden Traum erzählt Gilgamesch seiner Mutter:
Da sammelten sich um mich die Sterne des Himmels; (plötzlich)
fiel einer zu mir nieder[35]. *Wie ich versuchte ihn zu heben, war*
er mir zu schwer; wie ich ihn bewegen wollte, ließ er sich nicht
rühren. Die Leute (wörtlich: das Land) von Uruk liefen herbei,
sammelten sich um ihn und küssten seine Füße (!). Es zog mich
hin zu ihm wie zu einer Frau.[36] *Da legte ich ihn dir (der Mutter)*
zu Füßen. Du aber hieltest ihn mir ebenbürtig.«
(Tf. 1,V, 25ff.)[37]

Die weise Ninsun, die »Herrin der Wildkuh« und Mutter von Gilgamesch, interpretiert den Traum entsprechend der damals üblichen Traumdeutung allegorisch. Sie sieht im Himmelsstern ein Bild für einen starken Freund und Helfer in Gefahr, dem Gilgamesch bald begegnen werde, einen Hinweis auf Enkidu. Heute würden wir den Traum anders deuten. Der Sternenfall aus dem dunklen, kosmischen Raum heraus entspricht einer *illuminatio*, einer Erhellung des Bewusstseins durch den Einbruch eines Inhaltes aus dem Unbewussten. In der sumerischen Keilschrift ist der Stern ursprünglich das Zeichen für den Himmelsgott An, dann aber bald für jeden Gott. Dieselbe Bedeutung haben die Sterne im Alten Ägypten, wo die Eingangskorridore der Pyramiden der Frühzeit alle gegen Norden, das heißt auf die Region der Zirkumpolarsterne ausgerichtet worden sind. Das diente dem »Aufstieg des Königs zu den »unvergänglichen« Sternen des Nordhimmels, die ihn schützend in ihren stetigen Kreislauf aufnehmen und verhindern, dass er in die Tiefen der Unterwelt hinabsinkt.«[38] Entsprechend sagt ein Pyramidentext vom toten König: »Du öffnest deinen Platz am Himmel unter den Sternen des Himmels, denn du bist doch der einzelne Stern ...« (Pyr. 251)

Seit ältester Zeit also symbolisiert der Stern einen *numinosen Inhalt*, der wie in unserem Traum unvermittelt ins Kollektivbewusstsein der damaligen Welt hineinbricht, ein Ereignis, das sich bei Christi Geburt wiederholen wird. Während Jahrmillionen hat der menschliche Geist geschlummert, bis er irgendwann in vorgeschichtlicher Zeit beginnt, in spielerisch-schöpferischer Art dem Geheimnis der göttlichen Mächte auf die Spur zu kommen. Jetzt entstehen die ersten Gottesbilder und die ersten Zeichen, in welchen die numinosen Mächte gebannt sind. Erst jetzt werden Tempel und andere Kultstätten gebaut, um die neu entdeckte Mitte der Welt als Verbindung von Himmel und Erde sichtbar zu machen.

Im Gilgamesch-Epos erreicht dieser Prozess einen ersten Höhepunkt. Hier wird erstmals ein Einzelner mit seinem persönlichen Gott konfrontiert. Die Folgen sind beträchtlich. Während Gilgamesch bisher nur kollektiven Idealen nachgeeifert hat – Macht, Erfolg, Ansehen –, bricht mit dem Sternenfall eine neue Dimension herein. Psychologisch repräsentiert der Stern die *Einzigartigkeit von Gilgamesch*, das *Fatum* oder individuelle Schicksal seines Lebens, dessen Ursprung im Himmel, das heißt in einem transzendenten Bereich ist. Er ist ein Bild für das Selbst als ein überpersönlicher Kern der Persönlichkeit.[39] Gilgamesch beginnt zu ahnen, dass hinter seinen königlichen Privilegien ganz andere Mächte am Werk sind. Das Volk hat es längst gewusst. Nicht den Menschen Gilgamesch ehrt es, sondern den Stern, das Ewige in ihm, das heißt jene höhere Persönlichkeit, die nichts oder nur wenig mit dem Ich zu tun hat. »*Soli Dei gloria*« – Allein zu Ehren Gottes, sagen die Alchemisten, würden sie ihre Kunst betreiben und für kein anderes Ziel. Darum liegt das Gelingen auch nicht in der Macht des Menschen, vielmehr in Gottes Hand.

Wir bewegen uns hier beinahe auf jüdisch-christlichem Boden. In Gilgameschs Intitialtraum bahnt sich gewissermaßen in der Morgendämmerung einer neuen Zeitepoche erstmals der im Alten und Neuen Testament zentrale Gedanke an, dass sich Gott einzelne Menschen erwählt, um seine Pläne durchzusetzen. »Noch ehe ich dich bildete im Mutterleibe, habe ich dich erwählt« (Jer 1,5), diese dem Propheten Jeremia (um 600 v.Chr.) zugesprochene Verheißung mag stellvertretend für viele andere sein: immer geht es um das von Gott gesetzte Fatum, das hinter allem menschlichen Tun wirkt.

Wer wie Gilgamesch, Jeremia und andere im Traum oder in einer Vision mit seinem ihm von Gott bestimmten Schicksal konfrontiert wird, mag sich vor Ehrfurcht zur Erde verneigen wie Abraham vor seinen göttlichen Besuchern (Gen 18) oder wie Hiob zu Tode erschrecken, sicher aber wird er spüren, dass hier Gewaltiges mit ihm vorgeht; es ist, als ob mitten in der Öde des gewöhnlichen Daseins plötzlich ein Sturzbach hervorsprudeln würde. Jesus hat darum gewusst, wenn er in Johannes 7,37f. sagt: »Wenn jemand dürstet, komme er zu mir und trinke! Wer an mich glaubt, aus dessen Leibe werden ... *Ströme lebendigen Wassers* fließen.« Zu Recht wundert sich ein Diener und stellt fest, dass noch nie ein Mensch so geredet habe. Es ist durchaus verständlich, dass solches Reden unter den Zuhörern Unruhe stiftet, so dass einige im Volk Jesus anklagen und ihm nach dem Leben trachten. Nur einer stellt sich an seine Seite, Nikodemus, mit dem Jesus kurz zuvor ein nächtliches Gespräch über die Wiedergeburt aus Wasser und Geist geführt hat (Joh 3). Zwar hat dieser damals Jesus nicht verstanden, aber offenbar ist er nachdenklich geworden.[40]

Vielleicht geht es, wo wir selbst vom göttlichen Geist berührt werden, weniger darum, dass wir unmittelbar verstehen, als darum, dass wir wie Nikodemus nachdenklich werden. Wenn ein Initialtraum wie derjenige Gilgameschs in unser Leben hineinbricht und es uns gelingt, ihn irgendwie anzunehmen, dann wird die psychische Energie auf eine neue Ebene geleitet. Nicht mehr das Ich und seine Bedürfnisse stehen im Vordergrund, sondern das Selbst als eine fremde und doch intime Macht in uns, mit der wir in eine lebendige und belebende Beziehung treten können.[41] So wie Gilgamesch den Stern nicht heben kann, weil er ihm zu schwer ist, so wäre es vergeblich, unsere Kräfte am Selbst zu messen. Gegenüber dem Selbst als einer seelischen Grundlage überpersönlicher Natur ist nicht Heldenkraft gefordert, viel eher Demut, Ausdauer und Hingebung. Hier berühren wir den tiefsten Wesenskern des Menschen, sein persönlichstes Geheimnis. Das Selbst lässt sich nicht ergreifen. Wer aber mit ihm in Berührung kommt, ist schon ergriffen, denn es ist, wie C.G. Jung einmal sagte, ein »Gefäß für die göttliche Gnade« (GW 10, § 874).

Diese Ergriffenheit ist im Traum vom Stern schön ausgedrückt. Gilgamesch, so heißt es, fühlt sich zum Stern hingezogen wie zu einer Frau. Seine Männer küssen des Sternes Füße. Beides sind emotionale Reaktionen, welche vom neuen archetypischen Inhalt ausgelöst werden. Die Begegnung mit dem Selbst ist ein numinoses Erlebnis, das nachhaltig wirkt und betroffen macht. Nicht dessen intellektuelle Verarbeitung, etwa indem wir es psychologisch einordnen wollen, ist von Bedeutung, vielmehr die Frage, wie sehr wir uns von ihm berühren lassen. Wie das Bild vom Küssen der Füße zeigt, wird der im Stern symbolisierte archetypische Inhalt *vermenschlicht*, er nimmt menschliche Gestalt an. Das seelische Erlebnis, welches die dem kollektiven Unbewussten zugehörigen Bilder auszulösen vermögen, kann eben am besten als *Beziehung des Ich zu einem inneren Begleiter* erfasst werden. Darum tritt das Selbst in den Träumen gerne in der Gestalt des geheimnisvollen Unbekannten auf, wobei diese Figur meist das Geschlecht des Träumers, beziehungsweise der Träumerin annimmt.

Es ist eine schwere Bürde, die vor Gilgameschs Füßen liegt. Das zu werden, was einer wirklich ist, und sein eigenes, ihm von Gott bestimmtes Schicksal zu erfüllen, ist eine überaus schwierige Aufgabe. »Wem das gelänge«, sagt ein alchemistischer Meister, »dem würde Gott gewiss das Geheimnis enthüllen.«[42] Jedenfalls führt dieser Weg, wie bei Gilgamesch deutlich wird, in Einsamkeit und Isolation. Darum ist es verständlich, wenn viele Menschen den großen Menschen, den *filius regius* der Alchemisten, oder wie immer er heißen mag, lieber auf andere projizieren: auf einen Filmstar, auf den Analytiker, auf einen Politiker oder irgendeine andere herausragende Persönlichkeit. Wir dürfen dabei nicht vergessen, dass eine solche Projektion die notwendige Vorstufe der Entfaltung der eigenen höheren Persönlichkeit sein kann.

Gilgameschs Traum darf nicht individualistisch verstanden werden. Es ist ein großer Traum, der nicht nur für den Einzelnen, sondern für ein ganzes Volk bestimmt ist. Als solcher zielt er auf die Veränderung des kollektiven Bewusstseins, wir können auch sagen: des Zeitgeistes hin. Welche neuen Akzente gesetzt werden, wird der zweite Traum, dann aber vor allem der weitere Verlauf des Epos deutlich machen.

Die Tatsache jedoch, dass der Mythos die spontane Wandlung des Selbstsymbols, das heißt des dominanten Gottesbildes schildert und damit ein neues Zeitalter einleitet, macht das Epos so aktuell, denn auch wir leben im 20. Jahrhundert in einer Zeit globaler Veränderungen. Ein Umdenken ist heute gefordert, das in allen Bereichen von Wissenschaft und Religion seine Spuren hinterlässt.

Deutlich wird das etwa am Wandel des wissenschaftlichen Weltbildes, der sich in den zwanziger Jahren endgültig durchgesetzt hat. Das stellt eine Herausforderung dar, die derjenigen des Gilgamesch um nichts nachsteht. Es ist, als ob wir seinen Weg nochmals beschreiten müssten, jenen Weg vom selbstherrlichen Tyrannen zum göttlichen Diener. Es wird viel davon abhängen, ob es uns gelingt, die gefährliche Hybris des modernen Bewusstseins und dessen Selbstüberschätzung zu überwinden. Eine große Bescheidenheit ist gefordert. Eine Bescheidenheit, die den Menschen aus der Mitte der Welt nimmt und ihn zum Partner der gesamten Schöpfung macht, im Wissen um den verborgenen Strom des Geschehens, der hintergründig, von einem nicht näher zu bestimmenden Urgrund unser Schicksal mitbestimmt. Einst stand die Erde im Mittelpunkt des Kosmos, dann (nach Kopernikus im 16. Jh.) die Sonne, dann der Mensch und jetzt muss auch dieser seinen Platz räumen. Und wieder sind es die Wissenschaften, die diesen Schritt fordern.

Die Erkenntnis der Atomphysiker, dass jede Messung den Zustand des Quantensystems verändert, dass der Mensch deshalb nicht Beobachter einer starren Objektwelt, sondern deren Teilnehmer ist, entspricht der Entdeckung von Sigmund Freud und C.G. Jung, dass unser gesamtes Leben und Tun von unbewussten Motivationen begleitet ist. Mein Kollege Willi Just, der selber Physiker ist, fasste diese Entwicklung in einem unveröffentlichten Vortrag mit den folgenden Worten zusammen: »Physik und Mathematik scheinen also auf jene Wirklichkeit gestoßen zu sein, welche Jung von der Psychologie herkommend das kollektive Unbewusste genannt hat. Das Gemeinsame in Psychologie, Physik und Mathematik ist damit der Aspekt des Dialogs des Subjekts mit jener unanschaulichen Wirklichkeit geworden, ein unbedingtes Aufeinander-Bezogensein von Bewusstsein und Unbewusstem.«

Dementsprechend gibt es keine objektive Forschung im alten Sinn, denn das eigene Subjekt ist immer in sein Experiment mit einbezogen. Manche Wissenschafter sprechen von einem Kausal-*netzwerk, indem alles alles andere verursacht.*[43] Heisenberg hat diesen Wandel des wissenschaftlichen Weltbildes im 20. Jahrhundert einmal so beschrieben: »Die Natur hat uns jetzt ... in der modernen Physik aufs Deutlichste daran erinnert, dass wir nie hoffen dürfen, von einer festen Operationsbasis aus das ganze Land des Erkennbaren zu erschließen. Vielmehr werden wir zu jeder wesentlich neuen Erkenntnis immer wieder von neuem in die Situation des Kolumbus kommen müssen, der den Mut besaß, alles bis dahin bekannte Land zu verlassen in der fast wahnsinnigen Hoffnung, jenseits der Meere doch wieder Land zu finden.«[44]

Seit dem 16. Jahrhundert war das Denken von der Hoffnung beseelt, eine absolut gültige Wahrheit, allgemein verbindliche Naturgesetze oder philosophische Anschauungen zu finden. Heute aber wissen wir, dass es keine absoluten Wahrheiten geben kann. In seinen Vorträgen sagte C.G. Jung oft und nicht ohne ein gewisses Schmunzeln: »Nichts ist ganz wahr, und auch das ist nicht ganz wahr.«

Der Umbruch im wissenschaftlichen Weltbild ist nur ein Beispiel dafür, wie sehr sich der heutige Mensch in seinem Erkenntnisvermögen bescheiden muss, wie sehr er auf eine »feste Operationsbasis«, auf absolut gültige Dogmen und ethische Grundsätze verzichten muss. Nur so kann er für die Bilder des lebendigen Seelenhintergrundes offen bleiben. Der Traum eines ehemaligen Priesters, dem die dogmatische Enge seiner Kirche offenbar unerträglich geworden ist, macht das deutlich: »Es ist das Ende der Zivilisation. Eine tödliche Plage vernichtet die Mehrheit der Weltbevölkerung. Die Städte sind unbewohnbar geworden ...

Ich bin in einer gotischen Kirche, deren Dach eingefallen ist, und habe große Schwierigkeiten, den Ausweg zu finden ... Es gibt viele schöne Sachen in der Kirche, aber ich bin unsicher, was ich gebrauchen könnte ... Ich renne, von einem konservativen Kollegen verfolgt, durch die Kirche, finde endlich den Ausgang und schließe die Türe hinter mir, so als ob ich vermeiden wollte, gefangen zu werden.

Außerhalb der Kirche lege ich die Schlüssel an den Fuß eines Baumes. Ein freundlicher Hase sagt mir, dass in Zukunft der Gott der Tiere für mich sorgen werde.«

Eine Katastrophe hat sich ereignet. Sie bringt das Ende der Zivilisation. Katastrophenträume zeigen an, dass sich die bewusste Einstellung grundlegend verändern muss. Diese Veränderung erzwingt vom Träumer, einem Theologen, das Verlassen der Kirche. Deren gotischer Stil weist wegen seinem Streben nach oben auf die Betonung des Geistigen hin. Dieses scheint sich von seinen natürlichen Wurzeln losgelöst zu haben. Wahrscheinlich ist es zur bloßen Rationalität oder zu einem allzu starren theologischen Denken verflacht. Das Dach der Kirche ist eingefallen, so als wollte der Himmel und damit die Weite des Kosmos deren Innenraum mit neuem Leben erfüllen. Ein konservativer Kollege, wohl eine Schattenseite des Träumers, die diesen an die altbewährten Werte anbinden möchte, versucht ihn am Verlassen der Kirche zu hindern. Aber die Flucht gelingt dennoch. Um der Versuchung einer Rückkehr zu entgehen, wird die Kirchentüre sorgsam verschlossen.

Mit dem Baum aber, zu dessen Wurzeln die Schlüssel gelegt werden, kommt ein Symbol ins Bild, das wie der Stern in Gilgameschs Traum auf den größeren Menschen hinweist. Der Baum ist ein uraltes Symbol für das geistige Wachstum, in welchem Höchstes und Tiefstes miteinander vereinigt werden können. Jeder Baum ist eine Welt für sich, ein Kosmos zwischen Himmel, Erde und Unterwelt. *Diesem* geistigen Wachstum muss die menschliche Weisheit und Macht, müssen die Schlüssel der Kirche geopfert werden. Hier herrscht die Weisheit des Hasen, ein Vertreter des merkurialischen Geistes der Natur, dessen Sprünge stets überraschend sind. Überraschend jedenfalls ist auch seine Botschaft, dass künftig der Gott der Tiere für den Träumer sorgen werde.

Die Tiere verkörpern die numinose Macht einer archaischen Welt. In ihrer Treue zum eigenen Wesen und in ihrer naturgemäßen Bezogenheit auf die Umgebung können sie den Menschen aus dem Gefängnis seiner anthropozentrischen Grundhaltung befreien. Wo immer wir in den Träumen Tieren begegnen, dürfen wir nicht vergessen, dass auch und gerade das Tier um das Numinose weiß. Für den archaischen Menschen ist das Tier ein Geschöpf Gottes und nicht anders als der Mensch vom lebendigen göttlichen Geist durchdrungen. Im Alten Testament finden wir viele Stellen, die von dieser Beseeltheit des Tieres, das um seine geheimnisvolle Verbindung mit seinem Schöpfer weiß, erzählen. Das berühmteste Beispiel ist der Psalm 104, in welchem die Tiere wohl nicht zufällig vor dem Menschen erwähnt werden.[45] Es ist die Pflanzen- und die Tierseele des Menschen, aus welcher die Erneuerung kommt, wann immer dieser zum Opfer der Zivilisation geworden ist. Gilgamesch wird es in der Begegnung mit seinem Tierbruder Enkidu erfahren. Doch hier folgt ein zweiter Traum.

Gilgamesch sieht mitten in der Stadt eine Axt. Wieder versammelt sich das ganze Volk, um die offenbar ungewöhnliche Axt zu bewundern. Wieder zieht es den Helden zu ihr hin wie zu einer Frau. Und wieder legt Gilgamesch die Waffe seiner Mutter zu Füßen (Tf. 1,IV, 6ff.)[46]

Wie schon zuvor deutet Ninsun auch diesen Traum allegorisch: ein starker Helfer und Freund wird erscheinen. Und wieder möchte ich anders deuten. Als Instrument der Trennung ist das Beil ein Symbol der Bewusstwerdung. Die Unterscheidungsfähigkeit des Intellekts ist ein Hauptcharakteristikum des Bewusstseins. Deshalb geben die Ältesten wenig später Gilgamesch den Rat: »Traue nicht nur deiner Kraft, oh Gilgamesch! Lass deine Augen scharf sein ...«. Wer schon einmal Holz gespalten hat, weiß, wie schwierig es ist, das Scheit zu treffen. Es ist eine eigentliche Kunst. Wer zu viel treffen will, etwa weil gerade jemand zuschaut, wird garantiert das Ziel verfehlen. Es ist, als müsste die Axt ihr Ziel selber finden. Das Bewusstsein darf weder zu stark noch zu schwach auf seinen Gegenstand im Unbewussten zielen, die Schärfe des Verstandes weder zu stark noch zu schwach sein, um die eigentliche separatio zu vollziehen.

Das also muss Gilgamesch, und das muss jeder lernen, der sich mit dem Unbewussten auseinandersetzen will: er darf die unbewussten Inhalte nicht zu sehr an sich reißen, er muss geschehen lassen und doch hart an deren Bewusstwerdung arbeiten. Das ist nun wirklich eine hohe Kunst, die einem manchmal fast zur Verzweiflung bringen kann. Immerhin hat Gilgamesch mit dem Beil des Verstandes ein unentbehrliches Mittel der *separatio* gefunden. Bedeutsam scheint mir die Tatsache, dass das Beil mitten in der Stadt liegt, umgeben von der gewaltigen, von Menschenhand geschaffenen Mauer. Die vom Helden geforderte Bewusstwerdung hat deshalb etwas mit dem Symbol der Stadt zu tun. Davon wird ganz am Schluss des Epos die Rede sein, wenn Gilgamesch ermattet von seiner Heldenfahrt in seine Heimatstadt zurückkehrt. Ich werde gleich darauf zurückkommen.

So künden beide Träume die künftige Auseinandersetzung mit der Welt der Götter als den Repräsentanten des Unbewussten und des Reiches der Seele an. Der Held beginnt, auf das zu hören, was mächtiger ist als sein Wille. Er hat sich erstmals vom Bilderreich der Seele berühren und ergreifen lassen, von jener anderen Welt, die seine männliche Tatkraft ins Stocken bringt.

Damit beginnt psychologisch die Auseinandersetzung des Ichbewusstseins mit der Welt des Objektiv-Psychischen, die C.G. Jung als *Individuation* bezeichnet hat. Sie bleibt in der Regel eine Aufgabe der zweiten Lebenshälfte. Während der junge Mensch mehr von der Außenwelt fasziniert ist und sich von ihr ins Leben hinein verführen lassen darf, wird der ältere Mensch eher nach einem »Weltinnenraum« (R.M. Rilke) trachten.

Die von Gilgamesch geforderte Umkehr kann eine beträchtliche Verwirrung auslösen. Sie wird dadurch zusätzlich gesteigert, dass die beiden Träume zwar unabdingbar zusammengehören, in ihrer Aussage aber doch gegensätzlich sind. Der *Stern* betont die Ganzheit der Persönlichkeit und deren göttlichen Ursprung. Er erweckt eine Sehnsucht nach dem verlorenen Paradies. Gerade umgekehrt zeigt die Axt, wie diese Einheit im täglichen Kampf auseinander bricht und auseinander brechen muss. Nur durch die Spaltung in die Gegensätze wird jene Spannung erzeugt, in welcher sich unser Leben stets erneuert. Darin liegt die Dynamik, von der so viele Mythen reden. Wir erleiden sie mehr, als dass wir sie aktiv mitgestalten könnten.

In der psychotherapeutischen Praxis lässt sich dieses Auf und Ab oft beobachten. So treten am Anfang eines analytischen Prozesses gerne faszinierende Träume auf, die in ihrer Symbolik um das Motiv der Ganzheit kreisen. Auf mich wirkt das immer so, als wollte sich das Unbewusste von seiner besten Seite zeigen, als wollte es dem betreffenden Menschen klar machen, wie lohnend es ist, sich mit ihm zu beschäftigen. Doch das hält in der Regel nicht an. Bald folgen banale oder schwer verständliche Träume. Träume eben, die sich mit den mühseligen Alltagsproblemen befassen. Sich am Ofen zu wärmen ist eines, das Holz zu spalten ein anderes. Beides zusammen macht das Leben aus.

Der Schluss beider Träume ist identisch: Gilgamesch legt den neu ins Bewusstsein eingebrochenen Inhalt seiner Mutter Ninsun zu Füßen. In beiden Fällen fühlt er sich zum Neuen hingezogen wie zu einer Frau, worauf die weise Ninsun feststellt, dass damit etwas ins Leben ihres Sohnes eingebrochen sei, das ihm ebenbürtig ist. Wir werden später sehen, wenn es um Gilgameschs Abschied von seiner Mutter geht, dass diese Frau zu Recht als weise bezeichnet wird. Denn intuitiv weiß sie auch hier um das Schicksal ihres Sohnes. Sie lässt ihn *den* Weg gehen, den er eben gehen muss. In keinem Moment zweifelt sie daran, dass die ihr vorgelegten Träume auf Großes hinweisen, auf eine Schicksalsmacht eben, die ihrem Sohne ebenbürtig ist und der dieser trotz aller damit verbundenen Gefahren nicht ausweichen kann.

Gilgamesch und Enkidu begegnen sich – Vereinigung des Getrennten

Mit dem ihm eigenen Spürsinn ahnt das Volk, sowie es Enkidu auf Uruks Straßen erblickt, dass hier einer gekommen ist, der dem tyrannischen König entgegentreten wird:

> *»Dem Gilgamesch ist gleich er an Gestalt,*
> *Geringer zwar an Wuchs, doch stärkren Baus!«*
> *Und tatsächlich, wie Gilgamesch, gottgleich, auf den Tempel der Ischchara, einer mit Ischtar verwandten Göttin, zuschreitet, wohl um mit ihr die Heilige Hochzeit zu feiern, versperrt ihm Enkidu den Weg. Mit seinem Fuß verwehrt er dem König den Eintritt ins Heiligtum.*

Gilgamesch tut in Erfüllung seiner Pflicht nichts anderes als das, was ihm als König zusteht und von ihm erwartet wird. Er folgt der Tradition, heute würden wir vielleicht eher sagen, der Konvention, und scheint das damit verbundene Ansehen zu genießen. Doch die bis anhin gültige religiöse Tradition wird in dem Moment fraglich, wo ein neuer Inhalt des Selbst aus dem kollektiven Unbewussten aufgetaucht ist (Traum von Stern). Hier droht die Erfüllung der Tradition zur bloßen Machtentfaltung zu werden, da sie nicht mehr mit dem lebendigen Strom der Seele verbunden ist. Was Gilgamesch jetzt braucht, ist eine Ichstärke, die ihm hilft, die neuen Inhalte gegen die alten Gesetzmäßigkeiten durchzusetzen. Diese Ichfestigkeit muss errungen, erkämpft und erlitten werden. Das ist es, was Enkidu in Gilgamesch herausfordert. Für jede uns vielleicht lieb gewordene Tradition kommt irgendwann einmal der Moment, wo sie gegen das Naturgesetz verstößt und so die natürliche Entwicklung hemmt. Dann beginnen sich die Hindernisse und Widerwärtigkeiten im Leben zu häufen und überall entstehen Konflikte. Wenn wir ihnen ausweichen, indem wir verbissen am Alten festhalten, können sie sich zur Katastrophe ausweiten.

Gilgamesch geht einen anderen Weg. Er stellt sich seinem Herausforderer: »Da packten sie sich, gingen in die Knie wie Stiere, zerschmetterten den Türpfosten, es erbebte die Wand.« Doch bald schon verrauchte Gilgameschs Zorn, realisierend, dass da einer ihm entgegentritt, der seinesgleichen ist. Der folgende Text ist stark zerstört, doch haben die beiden Rivalen offenbar Freundschaft geschlossen, denn als Freunde begegnen wir ihnen wieder auf ihrem Zug gegen das Ungeheuer Chuwawa.

Es gibt ein Gesetz der Traumdeutung, das besagt, dass das, was einem im Traum verfolgt, zu mir gehört. Statt aus Angst vor dem Neuen davonzurennen, wie das in vielen Träumen geschieht, gilt es, sich wie Gilgamesch dem Unbekannten zu stellen. Wenn wir dieses Gesetz auf unser Leben übertragen, so müssen wir bedenken, dass in manchem Konflikt, der uns plagt, der Kern der Erneuerung verborgen liegt. Es sind manchmal gerade diese schmerzlichen

Konflikte, welche, wie kaum etwas sonst, die Individuation voran-treiben. Darum ist Jesu Aufforderung »seine Feinde zu lieben« psychologisch so wahr, weil uns niemand so wie sie zur inneren Wahrhaftigkeit zwingt.

Gilgameschs Weg zeigt uns, wie schwierig diese Entwicklung sein kann. Der Mythos macht aber auch deutlich, wie lohnend es ist, diesen Weg zu gehen. Darum wollen wir ihm weiter folgen.

Chuwawas Tod – Der Kampf mit dem Schicksal

Mit dem Zug der Freunde gegen das Ungeheuer Chuwawa oder Humbaba, wie es die Babylonier nennen, beginnt der Vorstoß ins Unbekannte und Fremde. Enkidu zögert, denn er weiß um die Gefährlichkeit des Unternehmens. Trauer überfällt ihn beim Gedanken an den im Zedernwald bevorstehenden Kampf:

> *»Es füllten sich die Augen Enkidus*
> *Mit Tränen, denn ihm wurde schwer ums Herz …«*
> *Er warnt seinen Begleiter:*
> *»Wer könnt' es wagen, in ihn einzudringen!*
> *Chuwawas Brüllen gleicht dem Sintflutsturm …«*
> (Altbabylonische Version, Yale-Tafel, Tf. 3, II, 26ff.
> Bei Schott Tf. 2, IV, 75ff.)

Gilgamesch hört nicht auf solche Worte. Ganz im Gegenteil: die Warnungen bestärken ihn in seiner Entschlossenheit zum Kampf. Wie für viele Helden, so werden auch für die unseren besondere Waffen geschmiedet. Zwar holen die beiden Rat bei den Ältesten, doch kümmern sie sich nicht um deren Bedenken. Sie nehmen Abschied von Gilgameschs Mutter und machen sich alsbald auf den Weg.

Es folgt eine lange und beschwerliche Wanderung zum Zederngebirge, dem Wohnsitz Chuwawas. Staunend stehen die beiden vor den gewaltigen Stämmen des Waldes. Um etwas von diesem Reichtum heimzuholen, müssen sie Chuwawa, den Wächter des Waldes, töten. Das gelingt ihnen, allerdings nur mit der rettenden

Hilfe des Sonnengottes Schamasch, dessen Winde den Riesen bannen. Sie erschlagen ihn und kehren beladen mit dem kostbaren Holz nach Hause, wo sie freudig empfangen werden. (Tf. 3-5; bzw. Schott Tf. 2,IV – Tf. 5)

Chuwawa – Ein dunkler Vatergeist und Dämon der Natur

In Chuwawa begegnen die beiden Helden einem dunklen Natur- und Vatergeist. Als Furcht erregender Drache verbreitet er Tod und Zerstörung. Zur Abschreckung der Menschen wurde er denn auch vom altehrwürdigen *Enlil*, dem unberechenbaren, bald milden, bald im Sturm zerstörerisch ins Land einbrechenden Wettergott, als Wächter über das heilige Zederngebirge eingesetzt. Hier befindet sich der Wohnsitz der Götter, allen voran der Göttin *Irnini*, einer mit Ischtar verwandten Gottheit.

Der alttestamentliche Dichter des großartigen Spottliedes auf den König von Babel aus der Zeit des babylonischen Exils (Jes 14, 4-23; 6. Jh. v.Chr.) kennt den alten Wohnsitz der Götter, und seine Worte über den Tod des Tyrannen erinnern an die Chuwawa-Episode im Gilgamesch-Epos:

»Wie ist still geworden der Treiber,
still geworden das Stürmen! ...
Nun hat Ruhe, hat Rast die ganze Welt,
bricht aus in Jubel.
Auch die Zypressen freuen sich über dich (über deinen Tod),
die Zedern des Libanon:
»Seit du dich schlafen gelegt, steigt keiner mehr herauf,
uns zu fällen« ...
Wie bist du vom Himmel gefallen,
du strahlender Morgenstern! ...

Du hattest bei dir gesprochen:
»Zum Himmel empor will ich steigen,
hoch über den Sternen Gottes aufrichten meinen Sitz,
will thronen auf dem Götterberg im äußersten Norden!«
(Libanon)
Doch ins Totenreich wirst du hinabgestürzt,
in der Grube tiefsten Grund ...«[47]

Darum eben geht es im Gilgamesch-Epos und darum auch bei der Überwindung des dunklen Vatergeistes: um die *innere Ruhe,* die das ungeduldige, tyrannische Gehabe dessen, der von den dunklen Mächten befallen ist, ablöst. Aber damit greife ich vor.

In altorientalischen Bilddokumenten wird Chuwawa mit einer abscheulichen, nur aus Gedärmen bestehenden Fratze dargestellt. Das ist ein Hinweis auf seine Schicksalsbedeutung innerhalb der damals üblichen Eingeweideschau: grimmig und scheinbar unabänderlich droht den Menschen das düstere Schicksal einzuholen. Die Darstellungen setzen Chuwawa in Beziehung zur Unterwelt, zum »Palast der Eingeweide«[48], der den Menschen in ein unausweichlich düsteres Schicksal hinabruft.

Die verschlungenen Wege, auf denen die Helden zum Zederngebirge wandern, erinnern an das Motiv des Labyrinthweges. Wie Theseus den Minotaurus, so tötet Gilgamesch Chuwawa. In diesem magischen Bezirk lauert überall Tod und Verderben: wie Enkidu das Tor berührt, das offenbar den Zedernwald abschließt, wird sein Arm gelähmt, worauf er in große Furcht gerät. Doch Gilgamesch ermuntert den verängstigten Freund:

»Auf, Freund! Lass uns gemeinsam abwärts steigen,
Denk nun ans Kämpfen und vergiss den Tod,
Besonnen und als mutiger Mann ...!« (Tf. 4, VI, 35ff.)

Psychologisch repräsentiert Chuwawa eine gefährliche, abschreckende Seite des Unbewussten, den dunklen männlich-chthonischen Geist, der sich der Bewusstwerdung hartnäckig widersetzt. Der dunkle Vatergeist lockt in den Tod, er lähmt die schöpferischen Kräfte des Menschen, weil er mit seiner düsteren Grundstimmung die Zukunft und deren Erneuerung verbaut. Dahinter taucht der Wirkungsbereich einer weiblichen Gottheit auf. Erneut bestätigt sich darin jene eigentümliche Verwandtschaft von Drache und Jungfrau. »Wo ein Ungetüm, da ist die schöne Jungfrau nicht fern, denn die beiden haben bekanntlich etwas wie ein geheimes Einverständnis, so dass selten das eine ohne das andere vorkommt ...« (Jung, GW 14/1, § 294). Man kann sich fragen, wem letztlich der Kampf der Helden gilt. »Denn wo man die Geliebte sucht, sind Ungeheuer selbst willkommen.« (Faust, 7193f.) Es braucht uns jedenfalls nicht zu wundern, wenn nach bestandenem Kampf mit Chuwawa die verführerische Göttin auf den Plan tritt.

Die Vorbereitung der Heldenfahrt – Vom Sinn der Männerrituale

In der sumerischen Vorlage zum Gilgamesch-Epos hören wir, dass Gilgamesch fünfzig Männer um sich schart, alles Männer, »die nicht Haus noch Mutter« haben[49]. Der Held braucht für seine Tat eine geballte männliche Kraft, wobei jede Verwicklung mit einer Frau, sei es die Gefährtin, sei es die Mutter, eine potentielle Gefahr bedeutet. Im Kampf gegen das dunkle Männliche muss der Mann allein sein, denn Gleiches kann nur durch Gleiches geheilt werden (Empedokles). Das hat nichts zu tun, wie auch schon vermutet worden ist, mit einer allgemeinen Frauenfeindlichkeit des Epos. Weshalb also der Männerbund?

Das aus dem mütterlichen Schoß des Unbewussten erwachende Individual-Bewusstsein ist beim Kontakt mit dem Weiblichen in der Gefahr, erneut einer regressiven Sehnsucht nach der Mutter zu verfallen. Ich erlaube mir hier einen Hinweis auf eine oft gehörte Klage. Immer wieder wird von Frauen resigniert festgestellt, dass sie ihren Mann weniger als Partner, denn als zweites, drittes oder viertes Kind erleben würden. Die Ehe kann den Mann zur Naivität und Trägheit verführen und ihn ein Leben lang daran hindern, das dunkle Männliche, das in ihm schlummert, zu konfrontieren. Durch freundliche Anpassung ans Gegebene (Konformität) wird der dunkle Geist jedoch nicht entmachtet. Ganz im Gegenteil wird er das zu naive und zu helle männliche Bewusstsein mit allerlei neurotischen Störungen heimsuchen. Oder der Kobold wird ihm gar einflüstern, dass die Frau der eigentliche Grund seines Elendes sei, worauf es zu jahrelangen Streitigkeiten in der Ehe kommt. Der Mann kann nicht einsehen, dass er sich besser mit dem eigenen (männlichen) Ungeist befassen würde. Darum ist es ein weiser Rat, fünfzig Männer auf die Heldenfahrt mitzunehmen. Ein Mann, dem ein gewisses Maß an Männlichkeit fehlt, droht vom dunklen Vatergeist zerstört zu werden.

Bei vielen archaischen Völkern gehört es zu den rituellen Vorbereitung zur Jagd, dass die Männer während dieser Zeit keinen sexuellen Kontakt zu einer Frau haben, weil dies ihre männliche Kraft schwächen könnte. Deshalb bleiben sie bei dem oft mehrere Tage dauernden Jagdritual unter sich. Es ist als müsste sich die männliche Libido aufstauen, um dann bei der entscheidenden Tat vollumfänglich vorhanden zu sein.[50]

Die zweite Vorbereitung betrifft wie in vielen anderen Mythen die Bewaffnung der Helden. Wie Parzival im Gral erhalten auch Gilgamesch und Enkidu ihre ganz besonderen Schwerter. Wie dort, so ist auch hier das Schwert ein Symbol jener Sonnenkraft, mit welcher sich der Held dem unheimlichen Sog des Unbewussten entgegenstellt. Auch gewaltige Äxte werden gegossen. Von deren Symbolik war bereits die Rede. Ergänzend sei hinzugefügt, dass das Wort »Labyrinth« etymologisch auf die griechische Bezeichnung für »Axt«, *labrys*, zurückgeht, was psychologisch überaus sinnvoll ist. Die Waffen weisen auf eine beginnende aktive Auseinandersetzung mit den chaotischen Mächten der Natur hin. Diese in den Dienst des Menschen zu stellen, ist seit je das Anliegen des erfinderischen

Geistes gewesen. Waffen und Werkzeuge sind darum jene »Gottesgaben«, die am Anfang der Kultur stehen. Dass es sich dabei bisweilen um ein Danaergeschenk handelt, ist angesichts der fürchterlichen Kriege unserer und aller Zeiten unübersehbar. Die Entwicklung eines höheren Bewusstseins ist ein offenbar nötiges, wenn auch überaus fragliches Unterfangen, und wir können nur ängstlich darauf hoffen, dass sich in allem Dunkel ein geheimer Sinn offenbare.

Psychologisch repräsentiert die Waffe die aktive Hinwendung des Bewusstseins zum Unbewussten. Schwert und Axt symbolisieren das wohl wichtigste Instrument des Bewusstseins: die distinktive Urteilskraft der Vernunft, welche vom verantwortlichen Menschen eine Entscheidung fordert. Nur im Besitz von ihr kann sich der Einzelne kollektiven Sachzwängen und Normen entziehen und so seinen eigenen, ihm bestimmten Weg einschlagen. Damit löst er sich aus der Umklammerung durch unbewusste Inhalte und aus einer Getriebenheit, in welcher er blind dem Schicksal ausgeliefert ist.

Vor dem Aufbruch zum Zedernwald wird der Ältesten Rat von Uruk, werden die Väter aufgesucht, und wie nicht anders zu erwarten, warnen sie Gilgamesch vor jugendlichem Leichtsinn. »Es treibt dich, Gilgamesch, dein jugendlicher Sinn / Was du dir vorgenommen, ahnst du nicht.« Jeder kennt sie, die besorgt mahnenden Stimmen, nicht nur als Rat der Ältesten, Lehrer, Eltern und anderer Autoritätsfiguren, sondern auch als innerseelische Realität des eigenen Zögerns, das uns vor diesem oder jenem Abenteuer und mutigen Schritt zurückhalten will. Wer der Warnung nie Beachtung schenkt, der mag seinen Leichtsinn bald bereuen. Doch wer nicht ab und zu sorglos darüber hinweggeht wie Gilgamesch, der bleibt den Traditionen der Väter verhaftet und wird das neue Land der Söhne und Töchter nie schauen.

Eine daraufhin veranstaltete Omenschau scheint gleichfalls vor dem Unternehmen der Helden zu warnen. Das ist nicht verwunderlich. Das Unbewusste, und dieses wird im Orakel ja befragt, leistet der Bewusstwerdung oft Widerstand und verhindert so die

Progression, das Voranschreiten des Menschen. Dann kleidet es sein Wissen in jene zwiespältigen Rätsel, die, wie Oedipus bitter erfahren musste, nur allzu leicht falsch gedeutet werden. Darum sind unsere Träume manchmal so überaus schwer verständlich, so als wollten sie ihr Geheimnis möglichst nicht preisgeben. Es gibt im Unbewussten beide, sich widersprechenden, Tendenzen, die Sehnsucht nach dem Licht des Bewusstseins, wie auch jenen Wächter Chuwawa, der jeden allzu ängstlichen Eindringling abschreckt, womit alles beim Alten bleibt.

Die Verunsicherung erfasst beide Helden. Einmal ist es Gilgamesch, dann wieder Enkidu, der zaudernd die Fortsetzung ihrer Unternehmung in Frage stellt. So beginnt Letzterer zu weinen, wie er von Gilgameschs Plan, zum Zederngebirge vorzudringen, hört. Er kennt die Gefährlichkeit jenes Waldes, »all die bösen Anschläge Chuwawas«:

> *»Wer könnt' es wagen, in ihn einzudringen?*
> *Chuwawas Brüllen gleicht dem Sintflutsturm.*
> *Und Feuer ist sein Rachen, Tod sein Hauch.*
> *Wie magst da sinnen du auf solches Tun?*
> *Nicht kann man bestehen, wo Chuwawa haust.«*
> (Tf. 3, III,17f.)
> *(Weswegen begehrst du, solches zu tun?*
> *Man besteht nicht im Kampf um Chuwawas Wohnsitz.«*
> (Schott: Tf. 2, IV,114f.)

Wenn wir gründlich in uns hineinhorchen, so können wir diese Angst oft gerade dann vernehmen, wenn uns eine entscheidende Wendung bevorsteht. Diese Angst kommt nicht von den besorgten »Eltern«[51], es ist nicht die Angst des Sohnes, sondern diejenige des Instinktbruders in mir. Instinkte sind etwas Konservatives, sie mögen Neuerungen nicht, denn ihre Stärke ist die Jahrtausende alte Erfahrung. Es kommt manchmal vor, dass wir voller Panik aus einem Traum erwachen. Dann gilt es, sehr genau hinzuschauen, was den altbewährten Bewusstseinsstandpunkt ins Wanken bringt und was uns zu Tode erschreckt. Es kann sehr wohl sein, dass sich *hinter* dem schauerlichen Dämon ein Gott verbirgt, der uns auf neue Wege führen möchte. Wenn wir uns allzu ängstlich davon abwenden, verfehlen wir unseren Weg.

Die Angst ist legitim. Bloß darf sie uns nicht davon abhalten, uns dem numinosen Inhalt zu stellen. Wie Jakob aus seinem Traum erwacht, in welchem ihm Gott begegnet ist, heißt es: »Und er fürchtete sich und sprach: ›Wie furchtbar ist diese Stätte! Hier ist nichts anderes als Gottes Haus, hier ist die Pforte des Himmels‹« (Gen 28,17). Daraufhin legt er ein Gelübde ab, dass er, sollte er wohlbehalten in seine Heimat zurückkehren, an dieser Stelle ein Gotteshaus errichten werde. Jahre später, sein Versprechen haltend, baut er dort einen Altar, worauf sich Gott ihm erneut offenbart, um ihn zu segnen (Gen 35).

Gilgameschs Mutter

Nun verabschiedet sich Gilgamesch von seiner Mutter. Von ihr ist nachher nicht mehr die Rede. Freilich dürfen wir diese Erzählung nicht einfach konkretistisch deuten. Ein Sohn, dessen Mutter gestorben ist, oder der sich vorgenommen hat, diese nie mehr zu sehen, hat damit seine Mutterproblematik keineswegs gelöst. Es geht nicht um die Mutter außen, jedenfalls nicht nur, sondern um das innere Mutter*bild*, das einen Menschen beschützt, vor Unglück bewahrt oder aber vom Leben abspaltet und dessen Entfaltung verhindert. Die Abschiedsszene erzählt uns von einem Wandel des Bewusstseins und von einer neuen Geisteshaltung, deren Voraussetzung eben das Sich-Losreißen von der Mutter ist.

Der Abschied der Mutter – Der Abschied vom Kind

Ninsun[52] ist, wie so viele Mütter, um ihren Sohn besorgt. In einem wunderbaren, dem Sonnengott Schamasch gewidmeten Gebet klagt sie ihr Leid:

> *»Da du mir Gilgamesch zum Sohne gabst*
> *Was machtest du so unruhvoll sein Herz?*
> *Und nun hast du sogar ihm eingegeben,*
> *(wörtlich: und nun hast du ihn angerührt …)*
> *Weit weg zu wandern, wo Chuwawa haust,*
> *Mit ihm zu kämpfen ungewissen Ausgangs,*
> *Zu ihm zu gehen auf unbekannten Wegen.«*
> (Tf 3, II, 10ff.)

Oder wie Schott übersetzt:
»Er will einen Kampf bestehen, den er nicht kennt,
Einen Weg befahren, den er nicht kennt.«

Gilgamesch bricht aus einem altvertrauten Ordnungsgefüge aus, stellt sich den Göttern in den Weg und dringt in ihre Domäne ein. Ninsun weiß um die Gefahr dieses Unternehmens. Sie hat Angst, eine berechtigte, nachfühlbare Angst. Aber sie weiß auch um die Unausweichlichkeit des vom Sonnengott verfügten Schicksals ihres Sohnes. Sie weiß es und gerade deshalb leidet sie. Es ist das tiefe Leiden der Mutter, wie es in vielen Pietà-Bildern eindrücklich dargestellt ist. Ninsun weiß, dass ihr Sohn von einem Gott berührt worden ist: »und nun hast du ihn angerührt«. Diese Berührung bringt ihn in Konflikt mit sich selbst und, was noch schlimmer ist, mit andern Gottheiten. Wer immer von einem Gott berührt worden ist, muss einen Weg gehen, den er nicht kennt und nicht selbst bestimmen kann.[53] In ihm ist etwas lebendig geworden, etwas Inneres und Großes, dem sich das Ich unterwerfen muss, weil es sein Leben mehr und mehr von innen her zu formen beginnt. Psychologisch handelt es sich um die im Sternentraum angekündigte Verschiebung vom Ich zum Selbst, zu dem Zentrum der Persönlichkeit, in welchem das tiefste Geheimnis des Menschen verborgen liegt.

Gilgameschs Mutter fügt sich dem höheren Schicksal und tut das ihr einzig Mögliche: Sie betet zu ihrem Gott Schamasch und bittet ihn um seinen Segen. Ihm spendet sie ihre Opfer auf dem Dach ihres Tempels. Ihm vertraut sie sich an, genauso wie es Gilgamesch später auch tun wird. Ja, auch Enkidu schließt sie in ihren Segen ein, indem sie ihn als ihren Sohn adoptiert!

Ninsun ist eine weise Mutter. In Anerkennung dessen, dass der Weg ihres Sohnes einer göttlichen Fügung entspricht und alles andere ist als das mutwillige Handeln eines überstelligen Jungen, kann sie Gilgamesch loslassen. Dazu braucht sie selbst göttliche Kräfte und muss sie selbst von Gott berührt sein, eine Priesterin und Frau, die bereit ist, ihr Leben für Höheres als zur Erhaltung des Bestehenden einzusetzen. Das fordert ein gewaltiges Opfer: das Opfer »ihres« Sohnes. Dieser muss nicht *ihr* Leben erfüllen, sondern *seines*; nicht ihr dienen, sondern *dem* Gott, der ihn gerufen hat.

Freilich ist der Abschied nicht nur von Seiten der Mutter, sondern ebenso von derjenigen des Sohnes gefährdet. Denn auch ihm kann die Trennung misslingen. Wenigstens auf einige damit verbundenen Gefahren sei im Folgenden hingewiesen.

Der Abschied des Sohnes – Gedanken zum Mutterproblem des Mannes

Die Klage Ninsuns, dass ihr Sohn einen Weg zu gehen gedenkt, »den er nicht kennt«, zeigt deutlich, was die »Mutter«[54] nicht liebt: das Unbekannte, den »Kampf ungewissen Ausgangs«. Der Sohn, der von der Dominanz der Mutter nicht loskommt, in der Psychologie nennen wir ihn den *puer aeternus* oder den ewigen Jüngling, überspielt seinen ihm mangelnden Heldenmut in der Regel geschickt. Er ist wie Fausts Euphorion dauernd auf der Jagd nach Neuem, wobei ihm die Ausdauer des Gilgamesch, der »ferne Wege ging bis zur Erschöpfung«, fehlt.

Es ist eine der wichtigsten Aufgaben der Mutter, ihr Kind vor den Gefahren des Lebens zu schützen. Der Mutterkomplex des Sohnes kann diesen aber dazu verführen, dass er sich im Leben übermäßig schont. Dann sitzt er faul herum und wählt den *easy way of life*, weil er es nicht liebt, irgendwo Verantwortung zu übernehmen. Er unternimmt zwar manches, aber ohne innere Anteilnahme und ohne dass er sich wirklich für irgendetwas entscheiden würde. Wo immer möglich vermeidet er die Gefahren des Lebens. Dadurch entfernt er sich zusehends von der Realität.

Nun kann der Mutterkomplex aber auch eine gegenteilige Wirkung haben, indem er den Mann dazu verführt, sich allzu leichtfertig irgendwelchen Gefahren auszuliefern, was dieser immer in der

Hoffnung tut, dass die »gute« Mutter ihn dann schon beschützen werde. Dieser Sohngeliebte setzt sein Leben leichtfertig aufs Spiel und bringt es so ganz unbewusst der Mutter als Opfer dar.

Vor allem aber verleitet der Mutterkomplex den Mann zur Macht, dazu eben, dass er sich selbst zu wichtig nimmt. Dann fehlt ihm jene größte Gabe der Anima, der *Eros des Bewusstseins*, das heißt eine gefühlsmäßig differenzierte Bezogenheit auf die Mitmenschen und auf die inneren Stimmen und Bilder. Was immer er tut, ist nicht von der Liebe zur Welt, zu den Menschen und zu seiner Seele geleitet, weil es nur seinem Ansehen dienen soll. Stets bedenkt er die eigenen Vorteile, denn er möchte von allen bewundert oder doch wenigstens geschätzt werden. So ist überall Berechnung im Spiel, was jene, die in engeren Kontakt mit ihm kommen, sehr unangenehm berühren kann.

Gott ist kaum auf unsere Grandiosität, unser Leistungsvermögen oder unseren Erfolg angewiesen, wohl aber auf unsere Menschlichkeit. Darum muss der ewige Jüngling, wie Marie Louise von Franz in ihrem Buch über diesen festhält, zunächst einmal ein Jedermann werden, ein ganz gewöhnlicher Mensch.[55] Vielleicht haben wir uns in der analytischen Arbeit deshalb immer wieder mit ganz »banalen« Träumen zu beschäftigen, weil wir in der Regel zu »hoch« und zu idealistisch sind. »Nur das Bewusstsein meiner engsten Begrenzung im Selbst (Ich bin nur das!) ist angeschlossen an die Unbegrenztheit des Unbewussten.« (Jung, Erinnerungen, S. 328) Es ist etwas Paradoxes im Wesen des Menschen: in der Selbstbeschränkung und im Verzicht auf die Macht liegt das Geheimnis seiner wirklichen Größe, denn jede Form von Ichhaftigkeit widersetzt sich dem Anschluss ans Unbegrenzte und Ewige.

Wie uns berichtet wird, erscheint Gilgamesch Hand in Hand mit seinem Freund vor seiner Mutter. Tatsächlich muss der Mann, um seinem Mutterkomplex nicht zu verfallen, einen sicheren Instinkt bei der Hand haben. Allzu leicht würde er sonst den sorgenden Worten der Mutter Gehör schenken. Kein Mitleid darf ihn überfallen. So kümmert sich Parzival auch dann nicht um seine Mutter, wie diese bei seinem Abschied auf einer Brücke zusammenbricht. Und der berühmte Kirchenvater Augustin belügt gar seine Mutter, indem er ihr vortäuscht, er würde bloß einen Freund auf dem Schiff verabschieden, um dann aber selbst von Afrika nach Rom zu segeln und die Betrogene mit ihren Tränen allein zurückzulassen. (Was ihm allerdings nichts geholfen hat, denn sie ist ihm schon bald nachgereist!)

Doch weshalb fällt dieser Abschied so schwer? Warum die Unbeweglichkeit und Trägheit so vieler Menschen, warum die Sucht nach immer neuen Eindrücken? Der einseitigen Orientierung im Bewusstsein entspricht im Unbewussten eine oft chaotische Leidenschaftlichkeit. In seinem Innern wird ein der Außenwelt zu sehr verhafteter Mensch von seinen Trieben hin- und hergerissen. Die Entdeckung der heimlichen Leidenschaft ist der eigentliche Grund dafür, dass dem Mann der Abschied von seiner persönlichen Mutter so schwer fällt. Dahinter taucht die ganze Ungewissheit, Emotionalität, Begehrlichkeit und Finsternis auf, die von der *Großen Mutter* ausgeht.

Der Traum eines bald 40-jährigen Mannes vermag das gut zu zeigen. Er träumt, dass seine Mutter gestorben sei (in Wirklichkeit war diese schon einige Jahre tot) ... Dann heißt es wörtlich: »Ich sehe gleißend hell einen Ausschnitt einer steilen Wendeltreppe, rechts oben ein schwarzes, unheimliches Tier, zum Sprung bereit, es könnte eine Katze sein, wirft aber den Schatten eines Geierkopfes an die Wand. Es macht mir furchtbare Angst, ich schaue weg nach links ins Helle, dann nochmals zurück. Das Tier ist nur noch als undeutlicher schwarzer Umriss zu erkennen, aber immer noch da, bedrohlich.«

Das schwarze, unheimliche Tier ist ein Attribut mancher Göttin. Man könnte in ihm einen Panther erkennen, der mit seiner räuberischen Gier ein bekannter Begleiter der »Himmelskönigin« ist. Im Felsheiligtum von Jaziklikaja (Kleinasien) gibt es ein Relief, ca. 1300 v. Chr., auf welchem die beiden Hauptgötter dargestellt sind: der Wettergott, der über Sklaven (oder über Berge?) schreitet, und ihm gegenüber die Göttin *Hepat*, die auf einem Panther steht.[56] Die Katze weist eher auf die andere Seite der Göttin hin. Bei der ägyptischen Göttin Hathor ist sie das Symbol für die Besänftigung der schrecklichen Löwin, ein Symbol also für die Verwandlung der zürnenden, rasenden Göttin in eine beschützende, mütterliche Figur. Dasselbe gilt für den Geier. Isis empfängt ihren Sohn Horus als Geierweibchen vom Leichnam des ermordeten Bruder-Gatten Osiris.

**Göttin mit zwei Löwen. Abdruck eines Siegelrings. Kreta;
2. Jahrtausend v.Chr.**[57]

Im Traum dieses Mannes taucht hinter der persönlichen Mutter die im schwarzen, unheimlichen Tier verkörperte Ambivalenz der Göttin auf. Jetzt muss sich der Träumer mit der schillernden Vieldeutigkeit der »Mutter« und des Lebens auseinandersetzen. Die hinter einer zu großen Anpassung an die konventionelle Welt verborgene Begehrlichkeit kann eine beträchtliche Verwirrung stiften und die bisherige Lebenseinstellung von Grund auf in Frage stellen. Im günstigen Fall bringt sie eine heilsame Unruhe, im schlimmsten Fall eine Dissoziation mit dem entsprechenden Zerfall der Persönlichkeit.

In Goethes Faust ist die Vieldeutigkeit im Reich der Mütter unübertrefflich geschildert. Um Helena aus dem dunklen Reich der Mutter herauszulösen, müssen Faust und Mephistopheles in die Tiefen hinabsteigen. »Wohin der Wege?«, will Faust wissen, worauf ihm sein Begleiter antwortet:

89

»Kein Weg! Ins Unbetretene,
Nicht zu Betretende; ein Weg ans Unerbetene,
Nicht zu Erbittende. Bist du bereit? –
Nicht Schlösser sind, nicht Riegel wegzuschieben,
Von Einsamkeiten wirst umhergetrieben.
Hast du Begriff von Oed' und Einsamkeit?«
Später erwidert ihm Faust stolz:
»Doch im Erstarren such' ich nicht mein Heil,
Das Schaudern ist der Menschheit bestes Teil;
Wie auch die Welt ihm das Gefühl verteure,
Ergriffen, fühlt er tief das Ungeheure.«
Worauf ihm Mephistopheles androht:
»Versinke denn! Ich könnt' auch sagen: steige!
's ist einerlei. Entfliehe dem Entstandnen ...« (6222ff.)
Der Abstieg hat sich gelohnt. Faust begegnet Helena:
»Mein Schreckensgang bringt seligsten Gewinn.
Wie war die Welt mir nichtig, unerschlossen!«
Und zu Helena:
»Du bist's, der ich die Regung aller Kraft,
Den Inbegriff der Leidenschaft,
Dir Neigung, Lieb', Anbetung, Wahnsinn zolle.«
(6489ff.)

Das also ist es, was der Abschied von der Mutter, was der Verzicht
des Sohnes auf ein Leben in Ruhe und Sorglosigkeit ihm eröffnet:
das Tor zum Unbewussten, zum Reich der Mütter, zur Welt
archetypischer Möglichkeiten. Das ist der seligste Gewinn, ein
Aufbrechen von Leidenschaften, Neigung und Liebe, von Anbetung
und manchmal auch Wahnsinn.

Doch Faust nimmt in seinem »blinden Übermenschendrang«
(Jung, GW 12, § 561) die Begegnung mit den dunklen Mächten
der Mütter etwas zu leicht. Darin ist er ein typischer Repräsentant
des modernen Menschen. Er leidet wie dieser an einem aufgebla-

senen Bewusstsein, weshalb er sich selbst zum Gottmenschen machen will, zum Geliebten der Helena, die doch eigentlich eine Vertreterin der archetypischen Welt ist. Faust bricht die Grenzen zwischen der Welt des Bewusstseins und des Unbewussten gewaltsam auf. Darum misslingt ihm die Vereinigung letztlich.

Die Wanderung ins Ungewisse kann einen Menschen bisweilen an den Rand der Verzweiflung bringen. Immer wieder muss er resigniert feststellen, dass er kaum etwas begriffen hat. Das ist die von den Alchemisten viel zitierte Nigredo, die Finsternis im Reich der Mütter, die dem männlich-gleißend-hellen Geist beträchtlich zusetzt. »Es ist der Anfang im Dunkeln, in der Melancholie, Angst, Bosheit und Not dieser Welt, d.h. der menschlichen Alltäglichkeit« (Jung, GW 14/1, § 300). Wir werden später sehen, dass Gilgamesch diese Verfinsterung am eigenen Leib bitter erfahren muss. Das wird ihn vor dem hybriden Fehler Fausts bewahren.

Der Vorstoß ins Innere – Annäherung an das kollektive Unbewusste

Odysseus irrt während Jahren durch die Welt, mehr als Spielball der Göttlichen, denn aus eigenem Entschluss. Aeneas und die Seinen verlassen nach dem berühmten Fall von Troja die brennende Stadt, denn – so erzählt Aeneas später – es

> »drängten uns heilige Zeichen der Götter, verlassne Gebiete
> Da und dort in der Fremde zu suchen, ohne zu wissen,
> Was die Sprüche verfügten, wo uns zu weilen vergönnt sei ...«[58]

Es ist immer dasselbe ruhelose Suchen und Umherirren des Menschen, das ihn dem unergründlichen Walten der Götter ausliefert. Scheinbar willenlos dem Schicksal preisgegeben, wird er geläutert. Fast immer verlieren die Helden ihre alten Gefährten und erreichen einsam oder in neuer Begleitung ihr Ziel.

So auch Gilgamesch. Sein Aufbruch zum Zederngebirge ist eine erste Annäherung ans Unbekannte, dem er sich nach Enkidus Tod auf seiner langen Wanderung zur mythischen Weltgrenze in neuer Form aussetzen wird. Während beim bevorstehenden Unternehmen genaue Maßangaben über die zurückzulegenden Distanzen vorliegen, ist die Reise zum Sintfluthelden ein Vorstoß ins Ungewisse und Grenzenlose. Bei aller Ungewissheit, von welcher die Expedition ins Zederngebirge begleitet ist, bleibt darin die Verbindung zum geordneten Bereich der Stadt doch gewahrt. Ins Innere vorstoßen ja, aber immer im Bewusstsein der möglichen Rückkehr. Psychologisch entspricht dies einer ersten Annäherung ans Unbewusste, in welcher sich das Ich nur bedingt dem Unbekannten ausliefert. Darin ist keine Kritik zu sehen, denn die Begegnung mit dem Fremden darf nicht überstürzt werden. »Wer keine Geduld hat«, sagen die Alchemisten, »soll die Hände vom Werk lassen«.

Jeden Abend graben die beiden Helden einen *Brunnen*. Sie tun dies für den eigenen Bedarf, aber auch um dem Sonnengott Schamasch ein Trankopfer darzubringen. Wer sich selbst in seinem Leben auf einer mühsamen Wanderung befindet, wer selbst von Mattigkeit und Depression heimgesucht wird, darf beides nicht vergessen. Gerade dann, wenn wir uns schwach fühlen, weil unsere Kräfte scheinbar ganz vom inneren Wandlungsgeschehen beansprucht werden, sind die alltäglichen Verrichtungen wichtig und dürfen nicht vernachlässigt werden. Gleichzeitig aber müssen wir uns bewusst bleiben, dass wir in den dunklen Lebensphasen wie Gilgamesch einer höheren Macht dienen, dem Sonnengott Schamasch, was psychologisch dem Dienst am *Mysterium des Bewusstseins*, bzw. am Mysterium der Bewusstwerdung entspricht.

Das Graben nach dem Brunnen stellt eine Verbindung zum Seelenbrunnen her, aus welchem das Lebenswasser hervorquillt. Die tägliche Suche nach der Quelle ist wichtig, weil der lebendige Strom, der einen durchs Leben begleitet, nur durch die kontinuierliche Zuwendung zum Unbewussten erfahrbar wird. Wenn beispielsweise eine Analysandin träumt, sie werde ein Kind zur Welt bringen, so muss dieser neue seelische Inhalt eben wie ein solches gepflegt werden: tagtäglich und mit immer neuer Geduld und Zuwendung.

In der sumerischen Vorlage der Erzählung müssen die beiden Freunde *sieben Berge* überschreiten. Das ist ein uraltes und weitverbreitetes Motiv. Die alten Meister der mittelalterlichen Alchemie nehmen es im Bild vom Auf- und Abstieg durch die sieben Planetensphären wieder auf (Jung, GW 14/1, § 382). Das Opus ist immer ein *transitus*, ein Überschreiten von Grenzen in ständiger Wandlung. Der Auf- und Abstieg dient der emotionalen Vereinigung der Kräfte des Unteren mit denen des Oberen. Dass es sich dabei um eine Wirklichkeit handelt, sagt auch Mephistopheles in dem bereits zitierten Vers: »Versinke denn. Ich könnt' auch sagen: steige! 's ist einerlei.« Die Erforschung des Unbewussten erfordert eine Realisierung von beidem, von Hoch und Tief, von Oben und Unten. Darauf weisen uns all jene Träume, in welchen wir Berge erklimmen, um wieder ins Tal absteigen zu müssen, Lift fahren, ohne zu wissen, wo er nun anhalten wird, Treppen steigen, Flugzeuge starten und landen usw. Manchmal gleicht dieses Auf und Ab mehr einem zufälligen Hin- und Hergerissenwerden als einem bewussten Durchschreiten der Gegensätze. Das steigert die Mühseligkeit der Wanderung beträchtlich. Kaum sind wir oben, kaum fühlen wir uns von der alltäglichen Enge befreit und glauben, etwas erkannt zu haben, müssen wir wieder hinab ins beengende Tal, wo uns jeder Horizont verloren geht. Unten wohnen die Menschen, oben sind wir über die gewöhnliche Alltäglichkeit erhaben. Beides gehört zum Menschsein. Beides ist wahr.

Wer sich dieser Erfahrung stellt, kann im Laufe eines langen Lebens jenen Mittelweg finden, der alle Extreme meidet. Wer ihn geht, sagten die Alchemisten, übt eine *ars sacra*, eine heilige Kunst aus. Durch sie verliert er falsche Hoffnungen, Illusionen und Feindbilder, weil er mit dem eigenen Leben ganz zufrieden ist. Man kann es auch mit einem Wort aus dem Tao Tê King sagen, das ja wie kein anderes Buch der Weltliteratur die Vereinigung der Gegensätze (im Tao) beschreibt:

»Der heilige Mensch macht sich nie groß,
darum kann er seine Größe vollenden.« (Nr. 34; vgl. auch Nr. 63)

Nun gelangen die Helden zum *Wald*. »... Sie standen still und blickten auf den Wald» (Schmökel), »... staunen immer wieder an die Höhe der Zedern,/Staunen zugleich an den Eingang des Waldes« (Schott). Wir können uns kaum vorstellen, welchen überwältigenden Eindruck die mächtigen Stämme jenen Menschen aus dem baumlosen Tiefland gemacht haben müssen. Staunen ist das richtige Wort. Die Griechen sahen in ihm (*taumazein*) den Anfang der Philosophie, den Anfang des Nachdenkens. Wo der Mensch staunt – das können wir von den Kindern lernen – tritt eine neue Dimension in sein Leben, und staunend versucht er, diese zu erfassen.

Doch was ist das Neue, das in Gilgameschs Leben eindringen möchte, um diesem eine andere Richtung zu geben? Der Wald ist ein bekanntes Symbol für das undurchdringliche, nur schwer zu erforschende Unbewusste. Sein geheimnisvolles Dunkel lockt und ängstigt zugleich. Die Bäume weisen den Helden auf ein ihm fremdes Prinzip hin, auf das Gesetz des Geschehenlassens, des Wachstums und des Werdens. In ihrer Höhe überragen sie ihn bei weitem, sie sind mächtiger als er.[59] Staunend ahnen Gilgamesch und Enkidu vielleicht zum ersten Mal etwas von dem im Unbewussten verborgenen Mysterium des seelischen und geistigen Wachstums. Dem wird ihr gewaltsames Eindringen in den heiligen Bezirk allerdings nicht gerecht, weshalb sie denn auch bald in Schwierigkeiten verwickelt werden.

Es ist fast so etwas wie ein Naturgesetz der psychologischen Entwicklung, dass wir eine neue Dimension unseres Lebens plötzlich klar erkennen oder sie in einem überwältigenden Erlebnis mehr als Geschenk, denn aus eigenem Antrieb erfahren können, ohne dass wir schon zu Beginn fähig wären, das Neue nachhaltig in unser Leben zu integrieren. Letzteres kann Jahre oder gar Jahrzehnte dauern, weil sich die Verwirklichung der Seele nicht selten gemäß dem Gesetz des Waldes durchsetzt, das heißt mit der diesem eigenen Bedächtigkeit und Konsequenz. Am Anfang aber steht das Staunen und Überwältigtwerden von einem numinosen Bild oder Erlebnis. In ihm erfahren wird die numinose Gewalt der Seele, die uns heilen oder vernichten kann.

Dieses Staunen hat Gilgamesch ergriffen. Weit ab von der ihm vertrauten Umgebung, ermüdet von der Wanderung und überwältigt vom Anblick des Zedernwaldes hat er drei wichtige Träume. Es sind alles große Träume, die eine neue Zeitepoche, beziehungsweise Lebensphase einleiten. Dass er sie erst jetzt träumt, nachdem er sich aufgemacht hat, ist nicht verwunderlich. Solange das Leben seinen gewohnten Gang nimmt, solange wir allzu sehr in kollektiven Zwängen eingebunden sind, versperren wir den tieferen, schöpferischen Schichten des Unbewussten den Weg. Wer aber wie Faust den Weg ins »Unbetretene, nicht zu Betretende« zu gehen wagt, wer einen mutigen Schritt macht und etwas riskiert, den kann das Unbewusste mit neuen und hilfreichen Bildern beleben.

Weitere Träume Gilgameschs

Der Traum vom Stier – Das Ringen um ein neues Gottesbild

Im ersten nur lückenhaft überlieferten Traum packt Gilgamesch einen Stier bei den Hörnern. Der Anblick erfüllt ihn mit Schrecken. Angst überfällt ihn. Der Stier aber ist ihm wohlgesinnt, jedenfalls scheint er ihm Wasser zu spenden und eine geheime Beziehung zum Regen zu haben. Gilgamesch ist sich über seine Gefühle nicht im Klaren, er schwankt zwischen Angst und Hoffnung. Doch Enkidu beruhigt seinen Freund: »Der Gott, mein Freund, zu dem wir hinziehen, ist nicht der Wildstier! Fremdartig ist alles an ihm! Der Wildstier, den du sahst, ist Schamasch, der Beschützer ...« (Schott). (Tf. 5, Tell-Harmal, 1ff.)[60]

Die Symbolik des Stieres ist im Alten Orient äußerst vielseitig. Seiner gewaltigen Kraft und Fruchtbarkeit wegen wird er gerne zum Repräsentant des Königs: »Dem Stiere gleich ... Ein jeder weicht seiner Waffen Schlag«, heißt es von Gilgamesch. Kraftvoll wie ein Stier vernichtet er seine Gegner.

Wo das befruchtende Element des Stieres überwiegt, wird dieser gerne mit der Sonne gleichgesetzt. In diesem Sinn deutet Enkidu den Stier als Epiphanie des Sonnengottes Schamasch. Diese Deutung wird durch die Wasser und Fruchtbarkeit spendende Seite des Stieres in Gilgameschs Traum ebenso unterstützt, wie durch die zwiespältige Reaktion des Träumers auf das Traumbild, denn überall, wo Numinoses ins Bewusstsein einbricht, ist der Schrecken Begleiter der Faszination (das Heilige als *tremendum et fascinosum*). So wie der Regen nach langer Dürre das Wachstum neu weckt, so ist auch die Sonne nach antiker Vorstellung ein Symbol der Schöpferkraft Gottes, die das Leben und seine Entfaltung Tag für Tag in Gang setzt. Aus dem Alten Ägypten sind uns zahlreiche Hymnen überliefert, in welchen die demiurgische Kraft des Sonnengottes in herrlichen Bildern gepriesen wird.[61]

So ringt Gilgamesch in dieser Nacht erstmals mit einer ihm noch unbewussten Gestalt des Gottes, der ihn künftig begleiten und beschützen wird, genau wie Jakob, der an der Furt des Jabbok bis zur Morgendämmerung mit dem Engel gekämpft hat (Gen 32). Es braucht uns nicht zu wundern, dass sich der Gott, der im Gilgamesch-Epos in den Vordergrund rückt und eine zentrale Rolle spielt, in Tiergestalt ankündigt. Wo immer uns in unseren Träumen Tiere begegnen, müssen wir aufhorchen, ob sich dahinter nicht ein Gottes- oder Selbstsymbol verbergen könnte. Denn nicht selten verkörpert das Tier ein unbewusstes, noch im Instinktbereich schlummerndes neues Gottesbild.

Der Traum vom Bergsturz – Die Erschütterung der alten Weltanschauung

»Im Traum stürzte, Freund, ein Berg herab,
Er warf mich nieder, hemmte meine Füße,
Es wurde gleißend hell, ein Mann erschien,
Der war der herrlichste im ganzen Land …
Er holte unterm Berge mich hervor,
Gab mir zu trinken, dass ich zu mir kam,
Und setzte meinen Fuß auf festen Boden.«
(Tf. 5, Akkadisches Boghazköy-Fragment, 13ff.[62])

Das Traummotiv vom Bergsturz, Erdbeben oder von einer andern Naturkatastrophe weist auf eine nachhaltige Erschütterung des altbewährten Standpunktes hin. Das Ich erlebt eine solche Erschütterung als Katastrophe. Es gibt Phasen im Leben, in welchen wir vom Unglück heimgesucht werden. Eines nach dem anderen bricht über uns herein. Und immer neu verdunkelt sich dann unser Bewusstsein. Wir fallen in eine Depression. »Er warf mich nieder, hemmte meine Füße ...« oder wie bei Bottéro: »Der Berg stürzte über uns herein.« Wer so von der erdrückenden Last zugedeckt wird, kann sich nicht mehr aus eigener Kraft befreien. Dann ist es sinnlos, an den guten Willen zu appellieren. Die Verdunkelung entspricht einer seelischen Erschütterung jenseits des Ichbewusstseins und damit jenseits des eigenen Wollens. Da gilt es abzuwarten, bis die Rettung von selbst kommt. »Es wurde gleißend hell, ein Mann erschien ...« Dem Zusammenbruch der alten Lebensorientierung folgt – so Gott will – die Erneuerung. Im Unterschied zum ersten Traum ist es jetzt ein anthropomorphes Selbstsymbol, das spontan aus dem Unbewussten auftaucht und Gilgamesch seine Hilfe anbietet: ein Mann, der herrlichste im ganzen Land. Es ist, als ob dessen glänzende Gestalt die Dunkelheit des Chuwawa kompensieren möchte, als ob dessen Helligkeit Gilgamesch davor beschützen müsste, in dem ihm bevorstehenden Kampf der seinem Gegner eigenen Macht der Finsternis zu verfallen.

Der gleißenden Helle entspricht in der Alchemie die Albedo oder Weißung, welche die Nigredo, das heißt die Schwärze und Verdunkelung des Anfangszustandes ablöst. Der Alchemist erkennt in ihr ein göttliches Licht, das gleichsam in der Finsternis leuchtet. Erkenntnis, wir würden heute sagen: Bewusstwerdung, ist somit weniger das Resultat eigener Bemühungen, als vielmehr einer Erhellung, die wir einem schöpferischen Impuls des Unbewussten verdanken. Nicht ich mache mir etwas bewusst, mir *wird* etwas bewusst, dann nämlich wenn sich ein neuer Inhalt aus der anfänglichen Dunkelheit herauskristallisiert. Nicht Gilgamesch ist es, der sich von den Massen des Bergsturzes befreit, sondern ein Mann, dessen Licht die Dunkelheit besiegt.

Es ist ein tiefes Erlebnis, wenn wir nach tage- oder wochenlanger Verdunkelung und Depression eines Morgens erwachen und plötzlich die Sonne wieder zu sehen vermögen, so als hätte uns jemand aus dem Dunkel der Erde hervorgeholt, als hätten wir das Lebenswasser getrunken. Dann sind wir, ohne dass wir das bewusst zu erfassen brauchen wie Gilgamesch, dem großen Menschen in uns begegnet, psychologisch dem Selbst, das unseren »Fuß wieder auf festen Boden setzt« und so unseren Standpunkt von innen heraus erneuert. Ein großer Traum wie dieser ist aber nicht allein für den Einzelnen bedeutsam, sondern für das Kollektiv, für die Gemeinschaft. Bei vielen Naturvölkern war es Sitte, beim Erscheinen eines großen, von Gott gesandten Traumes, den ganzen Stamm zusammenzurufen, um sich nach allerlei kultischen oder magischen Vorkehrungen den Traum anzuhören. Das ist psychologisch durchaus richtig, denn dessen Inhalt zielt auf eine kulturelle oder religiöse Entwicklung, die die Gemeinschaft als Ganzes angeht. Was also könnte die kollektive Bedeutung des Bergsturzes sein?

Das Zederngebirge, in welches Gilgamesch und sein Freund eindringen und wo der Erstere seine Träume hat, ist der Wohnsitz der Götter. Deren zwei werden namentlich erwähnt: der Wettergott *Enlil* und *Inanna-Ischtar*. In ihrer schicksalshaften Verfügungsgewalt, mit welcher beide den Königen und Herrschern Macht oder Ohnmacht zuweisen, gehören sie gewissermaßen zur alten Garde von Gottheiten, deren Herrschaft durch eine andere, jüngere Gottesvorstellung in Frage gestellt wird. Auf Letztere scheint mir das Bild vom gleißend hellen Mann in Gilgameschs Traum hinzuweisen. Ich sehe darin eine Anspielung auf *Schamasch*, den Sonnengott und Schirmherr des Helden und seiner Zeit.[63]

Enlil, wörtlich: »Herr-Wind«, ist ein Gott, der sich im Sturm, im Gewitter, in Blitz und Regen offenbart, ein Wettergott mit der entsprechenden Unberechenbarkeit der Elemente und der Natur. Als Schöpfer von Himmel und Erde ist er ein kreativer und erfinderischer Geist, dessen Gaben den Menschen durchaus dienlich sein können. Enlil wie Ischtar sind aber auch unberechenbare

Mächte. In seinem Zorn versucht Enlil die Menschheit durch die Sintflut zu vernichten. Wenn er finster dreinblickt, ist es vorbei mit Macht, Reichtum und Überfluss. Die geschichtstheologische Dichtung »Fluch über Akkade«[64] lässt keinen Zweifel bestehen: die Entscheidung über Aufstieg und Fall des Reiches liegt ganz in Enlils und Inanna-Ischtars Hand. Die Katastrophe, einmal eingetreten, bedarf keiner Erklärungen. Diese Gottheiten verkörpern eine dem Menschen undurchschaubare Schicksalsmacht. Während Enlil mehr aus der Ferne mit seinem göttlichen Urteilsspruch das Schicksal festlegt, ist sie als Herrin des *élan vital* im schöpferischen wie im zerstörerischen Sinn diejenige, die sein Wort in die Wirklichkeit umsetzt. Sie ist es, die einem Volk die Kulturgüter bringt, sie aber auch die, welche demselben Volk Kampf, Tod, Not und Hunger bringen kann.

Ganz anders der Sonnengott Schamasch: er tritt als milder, um das Wohl der Menschen besorgter und vor allem gerechter Richter auf. Von ihm wird noch ausführlich die Rede sein.

Als Repräsentanten des kollektiven Unbewussten verkörpern die Gottheiten archetypische Ordnungsfaktoren, beziehungsweise als Gruppe zusammengenommen archetypische Felder. Im Vergleich mit Schamasch entstammen Enlil und Inanna einer bewusstseinsferneren, archaischeren Schicht des Unbewussten, wogegen sich mit dem Sonnengott (oder auch mit Enki, dem erfinderischen Genius unter den Göttern, und mit dem babylonischen Marduk) ein neues mehr geistig orientiertes Bewusstseinsprinzip durchzusetzen beginnt, was die traditionelle Ordnung der Götterwelt stets ins Wanken bringt. Wir werden sehen, dass mit dieser archetypischen Verschiebung zu Schamasch (und später zum alles dominierenden Mardukkult) hin eine *monotheistische Tendenz* einhergeht, die das polytheistische Konzept der Welt in den Grundfesten erschüttert.

Im alttestamentlichen Vatergott Jahwe hat sich die monotheistische Tendenz endgültig durchgesetzt. Es waren Propheten wie Hosea, Amos und Jeremia, die gegen die polytheistischen, bäuerlich-orgiastischen Kulte kanaanäischer Höhenheiligtümer polemisiert haben.[65] Für sie alle liegt der Ursprung der politisch-menschlichen Tragödien nicht mehr in blind waltenden göttlichen Schicksalsmächten, vielmehr in der Untreue des Volkes Israel. Jahwe ist ein gerechter Gott, »doch zur Dirne ist das Land geworden, hat den Herrn verlassen« (Hosea 1,2). Das in patriarchalem Denken beheimatete Ehegleichnis des Propheten Hosea (8. Jh. v.Chr.) macht es deutlich: das Volk betreibt Hurerei, es hat keine Gotteserkenntnis mehr (Hosea 4,1). Jahwe ist aber nicht nur ein (gerecht) strafender, sondern auch ein liebender Gott: »Denn an Liebe habe ich Wohlgefallen und nicht an Schlachtopfern und an Gotteserkenntnis mehr als an Brandopfern« (Hos. 6,6). Darum spricht Jeremia, der das Ehegleichnis von Jahwe und dem Volk als einer hurerischen, ungetreuen Ehefrau (Jer 2,2f.) übernommen hat, vom *neuen* Ehebund, durch welchen eine neue Heilszeit im Südreich von Israel anbricht.[66]

Es geht hier nicht darum, die unterschiedlichen Gottesvorstellungen einem Werturteil zu unterziehen, wohl aber darum, sie in ihrer je verschiedenen psychischen Repräsentanz einander kritisch gegenüberzustellen. Die bleibende Wahrheit der alten, die Schicksalsmächte widerspiegelnden Gottheiten ist die Unverfügbarkeit des menschlichen Lebens. Auch Gilgamesch wird die Unentrinnbarkeit des Todes akzeptieren müssen. Doch in seinem Traum vom Bergsturz leuchtet mitten in die Katastrophe eine andere archetypische Dimension auf: das Mysterium des Lichts, das Geheimnis von einem hintergründigen Bewusstwerdungsprozess, für welchen der Sonnenlauf das Beispiel schlechthin ist.

Gilgameschs Traum vom Bergsturz löst jedenfalls eine Erschütterung aus, die während Jahrhunderten, wenn nicht gar Jahrtausenden nachhallen wird. Das eben sind die zeitlichen Dimensionen, in welchen archetypische Verschiebungen im kollektiven Unbewussten das Kollektivbewusstsein und den Zeitgeist umgestalten.

Der dritte Traum von der Verfinsterung
des Lichts – Todesnähe

»Die Himmel brüllten, und die Erde dröhnte,
Das Licht verging, und finster ward's ringsum,
(Schott: Der Tag erstarrte, die Finsternis kam heraus)
Es zuckten Blitze, Feuer schoss empor,
... Und dicke Wolken regneten den Tod.
Dann schwand der Glanz, das Feuer sank zusammen,
Und was herniederfiel, das ward zu Asche ...«
(Tf. 5, III, 15ff.; bzw. Schott, Tf. 4, III, 14ff.)

Das sind wahrhaft apokalyptische Bilder. Die Elemente der Natur
sind entfesselt. Nichts mehr erinnert an das eben erwachte solare
Bewusstsein des Helden. Nichts Menschliches bringt ein Stück
Vertrautheit in diese Welt von Finsternis, Tod und Zerstörung. Das
»Brüllen Chuwawas« erfüllt den gesamten Kosmos, ein Urschrei,
der durch Mark und Bein dringt gleich dem Todesschrei eines
verletzten Tieres.

Der Traum schildert die absolut dunkle, abgründige Seite des
kollektiven Unbewussten. Hier erlöscht jede Aktivität des Ich,
weshalb Gilgamesch auch nicht erwähnt ist. Und doch hat dieser
die Botschaft verstanden, denn er erschrickt zu Tode: »ganz ent-
setzlich war dies Traumgesicht!« Es gibt immer wieder Träume, die
wie dieser in einer Katastrophe enden. Die Lysis des Traumes, der
schöpferische Impuls des Unbewussten, in welchem gewissermaßen
ein Lösungsvorschlag zu Überwindung der kritischen Lage verborgen liegt, scheint ganz zu fehlen. Oft liegt dann die Lösung in der
emotionalen Reaktion des Träumers. Das Unbewusste will Gilgamesch die andere Seite jenes »Herrlichsten im ganzen Land«, der
ihm eben als Retter erschienen ist, bewusst machen, beziehungsweise in Erinnerung rufen, die Todesseite der Schöpfung, die auch
durch den Sieg über Chuwawa nicht aus der Welt geschaffen
werden kann.

Die Begegnung mit dem lichten Aspekt des Selbst, wie sie Gilgameschs Traum vom gleißend hellen Mann schildert, beschwört die Gefahr einer Inflation des Ich herauf. Dann verfällt ein aufgeblähtes (*inflatus* – vgl. 1. Kor 5,2) Ich einer blinden Begeisterung, die das menschliche Maß übersteigt. Es identifiziert sich mit dem Selbst, beziehungsweise mit den inneren Figuren des Unbewussten. Zwar mögen ihm dadurch göttliche Kräfte zuwachsen, doch droht der Sturz des Übermenschen in die Tiefe und damit in die psychische Vernichtung.

Gilgameschs Traum will dieser Katastrophe zuvorkommen, indem er ihn an seine Hinfälligkeit und Menschlichkeit erinnert. Im Bild der Asche, die es vom Himmel regnet, ist dies unmissverständlich ausgedrückt. Die *calcinatio*, die Einäscherung, ist ein bekanntes Motiv aus dem alchemistischen Prozess und entspricht dort dem Zustand der nigredo, dem Tod. Das Zum-Staube-Werden ist und bleibt das Schicksal des Menschen. In der Alchemie ist die vollständige Auflösung oder Einäscherung der prima materia, dieser Todeszustand, ein Anfangszustand kommender Erneuerung oder wie sich der Verfasser der chymischen Hochzeit ausdrückt: »ein Tod, der nur noch viel lebendiger macht«. Ihm folgt die albedo, die Erhellung oder die Geburt des neuen Bewusstseins. Im Unterschied dazu sagt Gilgameschs Traum nichts von einer solchen Überwindung des Todes. So sehr Gilgamesch bereit ist, sich der göttlichen Kraft (dem Stier) kämpfend hinzugeben, so sehr er um das Wunder des göttlichen Schutzes (des gleißend hellen Mannes) weiß, so betrüblich ist sein unausweichliches Todesgeschick. Das Bewusstsein der Tragik, das im Gilgamesch-Epos überall durchdringt, ist ein Kennzeichen des aus der archaischen Welt erwachenden Menschen. Wenn wir mit unseren tiefsten Schichten verbunden bleiben wollen, können wir diese Seite des Lebens nicht vergessen.

Chuwawas Tod –
Überwindung des Magischen durch Bewusstwerdung

Mit dem Fällen der ersten Zedern rufen die beiden Helden Chuwawa auf den Plan. Dieser verspottet die Eindringlinge, dann gerät er in Zorn, was vor allem Gilgamesch zu beeindrucken scheint. Dieser weint und betet zum Sonnengott. Schamasch bietet seine Hilfe an und bannt den Dämon mit gewaltigen Winden. Jetzt schlägt Chuwawas Gemüt um, jetzt bittet er um Gnade. Enkidu aber will keine Gnade walten lassen, und die beiden enthaupten das Ungeheuer.

> »Die Bäume aber standen starr und stumm,
> Als er Chuwawa, ihren Wächter, fällte.
> Da klang zwei Meilen weit der Zeder Klage ...«
> (Tf. 5, Heth.Fragment, B und Chicago Fragment)

Der von Chuwawa bewachte, umrandete Waldbezirk ist ein dämonisch-unheimlicher Ort. Die Klage der Zedern bei seinem Tod zeigt, wie innig die Natur von seinem Geist durchdrungen ist. Die Bäume gelten als personifizierte, magisch-göttliche Mächte. Gilgameschs Kampf gegen das Ungeheuer ist ein Kampf in einer dämonischen Welt.

Im magischen Weltbild sind die feindlich-dämonischen Mächte allgegenwärtig. Der archaische Mensch ist ihnen schicksalshaft, überall und zu jeder Zeit ausgeliefert. Demgegenüber ist Gilgameschs Tat eine Kulturtat, denn er wird die errungene Kostbarkeit, das Holz des Libanons, für den Tempelbau benutzen: wahrscheinlich zur Errichtung von mächtigen Eingangstüren zum Tempelbezirk. Damit setzt er eine klare Grenze zwischen dem »profanen« und dem heiligen Raum. Hier am heiligen Ort findet die Epiphanie Gottes statt. Hier am heiligen Ort kann der Mensch seinem Gott dienen. Die Konzentration der göttlichen Macht im Kult soll die geheime Angst des Menschen vor den in der Natur allgegenwärtigen dämonischen Kräften überwinden helfen.

Diese Eingrenzung der überall wirksamen, magischen Mächte ist seit Menschengedenken das zentrale Anliegen von Kult und Religion. Es war nicht hybrider Übermut, der überall in der mesopotamischen Tiefebene Tempel in die Höhe wachsen ließ, sondern das urmenschliche Verlangen in der grenzenlosen Weite des kosmischen Raumes ein Zeichen zu setzen, um sich so eine Orientierung zu verschaffen. Dabei kompensiert die klare Struktur der sakralen Anlagen gewissermaßen die unüberschaubare Vielfalt der magischen Welt. Im Tempel, gleichsam zwischen Himmel und Erde, ist die Mitte der Welt, in der sich die Gottheit offenbart. Die damit eingeleitete Überwindung der magischen Weltorientierung ist ein bewusstseinsgeschichtlich wichtiger Schritt.

Bei vielen Menschen ist das magische Denken nach wie vor wirksam, ja es kann uns jederzeit, in einem Traumbild etwa, einholen und zu Tode erschrecken. Dann sind wir von Panik ergriffen, von einer diffusen, unerklärlichen Angst. Einige mögen sich dadurch zu retten versuchen, dass sie sich einreden, es sei ja, Gott sei Dank, bloß ein Traum gewesen! Doch der Zauber ist kaum wirksam, denn so leicht können die dunklen Mächte nicht aus der Welt geschaffen werden. Um mit diesen adäquat umzugehen, haben wir keine anderen Mittel als die Menschen von damals: die Konzentration auf die Mitte. Gegen die uns von innen und außen bedrängenden psychischen Mächte hilft nur die konsequente Bewusstwerdung. Diese beginnt dort, wo wir die inneren Bilder ernst nehmen. Das aber ist nach wie vor eine *religio,* wörtlich: eine sorgfältige, gewissenhafte und kontinuierliche Beobachtung von numinosen seelischen Inhalten.

Eine gewisse Fähigkeit zum inneren Dialog ist dazu unerlässlich. Sie erfordert eine ehrliche und vor allem bescheidene Einstellung gegenüber den Bildern der Seele, besonders dann, wenn diese numinosen Charakter haben. Durch die innere Auseinandersetzung wächst die psychische Konfliktbereitschaft und damit der Umfang der Persönlichkeit. Starke Menschen sind fähig, große Gegensatzspannungen in sich auszuhalten, ohne diesen auszuweichen oder einseitig zu verfallen. Je mehr es einem gelingt, den »anderen in mir« und damit die Abhängigkeit der eigenen subjektiven Meinung vom Objektiv-Psychischen einzusehen, desto mehr werde ich auch den anderen draußen, den Mitmenschen in seiner Andersartigkeit gelten lassen. Wer den Krieg innen führt und so seiner Widersprüchlichkeit größtmöglich gewahr wird, muss diese nicht mehr auf seine Mitmenschen projizieren. Solche Selbsterkenntnis vermag das eigene Wollen, Wünschen und Begehren beträchtlich zu durchkreuzen. Aber es kann uns dem nahe bringen, was wir wirklich sind.

Eine besonders hilfreiche Methode auf diesem Weg zur umfassenderen Persönlichkeit ist die *Aktive Imagination*. Sie ermöglicht eine direkte Begegnung mit unbewussten Inhalten, eine meditative Betrachtung des eigenen Seelenhintergrundes. Das kann zu einem aktiven Dialog mit jenen inneren Figuren führen, welche dem Ich als autonome Mächte gegenübertreten. Je mehr wir mit den inneren Gestalten vertraut sind, desto mehr ist das Ich an den größeren, kosmischen Menschen angeschlossen. Wenn Gilgamesch sich am Schluss seines langen Weges mit dem göttlichen Begleiter Urschanabi zusammenschließt, so ist damit psychologisch gesehen genau diese Erweiterung der Gesamtpersönlichkeit gemeint.

Nun zeigt aber gerade das dunkle undurchdringliche Reich des Chuwawa, wie verwirrend die Begegnung mit dem Unbewussten sein kann. Was die Religionen aller Zeiten in ihren Mythen, Legenden und Dogmen, in herrlichen Bildern und in präzisen Formulierungen, in mündlichen und schriftlichen Überlieferungen gebändigt und schützend umfasst haben, ist in seinem ungeformten und ungestalteten Urzustand eine chaotische Flut unbewusster

Bilder und Phantasien. »Nie gebrach es der Menschheit an kräftigen Bildern, welche magischen Schutz verliehen gegen das unheimlich Lebendige der Seelentiefe« (Jung, GW 9,1, § 21). Darum haben die Menschen seit eh und je die mythischen Erzählungen geliebt, weil sie spürten, dass diese jenseits des unergründlichen Rätsels des realen Lebens einen Sinn aufzuzeigen vermögen.

Und wiederum ist es besonders die Chuwawa-Episode, die verschiedene Deutungsmöglichkeiten offen lässt. Der Mythos kann so wenig wie der Traum auf eine einzige Wahrheit reduziert werden. Er passt sich vielmehr der Vieldeutigkeit des menschlichen Daseins an. Die Seele umfasst Höchstes und Tiefstes, Fernes und Nahes, Fremdes und Vertrautes, und in all dem bleibt sie letztlich unauslotbar. Wer die mythischen Zeugnisse unserer Vorfahren kennt, weiß darum. Ein Mensch, dem alles klar ist, ist arm dran. Wer Konflikte hat, bleibt lebendig, auch und gerade dann, wenn er an ihnen leidet, denn »das Weiche und Schwache ist Begleiter des Lebens, das Harte und Starke aber Begleiter des Todes« (Tao Tê King, Nr. 76). Damit kehren wir zu unserer Geschichte zurück, in welcher jetzt, wo scheinbar alles gut gegangen ist, ein neuer Konflikt ausbricht.

Zwischen den beiden Freunden herrscht Uneinigkeit darüber, ob Chuwawa getötet, oder, wie Gilgamesch vorschlägt, geschont werden soll. Im sumerischen Mythos nehmen sie ihn gefangen, und Gilgamesch bittet seinen Gefährten: »O Enkidu, lass den gefangenen Vogel zu seiner Stätte zurückfliegen, lass den Gefangenen an den Busen seiner Mutter zurückkehren.« Doch Enkidu warnt vor dessen Schonung, und so töten sie gemeinsam den Dämon. Immerhin zeigt der Disput eine innerseelische Unsicherheit und Ratlosigkeit angesichts des Dunklen und Bösen.

Wo wir mit dem Bösen konfrontiert sind, gibt es keine klare Lösung. Zwar mögen wir es nach außen projizieren, auf einen uns unangenehmen Menschen, auf eine soziale Minderheit oder auf ein anderes Volk, aber damit werden wir den *Konflikt, der in uns selber ist*, nur scheinbar los. Es ist darum immer besser, so weit als möglich die eigene Dunkelheit zu sehen. Das allein befreit uns vom *Zwang zur Projektion*, die einen Menschen, ja ganze Völker in einen Wahn treiben kann.

Man kann sich fragen, ob die Tötung Chuwawas, sie entspricht psychologisch der gewaltsamen Verdrängung des dunklen Naturgeistes, richtig ist. Wenn Gilgamesch vorschlägt, den Gefangenen an den Busen der Mutter zurückkehren zu lassen, so fürchtet er offenbar, und das wohl nicht ohne Grund, die Rache der »Mutter«. Jedenfalls lädt Enkidu wegen seiner unnachgiebigen Haltung eine Schuld auf sich, die er später mit dem Tode bezahlt. Die Frage lässt sich nicht eindeutig beantworten. Das Problem des Umgangs mit dem Dämonischen ist zu schwierig, als dass es eine klare Antwort ermöglichen würde. Ich will aber versuchen, mögliche Antworten aufzudecken.

Chuwawa ist der Hüter und Wächter des Zedernwaldes, dem Wohnsitz der Göttin Ischtar. Bevor er ihr entgegentreten kann, muss sich Gilgamesch zuerst mit dem dunklen männlichen Geist seiner blinden Getriebenheit und Begehrlichkeit auseinandersetzen. Dieser chthonische Vatergeist kann nur mit Hilfe einer göttlichen Kraft gebannt werden: acht, bzw. dreizehn Winde des Sonnengottes nehmen Chuwawa gefangen und ermöglichen seine Tötung.

Was heißt das psychologisch? Es ist eine dunkle dämonische Macht, die sich der schöpferischen Entfaltung in den Weg stellt. Chuwawa ist eine Schattenfigur, die uns von den lebendigen Quellen des Unbewussten, beziehungsweise mythisch gesprochen, von den kostbaren, konstruktiven Schätzen der Himmlischen (Zedernholz!) abschneidet. Als Verkörperung des gnadenlos düsteren Schicksals verhindert er die von Hoffnung getragene Entwicklung des Individuums und damit eine kulturelle und religiöse Erneuerung. Erst nach der Konfrontation mit dem Dämon wird das Unbewusste seine Schätze preisgeben.

Eine Parallele aus der Gralslegende mag verdeutlichen, was mit dem dunklen Geist gemeint sein könnte. Ich denke an Parzivals Begegnung mit dem roten Ritter. Dieser ist der einzige Ritter, den

Parzival im Kampf nicht schont, den er tötet. Emma Jung und Marie Louise von Franz sehen in ihm einen Schatten des Helden, »ein Stück Emotionalität und barbarische Rücksichtslosigkeit, die Parzival überwinden muss« (S. 58). Natürlich stimmt es, dass manche Männer einen Teil ihres Draufgängertums opfern müssen, sei es, um überhaupt sich in die Sozietät einfügen zu können, sei es, um nicht in einem leichtfertigen Abenteuer ihr Leben lassen zu müssen. In diesem Sinne ist es richtig, wenn Gilgamesch und Enkidu Chuwawa töten. Wir wissen nun aber auch, dass in einem allzu tugendhaften Leben jener dunkle Geist im Unbewussten wahre Orgien feiern und den Menschen von innen her bedrohen kann. Die Tötung des Ungeheuers kommt einer gewaltsamen Verdrängung des Schattens ins Unbewusste gleich. Sie kann deshalb keine endgültige Lösung sein. Das Unbewusste wird dadurch nämlich von den dunklen Mächten belebt, weshalb in den Träumen bald allerlei inferiore Gestalten auftauchen: randalierende Rocker, mit Messern, Gewehren und anderen Waffen hantierende Unruhestifter, fette Machthaber, angsteinflößende Zöllner, KZ-Wächter und was der Schattenfiguren mehr sind. Alle haben sie eines gemeinsam. Sie erzeugen Angst und kompensieren einen zu harmlosen, zu friedfertigen oder zu kindlich-naiven Standpunkt des Bewusstseins. Bei allzu gesittetem oder allzu harmlosem Benehmen ist der Teufel bald zur Stelle, denn wo zu viele »Engel« sind, muss der Teufel auf den Plan treten.

Die Angst, von welcher das Auftauchen der Schattenfiguren in der Regel begleitet ist, darf nicht übersehen werden. Sie ist ein emotionales Eingeständnis jener dunklen Macht gegenüber und zeugt davon, dass das Ich diese Macht durchaus ernst nimmt. Man kann in Träumen psychotischer Patienten beobachten, dass die schrecklichsten Dinge geschehen, ohne dass der Träumer auch nur die leisesten Anzeichen von Angst zeigen würde. Wo das passiert, ist die Gefahr einer endgültigen, das heißt psychotischen Abspaltung des Bewusstseins vom Unbewussten groß. Hier wird der furchtbare Aspekt der Götter nicht mehr wahrgenommen.

Zwei Dinge kann die Chuwawa-Episode verdeutlichen. Beider gewahr zu werden, ist für den Individuationsprozess unerlässlich. Zum einen besteht die Gefahr, dass wir einer zu passiven Einstellung gegenüber dem Leben und dem Unbewussten verfallen. Nicht alles ist Schicksal, was uns zustößt. Für manches müssen wir selbst kämpfen und Verantwortung übernehmen. Wenn wir im entscheidenden Moment diesen Mut nicht aufbringen, bleiben wir im dunklen Reich Chuwawas und damit in der Neurose gefangen. Zum anderen ist es unbedingt nötig, das Dunkle und Schattenhafte in der eigenen Seele wie in der Außenwelt möglichst klar zu erkennen. Naivität und Unschuld können hier tödliche Folgen haben. Es ist besser, den Dämon als solchen wahrzunehmen. Die heute übliche Verharmlosung des Dämonischen entschärft dieses nämlich nicht. Ganz im Gegenteil lässt sie es zu einer unberechenbaren, destruktiven Macht anwachsen, die jederzeit und unvermittelt über uns hereinbrechen kann.

Die Tötung Chuwawas bringt Gilgamesch allerdings in den Verdacht, den Konflikt gewaltsam lösen zu wollen. Was ihn dennoch zumindest vorübergehend rettet, ist die Tatsache, dass er den »Sieg« nicht für egoistische Zwecke missbraucht. Er hat nicht vergessen, dass Schamasch ihm geholfen hat. *Seiner* Verherrlichung dient denn auch der Kampf, welchen Uruks König und sein Freund bestanden haben. Man könnte sagen, dass Gilgamesch im Namen seines (neuen) Gottes gehandelt hat. Wie in seinen Träumen angekündigt, tritt im Gilgamesch-Epos dieser neue Gott am Horizont auf: der solare Gott, der seit dem 2. Jahrtausend v.Chr. mehr und mehr in den Vordergrund rückt.

Schamasch – Das Mysterium des Bewusstseins

Schamasch ist ein gerechter Richter von Himmel und Erde und als solcher ein gütiger und allwissender Gott. Mit ihm verbindet sich erstmals der Gedanke einer sozialen Ordnung und Gerechtigkeit, die für *alle* Menschen gleichermaßen gültig ist. Während der sumerische Sonnengott Utu noch mehr kriegerische Züge trägt[67], setzt sich im Laufe des zweiten Jahrtausends vor allem in der Gestalt des Schamasch die Anschauung durch, dass die Götter gerecht walten. Ein Hymnus preist Schamasch mit den folgenden Worten:

»*O Erleuchter in den Himmeln,*
der die Dunkelheit hell macht … droben und drunten, …
Du erhellst die Finsternis der hohen Gebirge. …
Alle mit Lebenshauch Begabten, du weidest sie,
Du bist ihr Hirte droben und drunten.
Du durchziehst die Himmel regelmäßig und zuverlässig.
Über die weite Welt wanderst Du Tag für Tag,
Über die Meeresflut, die Gebirge, über Erde und Himmel …«

Wie Schamasch den ganzen Kosmos durchdringt, so auch seine Gerechtigkeit:

»*Wer da Wucher nimmt, dessen Macht vernichtest du,*
Wer tückisch handelt, dem wird ein Ende gemacht …
Wer aber Bestechung ablehnt und für den Schwachen eintritt,
Dem ist Schamasch wohlgefällig,

111

und er wird sein Leben verlängern.
Der weise Richter, der gerechte Urteile fällt ...«[68]

Immer wenn in der Geschichte der Menschheit ein neuer Gott am Horizont auftaucht und bestimmend in den Vordergrund rückt, wird damit zugleich ein neuer Weltaspekt geboren und ein neues Weltalter eingeleitet.[69] Psychologisch entspricht dies dem Auftauchen eines neuen dominanten Selbstsymbols aus dem unterirdischen Strom des kollektiven Unbewussten, wie es später etwa auch mit Jahwe oder Christus geschehen wird. Das Gilgamesch-Epos erzählt uns von einem Gestaltwandel des Gottesbildes, in welchem das Verhältnis von Gott und Mensch neu bestimmt wird. Dabei tritt Letzterer in eine freie, fast intime Beziehung zu *seinem* Gott. Gilgameschs Zuneigung zu Schamasch ist innig, verlässlich und von Nähe bestimmt. Rivkah Schärf-Kluger sieht in diesem Wandel des Gottesbildes zu Recht eine monotheistische Tendenz.

Selbstverständlich vollzieht sich ein solcher Wandel nicht konfliktlos. Die innige Beziehung des Helden mit seinem Gott provoziert den Zorn der übrigen, mehr dem Äon der großen Muttergottheit und ihrem Naturzyklus verhafteten Gottheiten.[70] Psychologisch zeigt sich darin die für das Unbewusste typische Ambivalenz gegenüber der Bewusstwerdung: die Sehnsucht nach dem Licht einerseits, und der Widerstand gegen jede Veränderung andererseits. Wer sich dem Unbewussten zuwendet, muss mit beiden Tendenzen rechnen.

Der Vorstoß ins Innere der bis anhin fest gefügten Götterwelt ist beschwerlich, aber lohnend. Zwar gleicht Gilgameschs Weg wie jeder Lebensweg über weite Strecken mehr einer labyrinthischen Irrfahrt auf unbekannten Wegen als einem sinnvollen Entwicklungsprozess. Seine Wanderung ist ein Sinnbild für das Suchen nach einem Ziel, das er nicht kennt, obwohl es im Unbewussten bereits klar vorhanden ist. Das Wandern ist, wie Jung einmal ausführt, »ein Bild der Sehnsucht, des nie rastenden Verlangens, das nirgends ein Objekt findet, des Suchens nach der verlorenen Mutter. Der Vergleich mit der Sonne ist auch unter diesem Aspekt leicht verständlich« (GW 5, § 299). Wie der Mythos berichtet, ist Schamasch der Begleiter und die treibende Kraft von Gilgameschs Wanderung.

Psychologisch symbolisiert der Sonnengott das Mysterium des Bewusstseins, die letztlich unerklärliche Tatsache, dass etwas, der Mythos nennt es einen Gott, den Menschen dazu antreibt, bewusst zu werden. Im Unbewussten schlummert »jenes ungestillte und selten stillbare Verlangen nach dem Licht des Bewusstseins« (Jung, ebenda). Die Unruhe, die uns immer neu überfällt, scheint einen Sinn zu haben. »Im Weiterschreiten find' er Qual und Glück, / Er unbefriedigt jeden Augenblick« (Faust II, 11'451f.). Wenn wir auch zeitlebens nicht am Ziel ankommen, so wollen uns gerade jene herrlichen Erzählungen wie diejenige des Gilgamesch-Epos, der Odyssee oder der Aeneis mit dem Gedanken versöhnen, dass sich in aller Unruhe und in allem scheinbar sinnlosen Umhergetriebensein ein Prozess verbirgt, der unser Leben stets begleitet: das Mysterium der Individuation.

Waschung, Einkleidung und Krönung – Die Geburt des königlichen Menschen

Nach bestandenem Kampf kleidet sich Gilgamesch neu ein:

> »Er wusch sein Haar, polierte seine Waffen,
> Warf in den Nacken seines Hauptes Schopf,
> Legt' ab die schmutz'gen Kleider, nahm sich reine, ...
> Als die Tiara er aufs Haupt gesetzt,
> Hob ihre Augen auf die wunderbare Ischtar
> zu Gilgamesch in seiner Mannesschöne:
> ›Komm Gilgamesch! Du sollst mein Gatte sein!
> Schenk, o schenke mir deine Fülle!
> du sollst mein Mann sein, ich will dein Weib sein‹«

(Tf. 6, 1ff. Verse 7-9: Schott)

Nach all den vorangegangenen Strapazen ist das nichts Außergewöhnliches. Der Held wäscht sich nach bestandenem Kampf und kleidet sich neu ein. Doch geht es, was die Ältesten von Anfang an gewusst haben, nicht um Alltägliches. Die Tötung Chuwawas zieht vielmehr eine Schuld nach sich, die mit Gebeten und rituellen Handlungen gesühnt werden muss.

Einige Feinheiten der Erzählung geben einen Hinweis, worin die Erneuerung bestehen könnte. »Er wusch sein Haar, polierte seine Waffen ...«, so beginnt der Text. Die Haare sind ein Symbol für all jene Gedanken und Phantasien, die unserem Kopf entspringen. Es gehört zum menschlichen Dasein, dass wir gelegentlich Opfer unserer überbordenden Phantasien werden. All unsere Gedanken drehen nur noch um das Eine, sei dies nun ein beglückendes Erlebnis, seien es quälende Selbstvorwürfe, die uns nicht loslassen. Der Strom des Lebens beginnt sich gefährlich aufzustauen. Hier mag im Traum das Bild vom Coiffeur erscheinen, denn: einen Mann wie ihn brauchen wir jetzt: er bringt auf nüchterne und sachliche Art wieder Ordnung ins Gewirr. Das Erstarken des Bewusstseins erfordert einen bewussten, gestalterischen Umgang mit der eigenen Phantasiewelt und damit die Überwindung der minderwertigen Phantasien, in denen keine Entwicklungsmöglichkeit enthalten ist. Der schönste Ausdruck für den schöpferischen Umgang mit dem Unbewussten ist der Mythos selbst, denn in ihm findet eine zunächst verwirrende Wirklichkeitserfahrung einen kunstvollen erzählerischen Rahmen. Auch die Gleichnisse Jesu, mit ihren oft überraschenden Wendungen ließen sich als Beispiel heranziehen. Im dichterischen Erzählen wird die Brüchigkeit und Vordergründigkeit der Welt dadurch überwunden, dass dem Hörer eine hintergründige Sinnstruktur aufgezeigt wird. Wo sich die Phantasie zur Geschichte formt, kann der lebendige Geist überleben und sich erneuern.

In dieselbe Richtung weist die Reinigung der Waffen. Als Produkt der Zivilisation sind die Waffen Instrumente des differenzierenden Bewusstseins. Wenn Gilgamesch sie reinigt, so zeigt dies seine Achtsamkeit gegenüber dieser Bewusstseinskraft. Es geht weniger um die heldische Tatkraft als vielmehr um die Entschlossenheit des Helden, der bloßen Triebhaftigkeit und dem blinden Gehorsam gegenüber dem Schicksal eine Ichfestigkeit entgegenzusetzen, wie sie nur aus der Begegnung mit dem Selbst resultieren kann.

Nun war Gilgameschs Kampf allerdings ein ganz besonderer Kampf, sein Gegner war ein dunkler Dämon. Die Auseinandersetzung mit dem Dämon, man darf ruhig sagen, mit dem dunklen Aspekt der Gottheit selbst, bewirkt unausweichlich eine partielle Verdunkelung der Seele, oder wie sich das Epos ausdrückt, eine Beschmutzung der Kleider. In der psychotherapeutischen Praxis ist das ein bekanntes Phänomen. Gewisse psychische Störungen können in höchstem Maße ansteckend sein. Gegenüber akut psychotischen Patienten beispielsweise muss sich der Therapeut schützen. In der Regel geschieht dies auf ganz natürliche Art, indem der Therapeut mitten im Gespräch von einer bleiernen Müdigkeit oder von großer Langeweile überfallen wird. Sein Unbewusstes scheint an dem, was vorgeht, völlig desinteressiert zu sein. Eine solche Schläfrigkeit muss deshalb unbedingt beachtet werden, weil sie einen natürlichen Schutz seitens des Unbewussten gegenüber einer allfälligen psychischen Infektion und Verwirrung darstellt. Das Psychotisch-Dunkle im anderen aktiviert nämlich den dunklen Aspekt, der in einem selber schlummert, jenes Ungeheuer, das in irgendeinem verborgenen Winkel der eigenen Seele nur darauf wartet, losbrechen zu können.

Das soll nun freilich nicht heißen, dass der Therapeut sich jeglicher Ansteckung entziehen kann. Die »psychische Infektion« ist eine »schicksalsbedingte Begleiterscheinung seiner Arbeit« (Jung, GW 16, § 365) und muss es bleiben. »Nur der verwundete Arzt heilt«, besagt ein Wort aus der Antike. Nur der, welcher sich treffen lässt und mitleidet, kann seinen Patienten von innen heraus begleiten. Dann aber wird zugleich die Frage akut, wie er selbst wieder ins Gleichgewicht kommen kann. Das ist die Aufgabe der Waschung und der Einkleidung.

Die dem Kampf mit dem Dämon folgende Waschung bewirkt eine Neubelebung der Seele. Es gibt eine wunderbare Stelle im

Kommentar von Marie Louise von Franz zur *Aurora consurgens*, in welchem sie sagt, dass das Wasser deshalb eine reinigende Wirkung besitze, »weil es den »Geist Gottes« enthält, der einst bei der Schöpfung über den Wassern schwebte und es befruchtete. Wie aus dem späteren Psalmzitat (Ps 104, 30-32) hervorgeht, ist das Wasser nichts anderes als der *Spiritus Dei* selber, der die Erde erneuert, belebt und erschüttert.«[71] Weil es einst vom göttlichen Geist befruchtet worden ist, kann das Wasser mit diesem gleichgesetzt werden und erhält so die Kraft zur Erneuerung der Seele. Schon Heraklit hat auf diesen Zusammenhang hingewiesen: »... das Wasser entsteht aus der Erde, aus dem Wasser (aber) erwacht die Seele.« (Frag. B 36) Die Waschung des Königs schildert symbolisch dessen seelisch-geistige Erneuerung. Einst war Gilgamesch nichts als ein Kämpfer und Draufgänger. In der Auseinandersetzung mit Chuwawa hat sich sein kämpferischer Wille bewährt. Seine alte Kraft ist immer noch da, aber sie dient nicht mehr nur dem eigenen Begehren. Der Held hat die göttliche Hilfe erfahren. Diese Erfahrung führt seine Wandlung herbei.

Ähnlich wie die Waschung zeigt auch die Symbolik des Gewandwechsels und der Krönung das innere Erstarken des Helden. »Im Allgemeinen bedeuten Kleider psychologisch eine manifest gewordene innere Einstellung«, schreibt Marie Louise von Franz im eben zitierten Werk und im Blick auf den Kleiderwechsel bei den Mysterien fährt sie fort, dass »das Solificatio-Gewand (d.h. das Sonnengewand des Mysten, AS) die neu gefundene, auf höherer Bewusstseinsstufe aktivierte religiöse Haltung« (S. 373) veranschaulicht. Genau das scheint mir auch die psychologische Bedeutung des königlichen Gewandes von Gilgamesch zu sein. Er ist ein anderer geworden, ein König, der sich den göttlichen Mächten stellt.

Es folgt der Akt der Krönung. In einem apokryphen Text zum Neuen Testament, in den Oden *Salomos* heißt es: »Der Herr ist auf meinem Haupte wie ein Kranz ...«[72]. Jahrhunderte später kann die Braut im Text der *Aurora consurgens*, in jener herrlichen 7. Schlußparabel, von sich sagen: »Ich bin die Krone, mit der mein Geliebter am Tage seiner Hochzeit ... gekrönt wird.«[73] Das ist eine Anspielung auf das *mysterium coniunctionis*. Wie der König sich mit der Krone schmückt, so der Mann mit dem ihn umfassenden Weiblichen, beziehungsweise mit dem beim Manne unter weiblichem Vorzeichen stehenden Unbewussten. Das entspricht der Annäherung an die geistig-sinnliche Welt der Anima.

Die Krönung weißt demnach auf eine Entwicklung zur Ganzheit hin. Im alchemistischen *Tractatus aureus Hermetis* erscheint der lapis, das heißt der Stein der Weisen, selbst als gekrönter König.[74] Der Kampf mit dem dunklen männlichen Geist Chuwawa hat im Helden Spuren der Ganzheit hinterlassen, eine Ahnung vom Selbst, von einer ihm übergeordneten Macht, der er sich unterziehen, oder besser: mit welcher er kooperieren muss, denn: diese ist für einen Menschen zu schwer, als dass er sie heben könnte, wie Gilgameschs Traum vom Himmelsstern deutlich gemacht hat. Wie jener Traum den Eros des Helden erweckt hat (»Hin zog's mich zu ihm wie zu einer Frau«), so zeigt auch die alchemistische Symbolik der Krone, dass Gilgameschs Krönung diesen mit dem Liebesproblem konfrontieren wird. Es ist daher nicht erstaunlich, wenn unmittelbar danach die Liebesgöttin auftauchen wird.

Gilgamesch hat die Auseinandersetzung mit dem Drachen gewagt, ohne daran zu zerbrechen. Der glückliche Ausgang ist alles andere als selbstverständlich. Leicht hätte der Held in der wiederholt angedeuteten Resignation stecken bleiben können. Es entspricht dies der psychologischen Erfahrung, dass der Übergang von einer altvertrauten zu einer neuen, höheren Einstellung des Bewusstseins oft einen »dunklen Zustand der Desorientiertheit« (Jung, GW 16, § 476) bewirkt. Der Verlust der alten Orientierung (schmutzige Kleider) entspricht psychologisch der Auflösung des bisherigen Ichbewusstseins und der alten Einstellung zur äußeren wie inneren Welt. Im analytischen Prozess sind das jene schwierigen Momente, in welchen der Analysand vielleicht nach jahrelangen Bemühungen den Eindruck hat, dass alles beim Alten geblieben sei und er überhaupt nichts begriffen habe. »Diese oft längere Zeit andauernde Aufgelöstheit zusammen mit der Desorientierung des Bewusstseins gehören zu den schwierigsten Übergängen der analytischen Behandlung und stellen gelegentlich höchste Anforderungen an die Geduld, den Mut und das Gottvertrauen des Arztes sowohl als des Patienten.« Es droht in diesem Zustand immer die Gefahr einer Dissoziation, einer Auflösung der Persönlichkeit, weil sich in der Begegnung mit dem Ungeheuer das bisherige Bewusstsein mindestens partiell auflösen muss. Dabei bedeutet »die Auflösung und Desorientiertheit ... einen unfreien Zustand der Getriebenheit und der Richtungslosigkeit, einen im eigentlichen Sinne seelenlosen Zustand des Ausgeliefertseins an autoerotische Affekte und Phantasien« (GW 16, § 476). Die schmutzigen Kleider von Gilgamesch sind ein treffendes Bild für diese autoerotischen Affekte. In einem solchen Lebensabschnitt kreisen alle Gedanken um die eigene Dürftigkeit, Erbärmlichkeit und Minderwertigkeit. Da vermag einer nur noch seine Ohnmacht zu sehen, während ihm der Moralteufel in seinem Innern ein monotones »Ich sollte eben ...« oder »Ich müsste eigentlich ...« einflüstert.

Während ein schwacher Mensch in solchen Klagen über sich selbst stecken bleibt, hatte Gilgamesch den Mut, in Chuwawa dem dunklen Untergrund seiner selbst zu begegnen. In zähem Ringen mit dem dunklen Vatergeist ist er sich der Macht des kollektiven Unbewussten, des psychischen Nicht-Ich, bewusst geworden. Er ist aus dieser Begegnung gestärkt herausgegangen, er hatte die Kraft und Energie, seine Haare zu waschen, die Waffen zu ordnen und sich ein neues Gewand überzuwerfen. Das zeugt von einer neu errungenen Sicherheit, von einem Selbstbewusstsein, welches aus der freien Begegnung mit den göttlichen Mächten, psychologisch gesagt: mit dem seelischen Hintergrund des kollektiven Unbewussten, herausgewachsen ist.

Gilgamesch hat im Zederngebirge erfahren, dass er trotz seiner Ohnmacht dem Ungeheuer nicht hilflos ausgeliefert ist. Schamasch, ein Bewusstseinsfaktor im Unbewussten, in welchem sich die Sehnsucht nach dem Licht der Erkenntnis verdichtet, hat im entscheidenden Moment eingegriffen; so wie in vielen Märchen das Rettende, das hilfreiche Tier, der alte Mann, die Zauberfee usw. gerade dann unvermittelt auftauchen, wenn scheinbar alles verloren ist. Wer diese Erfahrung macht, gewinnt eine innere Sicherheit und Festigkeit, die in ihrem tiefsten Wesen im Vertrauen auf Gott gegründet ist.

II. TEIL

Inanna-Ischtar – Eine unmütterliche Göttin. Gedanken zur Dynamik von Leben und Tod

Kaum erscheint Gilgamesch in seinem königlichen Gewand, bietet ihm Inanna-Ischtar, die mächtige sumero-babylonische Göttin, ihre Dienste an. Sie lädt ihn zum Vollzug der Heiligen Hochzeit, sichtlich beeindruckt von dessen Kampf mit Chuwawa:

> »Komm her, o Gilgamesch, sei mein Gemahl
> Und lass mich deine Manneskraft genießen.
> (»offre-moi ta volupté, wörtlich: en cadeau ton fruit.«
> Bottéro, p.123)
> Werd' du mein Gatte, und ich sei dein Weib.
> Dafür lass' ich dir einen Wagen schirren
> Geschmückt mit Lapislazuli und Gold ...
> Ja Könige wie Adlige und Fürsten,
> Die sollen vor dir auf die Knie fallen
> Tribut aus Berg und Steppe dar dir bringen ...«
> (Tf. 6, 7ff.)

Als Herrin der Tiere verspricht sie ihm reichen Nachwuchs für seine Herden. Davon aber will Gilgamesch nichts wissen. Mit groben Beleidigungen weist er die Göttin zurück. Er schimpft sie einen Ofen, der nicht wärmt, einen undichten Wasserschlauch, einen Elefanten, und gar ein Schuh soll sie sein, der seinen Besitzer kneift. Doch damit nicht genug. Er beklagt sich über ihre Untreue gegenüber ihren früheren Geliebten. Er kennt deren Schicksal: Dumuzi-

Tammuz wurde in die Unterwelt verbannt, einen anderen hat sie in einen Wolf verwandelt, wieder einen anderen in einen Frosch (?). Dieses aber will er nicht erleiden:

»Und liebst du mich, so machst du mich jenen gleich!«

Solche Reden erzürnen die Göttin. Unter Drohungen fordert sie von den Göttern den *Himmelsstier,* um sich mit dessen Hilfe an Gilgamesch zu rächen. Sie erhält den Stier, worauf dieser gewaltigen Schaden anzurichten beginnt. Doch die beiden Helden töten ihn und opfern sein Herz dem Sonnengott. Während Ischtar mit ihren Gespielinnen das getötete Tier beklagt, feiern die beiden Helden ein Jubelfest. Doch über Nacht wendet sich ihr Schicksal ...

Das Geheimnis der Göttin

Seit dem vierten Jahrtausend ist sie bekannt, als Inanna (*Ninni oder Innin*) bei den Sumerern, als *Ischtar* bei den Babyloniern. Der Ursprung beider verliert sich im Dunkel. Vermutlich hatten beide von Anfang an auch aggressive Züge. Doch erst Ischtar wird zur wilden und grausamen Kriegsherrin.

Ihr Wesen ist vielfältig. In beinahe allen Bereichen des Weiblichen und des Lebens scheint sie als Göttin angerufen zu werden, so dass sie zu Recht als *»femme par excellence«*[1] bezeichnet wird. Ihre Erscheinung ist bunt schillernd wie das Leben selbst. Von zwei Wirkungsbereichen des Weiblichen allerdings bleibt sie ausgeschlossen. Ihr fehlen alle mütterlichen Züge, und nie ist sie eine verantwortungsvolle, treu liebende Gefährtin des Mannes. Um es in der griechischen Mythologie auszudrücken: sie ist nicht Hera, eher Artemis, Athene, Aphrodite. Sie ist eine typische Jungfrauengöttin im ursprünglichen Sinn des Wortes: zwar hat sie durchaus ihre Geliebten und scheint das Liebesspiel in vollen Zügen zu genießen, doch bleibt sie darin stets vom Männlichen unabhängig, »Eine-in-Sich«, wie Esther Harding sie treffend genannt hat.[2] Sie ist dem Mann nicht verpflichtet, ist nicht Ehefrau, umso mehr die Geliebte, Braut und dann eben auch die um ihren toten Gemahl Trauernde.

Inanna-Ischtar ist keine Muttergöttin. (Als solche erscheint sie erst in späten Texten.) Sie verkörpert den élan vital, eine schöpferische Kraft im Leben der Frau und des Mannes[3]. Man könnte sie als archetypische Repräsentantin einer Lebensdynamik bezeichnen, die sich vorwiegend in drei Bereichen äußert: in der belebenden und berauschenden Kraft der Sexualität, in der Fülle der Kulturgüter einer Stadt und, so vor allem in ihrer Gestalt als Ischtar, im Schlachtgetümmel.[4]

Das Leben, welches diese Göttin spendet, entspringt der Nähe zum Tod, über den sie selbst keine Verfügungsgewalt hat. Darum ihre Verbindung zum Wasser: wie dieses aus dunkler Tiefe hervorsprudelt, Fruchtbarkeit und Leben spendend, so auch die Lebensfülle der Göttin. Darum ihre Verwandtschaft mit dem Licht, das aus der Finsternis aufleuchtet. Darum schließlich ihre Verbindung zum Korn, denn wie dieses dem Schoß der Erde anvertraut wird und stirbt, um die neue Ernte hervorzubringen, so auch die in Liebe erzeugte Frucht der Göttin. Wer das Leben gewinnen will, muss diese bedrohliche Tiefe durchschreiten.[5]

Es sind uns viele wunderbare Hymnen und Mythen von Inanna überliefert. Diese sehen in ihr die Göttin der sexuellen *Liebe*, einer Liebe freilich, die zuweilen auch in den Tod führen kann. Inanna ist eine universale Erzeugerin der Lebenslust, die Quelle all dessen, was wächst und gedeiht, eine feurige, verführerische und manchmal auch wankelmütige Geliebte. In einem an sie gerichteten Hymnus hören wir:

»Je fais aller l'homme vers la femme
et vers l'homme je fais aller la femme ...«

Aber gleich darauf dann auch:

»C'est moi qui excite l'épouse contre l'époux.«[6]

Sie ist für das herrliche und dann so bald wieder grausame Spiel zwischen Mann und Frau verantwortlich. Jedenfalls erregt sie die sexuelle Begierde und wird zur Göttin der Lust und der Huren. Doch dieselbe Göttin kann alsbald die beiden Liebenden gegeneinander aufhetzen. Wir müssen sie als Herrin der Gegensätze anerkennen: »Was schwarz ist, mache ich zu weiß, und ich mache schwarz, was weiß ist.«[7]

Die Liebeslieder, in welchen Inanna besungen wird, sind voller Poesie. In menschlicher Art sehnt sich die »Göttin«, das ist die Braut, nach ihrem Geliebten, wartet ängstlich, ob er auch kommen werde, und muss ihn, einmal bei ihm, bald wieder verlassen, denn die Mutter wartet auf sie. Dann freut sie sich auf die Hochzeit und auf die sexuelle Vereinigung, nachdem sie sich und ihr heiliges Bett festlich geschmückt hat. Überall schimmern menschliche Gefühle durch: das Sehnen, die Lust, der Schmerz, die Trauer, Gefühle eben, wie sie seit Jahrtausenden Liebende begleiten.

In den *profanen* Liebesliedern, die nichts zu tun haben, mit den Königshymnen und deren Ritual der Heiligen Hochzeit, tritt das kriegerisch-aggressive Wesen der Göttin in den Hintergrund. Hier geht es um den ungetrübten Genuss einer reinen, noch jungen Leidenschaft. Die mythologisierende Art der Lieder, die Identifizierung der jungen Frau mit der Göttin und des »rechten Mannes« mit Dumuzi, all das weist auf eine Dimension der Liebe hin, deren Ursprung im Göttlichen zu suchen ist. Den damaligen Menschen wäre es kaum in den Sinn gekommen, am religiösen Gehalt der »mythischen« Bilder zu zweifeln.

Solche Zweifel sind vielmehr typisch für den aufgeklärten Menschen. Obwohl unsere Phantasien, Träume, und Visionen oft von numinoser Qualität sind, fällt es manchem schwer, diese als solche, das heißt in ihrer religiösen Dimension zu erkennen. Schon Theresa von Avila hat sich beklagt, dass viele ihrer Beichtväter in Angst geraten seien, sowie sie von ihren Visionen und Offenbarungen erzählt habe. »Gewöhnlich erschrecken sie nicht so sehr«, fährt sie fort, »wenn man ihnen sagt, dass ihnen (ihren Glaubensschwestern) der böse Feind (d.i. der Teufel, AS) allerlei Versuchungen zur Gotteslästerung ... einflüstere, als sie sich daran stoßen, wenn behauptet wird, man habe einen Engel gesehen oder reden hören oder es sei unser Herr Jesus Christus am Kreuze erschienen«[8]. In heutiger Sprache heißt das: wir sind viel eher bereit, kritisch über uns zu denken und uns überall in Frage zu stellen, als anzunehmen, dass uns eine echte religiöse Erfahrung oder sagen wir jetzt ruhig: eine Gottesoffenbarung zustoßen könnte. Was die heutigen Beichtväter, die Psychotherapeuten, betrifft, liegen die Dinge nicht anders. Nur wer selbst vom numinosen Seelenhintergrund ergriffen ist, kann dieses Erlebnis mit anderen teilen. Der Analytiker wird es dabei nicht vermeiden können, mythische Formulierungen zu gebrauchen. Er soll es auch nicht, denn Numinoses kann auch heute noch nicht anders als mythologisierend ausgedrückt werden.

C.G. Jung jedenfalls hat sich nie davor gescheut, sich der mythischen Sprache zu bedienen. Ein besonders schönes Beispiel sind seine Gedanken über den Eros in den »Erinnerungen«: »Der antike Eros ist sinnvollerweise ein Gott, dessen Göttlichkeit die Grenzen des Menschlichen überschreitet und deshalb weder begriffen noch dargestellt werden kann. Ich könnte mich, wie so viele andere vor mir es versucht haben, an diesen Daimon wagen, dessen Wirksamkeit sich von den endlosen Räumen des Himmels bis in die finsteren Abgründe der Hölle erstreckt, aber es entfällt mir der Mut, jene Sprache zu suchen, welche die unabsehbaren Paradoxien der Liebe adäquat auszudrücken vermöchte. Eros ist ein *kosmogonos*, ein Schöpfer und Vater-Mutter aller Bewusstheit« (S. 355f.). Die Liebe führt uns zu Höchstem und Tiefstem, sie ist paradox, eine süße Wunde. Sie kann einen Menschen ganz in Beschlag nehmen, ihn beunruhigen, hin- und herwerfen, beglücken oder quälen. Nur in Bildern, die das Leben erschaffen hat, lässt sie sich veranschaulichen.

Die mythischen Bilder der Inanna-Hymnen spiegeln die uralte und immer gleiche psychische Dynamik wider. Wo wir selber von der Liebe getroffen sind, tun wir gut daran, diese Dynamik, oder sagen wir jetzt ruhig, die Göttin, ernst zu nehmen. Ihr Wesen erinnert uns an eine bald schmerzliche, dann wieder herrliche Erfahrung. Die Liebe hat zwei Gesichter, zwei Seiten, eine helle und eine dunkle. Wir mögen zwar von Harmonie in unserer Partnerschaft träumen. Aber die Realität ist, wie die mythischen Erzählungen deutlich machen, anders: auf hoch folgt tief, auf Liebe der Streit. Wo das Harmonische zur Stagnation führt, fordert die rachsüchtige Göttin der Liebe und des Zwistes ihr Recht. Doch das ist zum Glück auch wahr: auf tief folgt hoch, auf Streit Liebe und Versöhnung.

Inanna-Ischtar ist eine *mächtige Göttin*. Nicht mit Gewalt, eher mit List und Tücke erreicht sie ihr Ziel. Wie ihre ägyptische Schwester Isis ist sie die »listenreiche«. Als solche entlockt sie den altehrwürdigen Gottheiten ihre Geheimnisse. So erzählt uns ein sehr menschlicher Mythos, wie Inanna, dem gutmütigen, alt gewordenen Gott der Weisheit, Enki, die »me« raubt. Unter der »me« ist eine formgebende göttliche Kraft zu verstehen, die alle Dinge ins Dasein ruft, gewissermaßen die Essenz dessen, was ist. Die »me« enthalten aber auch die göttlichen Ordnungen und Satzungen, welche das gesamte sumerische Leben und dessen Kult durchdringen.[9] Der Mythos beginnt in der für die Göttin bezeichnenden sinnlichen Art:

Inanna setzte sich die shugurra, die Krone der Steppe auf ihr Haupt.
Zum Schafpferch ging sie, zum Hirten (ihrem Geliebten).
Dort lehnte sie sich gegen einen Apfelbaum,
und wie sie sich so am Apfelbaum ausruhte,
war ihre Vulva wunderbar anzuschau'n.
In großer Freude über ihre herrliche Vulva
lobt sich die junge Frau, Inanna und sprach:
Ich, ich bin die Königin des Himmels ...

Das ist nicht etwa irgendein Text, sondern ein *heiliger* Text. So wird sie vorgestellt: verführerisch, sinnlich, verlockend. Die Verbindung von Sexualität und Religion ist typisch für die Göttin und ihren Kult.

Der Mythos erzählt weiter, wie Inanna mit schmeichlerischen Worten den Gott der Weisheit rühmt. Sie bringt ihm Ehrerbietungen dar, womit sie ihr Ziel nicht verfehlt. Alsbald lädt sie der Gott freundlich ein und bewirtet sie an seinem göttlichen Tisch:

»Enki und Inanna tranken Bier zusammen.
Sie tranken mehr Bier zusammen.
Mehr und mehr Bier tranken sie zusammen ...«,

so lange eben, bis der göttliche Vater betrunken war, und die junge Göttin ihm die »me«, seine Machtinsignien, entlocken kann. Schnell lädt sie die göttlichen Tafeln auf ihr Schiff und fährt davon. Doch kaum wieder nüchtern bereut Enki seine Gutmütigkeit. Seine Reue kommt zu spät. Zwar versucht er noch, die »me« zurückzuholen, doch Inanna denkt nicht daran, ihm dieselben auszuhändigen. Triumphierend bringt sie die errungene Kostbarkeit in ihre Heimatstadt Uruk.

Der Mythos schildert uns in liebenswürdiger Weise und nicht ohne den für die sumerische Kultur so typischen Humor das verführerische Wesen der Göttin Inanna. In ihrem listigen Handeln liegt eine archetypische Dynamik, die sich in den Dienst einer schöpferischen Kraft (der »me«) stellt. Als Göttin repräsentiert Inanna einen wichtigen archetypischen Faktor des Unbewussten. Wir müssen nämlich damit rechnen, dass das Unbewusste und das Leben ganz allgemein über ähnliche Qualitäten verfügen, wie sie uns der Mythos so lebendig veranschaulicht. Es scheint, dass in gewissen Fällen schmeichlerische Worte und gar eine bewusste List berechtigt sind, um ein ins Auge gefasstes Ziel zu erreichen. Ehrlichkeit mag eine Tugend sein, aber nicht unbedingt eine, die dem Wesen der Göttin entspricht. Wo immer alles mit rechten Dingen zugeht, wird das Leben bald einmal trocken, langweilig und spröde. Dabei dürfen wir aber nicht übersehen, dass die Göttin ihre List in den Dienst ihrer Stadt stellt. Das religiöse, kulturelle und politische Erblühen dieser Gemeinschaft ist ihr letztes Ziel. Die Liebe, welche dem Wohl der Gemeinschaft dient, und nicht der eigenen Macht oder Selbstbespiegelung, ist zuweilen einer Dynamik unterworfen, die der gängigen Moral entgegenläuft. Wo dies der Fall ist, wird die Liebe zum moralischen Konflikt. Da gibt es keine klaren Vorstellungen mehr von dem, was erlaubt und was verboten ist.

»Polemos pantôn patêr« – der Krieg ist der Vater aller Dinge, hat schon Heraklit gesagt (Frag. B 53). Der Krieg, der die Gegensätze aufeinander prallen lässt, ist ein mächtiger Erneuerer, und es braucht uns deshalb nicht zu wundern, wenn Inanna-Ischtar als Göttin der Lebenserneuerung auch Kriegsgöttin ist.[10] Blutrünstig und schreckenerregend ist sie, als furchtbare Löwin stürmt sie in die Schlacht und erfreut sich am Blut der Gefallenen. Sie ist unberechenbar und kann jederzeit ihren Entschluss ändern. Auch ungeduldig ist sie als Kriegsgöttin, bei ihr muss alles schnell gehen. Wenn sie mit ihrem bloßen Wort, vor dem alle Götter kriechen, Städte und Länder verwüstet, braucht sie dafür keinen Grund anzugeben, sie tut es, weil dies ihrem Wesen entspricht. Ihr Zorn ist schrecklich. In einem Hymnus heißt es von ihr, dass sie unfähig sei, ihre gewalttätigen Instinkte im Zaume zu halten. In diesen Aspekten entspricht sie einer nach menschlichem Ermessen sinnlosen, zerstörerischen Urkraft der Natur.

Beide Seiten der Göttin werden im Bilde des *Venussterns* vereint. Der acht- oder sechzehnzackige Stern ist eines ihrer Hauptsymbole. Als Abendstern beschirmt sie die sinnliche Liebe und die Lust und wird zur Herrin der Huren und des Bierhauses (wo jene versammelt sind), als Morgenstern aber ist sie die Göttin des Krieges. Es ist, als ob nach einer Liebesnacht der kriegerische Alltag wieder anbrechen müsste. Jedenfalls gibt dieser doppelte Aspekt der Göttin zu denken.

Auf einen weiteren Wesenszug der Göttin weist ihr Symbol des *Schilfrohrbündels*. Wir finden es etwa auf der wunderbaren und uralten Darstellung einer Kultvase aus Uruk[11], auf welcher die Göttin Innin (Inanna) oder eine sie vertretende Priesterin die verschiedensten Weihgaben empfängt. In drei übereinander liegenden Registern ist der gesamte, von der Göttin beherrschte Kosmos abgebildet. An der Basis erkennen wir den Süßwasserozean mit der daraus hervorsprießenden Vegetation. Noch im selben Register, gleich über den üppigen Pflanzen, sind die der Göttin geweihten Herden zu sehen. Beide zusammen symbolisieren den Reichtum von Ackerbau und Viehzucht. Es folgt im mittleren Fries eine Kolonne von Männern, alle in kultischer Nacktheit, die der Göttin in verschiedenen Gefäßen allerlei Gaben bringen.

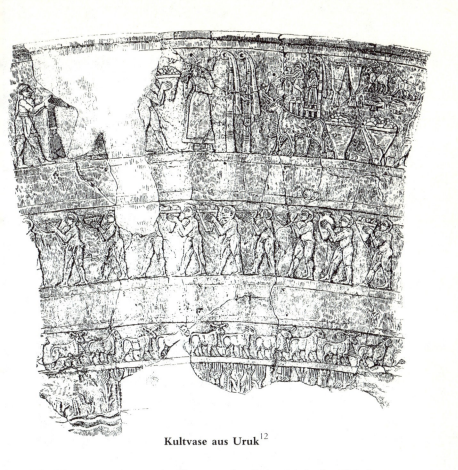

Kultvase aus Uruk[12]

Die Hauptperson, unmittelbar vor der Priesterin oder Göttin stehend, der so genannte »Mann im Netzrock«, ist nur noch in Spuren erkennbar. Es handelt sich um den Priesterfürsten der Stadt Uruk, der von der Stadtgöttin das en-Priesteramt verliehen bekommt.[13] Diese Szene ist darum so wichtig, weil Gilgamesch genau diese Abhängigkeit von der Stadtgöttin vehement zurückweisen wird.

Die Beschreibung der Göttin als mächtige, faszinierende, liebenswerte, bald verführerische, bald Furcht einflößende und kriegerische Gestalt kommt dem nahe, was C.G. Jung als Anima des Mannes bezeichnet hat. Obwohl die Anima wie jeder Archetypus auf eine letztlich unanschauliche Wirklichkeit hinweist, wird sie im Traum und in der Phantasie des Einzelnen ebenso wie in den Mythen, Märchen und Sagen aller Völker in ganz bestimmten Bildern erfasst. Die modernen und doch uralten Traumbilder kreisen um dieselben Motive wie die mythischen Erzählungen von Inanna-Ischtar.[14] Das Verhalten der Göttin entspricht in auffallender Weise dem, was die Anima im Leben des Mannes bewirkt. Die Anima ist es, die den Alltag des Mannes mit Freude erfüllt, sie verursacht aber auch sein Leiden. Sie verführt ihn zum Lebensgenuss und zur Lebenslust, sie ist die Ursache seiner Trauer. Sie erweckt in ihm die ewig suchende Sehnsucht, den Mut zum Abenteuer. Ihr muss sich der Mann hingeben, wie Dumuzi, Inannas Geliebter. Von ihm wird gleich die Rede sein. Ihr muss der Mann aber auch widerstehen können wie Gilgamesch. Es ist für den Mann unendlich schwierig, das rechte Maß zu finden. Gibt er ihr zuviel nach, mag er sich leicht im Leben verzetteln. Weist er sie jedoch zu schroff zurück, kann er in männlich trockener Vernünftigkeit erstarren und so die Liebe zum Leben gänzlich verlieren. Nicht die Mitte gilt es zu finden, die wäre wohl wiederum zu vernünftig. Das Hin- und Hergerissensein allein macht das Leben aus. Die Liebe fordert den Schlangenweg, sie sucht das Abenteuer, wie Inanna, die auszieht, um Enki zu besuchen. »Wir wollen das Leben immer selber machen, gestalten nach unserem Kopf oder Herzen, nach unserem Willen oder nach unserem Gutdünken. Das Selbst oder das Schicksal dagegen führt uns auf einem Schlangenweg dorthin und dort hindurch, wo wir etwas zu erfüllen und zu erleiden haben, um unser Lebensziel zu erreichen.«[15]

Was aber bedeutet die Göttin für die Psychologie der Frau? Es ist längst bekannt, dass viele Vertreterinnen verschiedenster Frauenbewegungen die Göttin hoch einschätzen, oder sagen wir besser: lieben. Sie war es schon immer und ist es noch heute, die Schirmherrin der Frauen. Als solche verkörpert sie für die heutige Frau den Archetypus des Weiblichen, ein inneres Bild, welches die Frau ermutigt, ihrem eigenen Wesen treu zu bleiben. Die Irrationalität, mit welcher sich der Mann so schwer tut, findet hier ihren Platz.

132

Eine Frau muss eben nicht »vernünftig« argumentieren, – jedenfalls nicht vernünftig im Sinne des Mannes. Die Göttin hat ihre eigene Logik. Wichtig ist ihr allein der *Fluss des Lebens*. Sie wendet sich gegen jede Form von Erstarrung und Stillstand. Wo zu viel Harmonie und Einigkeit herrscht, sät sie Zwietracht. Und wo Zwist ist, weiß sie geschickt einzugreifen und Verbindungen herzustellen. Ich meine, dass viele Frauen diese »göttliche« Kunst beherrschen. Sie haben ein feines Gespür für jede Form der Eintönigkeit. Dann beginnen sie, oft sehr zum Erstaunen und Überdruss des Mannes zu agieren. Wie Inanna vor dem alten Enki handeln sie mit List und bringen so Erstarrtes wieder in Fluss. Der Mann mag sich noch eine Weile verteidigen, indem er seiner Frau vorwirft, sie könne nicht denken, sie sei unlogisch und dergleichen mehr. Doch wird er sich vielleicht bald einmal fragen, ob sein Leben denn wirklich so logisch verlaufe. Die Göttin lässt sich so wenig wie das Leben selbst nach männlichen Kriterien einordnen.

Nun habe ich eben behauptet, dass es meines Erachtens viele Frauen gibt, in welchen der Archetypus des Göttin lebendig konstelliert ist. Leider ist aber auch das Umgekehrte der Fall. Es gibt zahlreiche Frauen, welche von der Göttin entfremdet sind, die versuchen, ihr Leben allzusehr nach männlich-vernünftigen Kriterien zu gestalten, und denen im entscheidenden Moment der Mut fehlt, eine rasende Wut zu entwickeln, wo doch diese allein die Stagnation aufzulösen vermöchte. Es ist eine paradoxe Situation: aus »Liebe« zum Mann oder zur Familie verraten sie die Göttin und damit sich selbst, und doch wäre es gerade diese weibliche Stimme, die ein in Konventionen erstarrtes Leben mit einem neuen Geist erfüllen könnte.

Letzteres gilt nun allerdings für Frauen wie für Männer gleichermaßen. Es fehlt vielen der Mut zur Liebe, weil die Göttin von Eros und Sexualität, einmal erwacht, Tabus und Konventionen umstößt. Ihr unberechenbares Wesen gehört genauso zu ihr wie ihre Weisheit, in welcher sich das mit dem Abgrund des Todes verbundene Mysterium des Lebens verbirgt. Darum können und sollen wir ein

Liebeserlebnis, wie immer dieses verlaufen mag, nicht allzu schnell in die eine oder andere Richtung einordnen. Ich bin oft erstaunt, wie lieblos manche Menschen mit solchen Erlebnissen umspringen. Statt zu erkennen, dass sich eine archetypische, göttliche Macht in ihnen manifestieren will, reden sie schnell von einem peinlichen Versehen, das ihnen gar leid tut, oder sie beginnen psychologische Erklärungen für ein Mysterium abzugeben, wo es zunächst gar nichts zu erklären gibt. Das Liebeserlebnis wird nach rein konventionellen Maßstäben beurteilt, bzw. eben verurteilt. Ich habe Heraklit bereits früher zitiert: »... denn die bei den Menschen üblichen Mysterien werden unheilig gefeiert« (Frag. B 14). »Unheilig« heißt in diesem Fall soviel wie banal. Demgegenüber wäre der von der Liebe geheiligte Mensch von seinem Erleben erschreckt und fasziniert. Wo beides Platz hat, erkennt er etwas von der lebendigen Gegenwart der Göttin.

Zum Schluss ein Wort zur kulturellen Bedeutung der Göttin. Im dritten Jahrtausend spielt sie eine ganz zentrale Rolle. Ihr schweifendes und dem Abenteuer des Lebens gegenüber offenes Wesen zeugt von einer in dieser Zeit neu aufbrechenden Geisteshaltung. Als solche wird sie zum Sinnbild für eine Lebens- und Entdeckerfreude von noch nie dagewesenem Ausmaß. Ulrich Mann beschreibt diese Epoche als das Jahrtausend des schweifenden Gottes[16]. Das Individualbewusstsein des einzelnen Menschen, welches hier erwacht und wofür das Gilgamesch-Epos das eindrücklichste Zeugnis ablegt, sucht das Abenteuer und dringt bis an die Grenzen der Welt vor. Der geistigen Weite, welche in den religiösen Dokumenten dieser Zeit zum Ausdruck kommt, entspricht auf politischer Ebene die geographische Ausdehnung des mesopotamischen Reiches, das seine Grenzen in alle Richtungen erweitert. In jeder Beziehung begegnen wir einer bunten Vielfalt, die das Bewusstsein anregt, sich dem Leben in immer neuer Weise zuzuwenden. Keine Gottheit vermag das schöner zu illustrieren als die Göttin mit ihrem unbändigen Drang zur Erfüllung der Schicksalsmächte.

Die Göttin und ihr Geliebter –
Liebe und Tod

Das schweifende, oft ungezügelte Wesen der Göttin kann ihrem Geliebten zum Verhängnis werden. Doch wer ist dieser Geliebte, dessen Schicksal Gilgamesch nicht teilen möchte, wer ist Dumuzi?

Zunächst ist er, wie sein Name sagt, der »rechte Sohn« seiner Mutter, ein »Drachensohn« (*Ama'uschumgal*), der gekämpft hat wie eben nur ein Held kämpft. Darum ist er der Liebling aller jungen Frauen, ja der Göttin selbst und wird in unzähligen Liebes- und Hochzeitsliedern besungen. Seine religionsgeschichtliche Einordnung bleibt umstritten. Für die einen ist er ein Vegetationsgott, der *élan vital* in der Natur, in Pflanzen und Tieren[17], für andere vor allem Jäger und Hirte und als solcher kein Vegetationsgott, sondern wie Inanna eine Inkarnation der sexuellen Liebe.[18]

Ohne in diesen Streit eingreifen zu wollen, ist doch eines klar: Dumuzi repräsentiert nicht wie der Sonnengott Schamasch, den Gilgamesch verehrt, das Mysterium des Bewusstseins, sondern eine vitale Triebkraft der Natur. Damit aber ist er wie die Göttin selbst dem Todesschicksal ohnmächtig ausgeliefert. Die Unentrinnbarkeit des Todes erklärt seine oft erwähnte Passivität, sein Bezug zur Unterwelt und vor allem die vielen für ihn angestimmten Klagelieder. Wenn die Göttin ihren Geliebten preisgibt, ist jede Gegenwehr sinnlos. Keine Gestalt im sumerischen Pantheon macht es so deutlich, dass das Leben dem Tode letztlich nicht gewachsen ist. Das ist jene echte Tragik, in welcher Ulrich Mann Sumers tiefstes Geheimnis gesehen hat. Wie gerade das Gilgamesch-Epos zeigt, kann der Tod nicht überwunden werden. Doch das vermag den tiefen

Glauben an das Heil jenseits von allem Furchtbaren nicht zu erschüttern.[19]

Dieser Dumuzi ist es, den die Göttin zu ihrem Geliebten auserwählt hat. Viele erotische Texte, die nicht in den kultischen Rahmen der Heiligen Hochzeit gehören, besingen das junge Paar, die Ungeduld beider, mit der sie einander erwarten, und ihre tiefe Sehnsucht, in der sie die letzten Vorbereitungen für das Fest treffen. Die Braut badet und salbt ihren noch jungen Körper, sie freut sich über die Schönheit ihres Leibes, über die Anmut ihrer Brüste und Hüften, sie genießt den Anblick ihrer Schamhaare und ihrer Vagina. Mit Liebe und Sorgfalt wird das Hochzeitsbett bereitet. Und all diese Aktivitäten steigern die Leidenschaft, mit welcher sie ihren Geliebten erwartet.

Es mag sein, dass solche Texte mit zur Entstehung des kultischen Festes der Heiligen Hochzeit beigetragen haben. Diese wird stellvertretend vom König und von einer Priesterin des Tempels für den jungen Gott und die Göttin vollzogen. Als Folge der Vereinigung spendet die Göttin dem Land ihren Reichtum. Alles Leben wird erneuert. Dem König ist eine lange und erfolgreiche Regierungszeit beschieden. Die Flüsse bringen wieder genügend Wasser in die mesopotamische Tiefebene hinab, die Gärten beginnen zu blühen, für Hirten und Bauern ist gesorgt, die Herden wachsen und mehren sich, im Sumpfland regen sich Vögel und Fische, und im Gebirge zeigt sich das Wild.

Wie kurzfristig und fragil dieser Glückszustand jedoch ist, zeigt der folgende Mythos.

Der Mythos von Inannas Abstieg in die Unterwelt – Vom Archetypus des Sohngeliebten

Die mythische Erzählung von Inannas Abstieg in die Unterwelt schildert die Macht der Göttin, beziehungsweise die Ohnmacht ihres Geliebten, in bunten Farben:[20]

Eines Tages beschließt Inanna, die Königin des Himmels, in die Unterwelt hinabzusteigen. Den Grund für ihren Entschluss erfahren wir nicht. Vielleicht will sie ihren Machtbereich ausdehnen, weil sie sich nicht mehr damit begnügt, die erste unter den Gottheiten des Himmels und der Erde zu sein. »Von dem Großen Oben auf das Große Unten richtet sie ihren Sinn«, so jedenfalls beginnt der Text. Die Göttin schmückt sich mit all ihren königlichen Insignien, befestigt die sieben göttlichen Ordnungen, die den Kosmos in Gang halten, an ihrem Gurt und steigt hinab ins »Reich ohne Wiederkehr«. Endlich in ihrem vollen Ornat, weiht sie ihre Botin Ninshubur in ihren Plan ein und bittet diese, sollte auf der Reise etwas schief gehen, die Götter um Hilfe anzugehen.

Nach dererlei Sicherheitsvorkehrungen steigt sie zur Unterwelt hinab und klopft an die Tür: »Öffne das Haus, Torhüter, öffne das Haus …«, doch dieser ist misstrauisch und fragt die Himmelskönigin, weshalb sie komme, worauf Inanna ihm irgendeine Entschuldigung vorlegt. Wie Ereschkigal, die Herrin der Unterwelt, Schwester und bittere Feindin der Inanna, von deren Kommen hört, beschließt sie in großem Zorn, die übermütige Schwester dem Tod auszuliefern. Nichts ahnend durchschreitet Inanna die sieben Tore der Unterwelt, wobei sie jedesmal etwas von ihrem Ornat ablegen muss, bis sie schließlich nackt vor den Richtern des Todes steht. Diese stoßen einen Schrei aus gegen sie, den Schrei der Schuld, womit sie die Göttin in einen Leichnam verwandeln und diesen an einen Hacken hängen.

Nach drei Tagen und drei Nächten beginnt die treue Botin um ihre Herrin zu klagen und bittet verschiedene Götter um ihre Hilfe. Allerdings vergeblich, bis sie bei Enki, dem Herrn der Erde und des Süßwassers, Gehör findet. Enki verfügt über das Lebenswasser. Er, die numinose Macht, die dem Wasser und

137

dem männlichen Samen die befruchtende Kraft verleiht, er allein kann Inanna aus der Unterwelt befreien. Die zum Leben erweckte Göttin wird, kaum dass sie die dunkle Tiefe hinter sich hat, von einer Schar »Gallas« begleitet. Die Gallas sind kleine, erbarmungslose, unmenschliche Dämonen der Unterwelt. Sie wissen um die Unzuverlässigkeit der Göttin und begleiten sie, um den an ihrer Stelle nötigen Ersatz in die Unterwelt hinabzubringen. Es kann nämlich gemäß einem eisernen Gesetz des Landes ohne Wiederkehr keiner, nicht einmal die oberste aller Göttinnen selbst, die Dunkelwelt des Todes verlassen, ohne dass ein anderer stellvertretend den Dämonen der Unterwelt ausgeliefert würde.

Als Erstes begegnet die zur Erde zurückgekehrte Inanna ihrer treuen Botin. Sogleich wollen die kleinen Teufel zupacken. Doch Ninshubur, zum Zeichen der Trauer um ihre verschollene Herrin in Sackleinen gekleidet, wirft sich, wie sie Inanna sieht, in den Staub. Gerührt von der Anhänglichkeit ihrer Dienerin will die Himmelsgöttin diese nicht ausliefern. Das frustriert die Gallas beträchtlich. Mürrisch folgen sie der Göttin. Noch einige Male geschieht es in gleicher Weise, bis der eigenartige Zug schließlich nach Uruk kommt. Hier stoßen sie auf Dumuzi, den geliebten Mann. Er aber ist in schöne Kleider gehüllt und sitzt auf erhabenem Thron. Er weint nicht und klagt nicht. Da packt die Göttin die Wut: »Sie richtet ihr Auge auf ihn, das Auge des Todes, richtet ihr Wort gegen ihn, das Wort des Zornes, stieß einen Schrei gegen ihn aus, den Schrei der Schuld.« So liefert sie ihren Geliebten dem Verderben aus.

Es folgt eine lange Beschreibung der Flucht Dumuzis vor seinen dämonischen Verfolgern, die ihn immer wieder foltern und quälen. Er bricht in Tränen aus, bittet den Sonnengott Utu (Schamasch) um seine Hilfe, aber er kann seinem Schicksal, der Verbannung in die Unterwelt, nicht entgehen. Nur seine Schwester

Geschtinanna steht ihm bei. Die letzten Zeilen des Mythos sind zwar zerstört, können aber so ergänzt werden: »Du (Dumuzi) ein halbes Jahr, deine Schwester ein halbes Jahr. [Wenn du] beschäftigt bist (?), wird sie [hinaufsteigen]; wenn deine Schwester beschäftigt ist, wirst du [hinaufsteigen].« Es scheint, dass Geschtinanna halbjährlich für ihren Bruder dessen Platz in der Unterwelt einnimmt, um sein düsteres Los mit ihm zu teilen.[21]

Es gibt wohl kaum einen anderen Text, der das zwiespältige Verhältnis der Göttin und ihres Geliebten deutlicher aufzeigt. Während die Liebes- und die Klagelieder, die sich um das Motiv der Heiligen Hochzeit kreisen, die innige Liebe von Braut und Bräutigam besingen, offenbart der Mythos von Inannas Abstieg zur Unterwelt schonungslos und ohne jede Sentimentalität, wie zerbrechlich diese Liebe ist. Dass die Göttin darin eine unrühmliche, ja verräterische Rolle spielt, ist nicht zu übersehen. Von ihr wird gleich noch die Rede sein. Hier geht es mir zunächst um das Verhalten ihres Partners.

Dumuzi-Tammuz scheint über die Abwesenheit der Geliebten ganz froh zu sein. Er genießt es, die königliche Macht für einmal nicht teilen zu müssen. Selbstzufrieden sitzt er auf dem Thron, ohne sich um das Schicksal seiner Braut zu kümmern. Allerdings währt die Freude nicht lange. Sie schlägt bald in bitteres Leid um. So bleibt dieser Gott auch dort, wo er Macht hat, ganz im Banne der Göttin. Seine Selbstzufriedenheit und Passivität bringen ihm den Tod.

Die um die Göttin und ihren Geliebten kreisenden Mythen sind Zeugnisse einer chthonischen Weltorientierung. Das Männlich-Solare ist dem weiblichen Naturrhythmus und damit dem Todesschicksal unterworfen. Es hat noch kein Eigendasein. Der Geliebte steht im Banne der Naturgesetzlichkeit, sein Tod ist so unausweichlich wie das Absterben der Vegetation nach ihrer vollen Entfaltung. Jedem Erblühen folgt der Untergang. Gilgamesch, der Stadtmensch, bricht aus dieser Abhängigkeit vom Naturrhythmus aus. Darum lehnt er das Angebot der Inanna-Ischtar, ihre Einladung zum Vollzug der Heiligen Hochzeit, ab.[22] Er weiß um das Schicksal der ehemaligen Liebhaber der Göttin. Deshalb kämpft er um die Befreiung von dem das Männliche dominierenden Weiblichen. Es geht dabei, wie mein Kollege Gotthilf Isler schreibt, psychologisch gesehen um »die Befreiung des Bewusstseins vom überwältigenden Einfluss des Unbewussten und der Triebhaftigkeit«[23]. Wir dürfen uns aber nicht vorstellen, dass die Verlagerung von einer chthonisch-weiblichen in eine solar-männliche Weltorientierung nahtlos und linear vollzogen worden sei.[24] Beide kultischen Richtungen, die Ischtarverehrung und diejenige des Sonnengottes Schamasch, haben während Jahrhunderten nebeneinander bestanden und die Herzen der Gläubigen erfüllt. Dass sich Gilgamesch und die Anhänger des solar-patriarchalen Gottes (Schamasch, später Marduk, bzw. Jahwe u.a.) schließlich durchgesetzt haben, zeigt der allmähliche Untergang der einst blühenden Kulte der Göttin in den ersten nachchristlichen Jahrhunderten.

Wenn eine Gottheit untergeht, so ist ihre Wirkungsweise, von der die Mythen einst erzählt haben, nicht hinfällig geworden. Psychologisch gesehen sind die göttlichen Mächte unsterblich. Zwar mögen sie, wie etwa die Göttin von Liebe und Sexualität aus dem himmlischen Pantheon verschwinden, doch im Innern, in der Seele des Einzelnen, leben sie so lebendig wie eh und je weiter. Und was den dem Tod geweihten Partner der Heiligen Hochzeit betrifft, so spiegelt dieser eine archetypische Vorstellung wider, welche, wie die Faustzitate von Euphorion belegen, im Unbewussten über Jahrtausende hinweg wirksam geblieben ist. Was das heißt, soll jetzt gezeigt werden.

Wie der Mythos von »Inannas Abstieg in die Unterwelt« erzählt, kommt der wenig später dem Tod ausgelieferte Bräutigam mehr *zufällig* denn aus eigener Kraft zur Macht. Er lässt sich feiern, ohne wirklich gekämpft zu haben. Geduld und Ausdauer sind nicht seine Stärken. Er nimmt das Leben, wie es sich ihm gerade anbietet, jede Frucht pflückend, die er irgendwo aufspüren kann.

Dumuzi gehört psychologisch zum Typus des Sohngeliebten. Damit ist er ein Todesbräutigam, der eines frühen Todes stirbt, weil er kein eigenes Leben hat und nicht mehr ist »als eine bald welkende Blüte am mütterlichen Baume« (GW 5, § 468). Menschen, die von seiner psychischen Dynamik geprägt sind, können sehr originell und auch inspirierend wirken. Sowie aber das blühende Leben dahinschwindet, versinken sie in Jammer und Wehklagen. »Der Freude folgt sogleich / Grimmige Pein« (Faust II, 9'903f.), und alles löst sich auf in Schall und Rauch, wie bei Euphorion, dem übermütigen Sohn von Helena und Faust.

Die Wirkungen des Archetypus des Sohngeliebten sind vielfältig. Typisch etwa ist eine gewisse Lähmung der Tatkraft und der Fähigkeit, Entscheidungen zu treffen. Einem Mann mit der psychischen Struktur des *puer aeternus* fehlt die Möglichkeit und die Kraft, dem Weiblichen in differenzierter Weise zu begegnen. Viele Partnerinnen sehnen sich in einer solchen Situation nach einer aktiven Auseinandersetzung. Manchmal erfinden sie erstaunliche Bosheiten, um dem Mann endlich aus dem ihn lähmenden Bann der Mutter zu befreien. Wir werden später sehen, dass Inanna-Ischtar Gilgamesch gerade durch ihre Bosheit, durch die Erschaffung des Himmelsstieres, ermöglicht, sich als *Mann* zu erweisen, zu kämpfen und damit sich von dem ihn überwältigenden Einfluss des Unbewussten und der Triebhaftigkeit zu befreien. Es ist ein immer wiederkehrendes Geheimnis der seelischen Entfaltung, dass das, was uns in die Quere kommt und Angst macht, uns auch erlösen kann. Was uns verfolgt, möchte zu uns, und wenn es uns gelingt, dem »Ungeheuer« in die Augen zu schauen, so kann das unsere Rettung sein.

Ein im Bann des »Sohngeliebten« stehender Mann ist nicht oder in undifferenzierter Weise auf das Weibliche bezogen. Die Ursache dafür ist in der Regel eine mehr oder weniger geheime Ablehnung des Weiblichen, sei es aus Angst vor dem Weiblichen oder aus bloßer Verachtung. Das große Problem vieler Beziehungen ist, dass eigentlich nie so ganz klar wird, was die Frau für den Mann nun darstellt, ob sie ihm Mutter, Schwester oder Geliebte ist. Solange es dem »Sohngeliebten« nur um sich selbst geht, werden all diese Aspekte der Frau miteinander vermischt. Die Partnerin ist – wenigstens solange als sie ihm nützlich ist – sein Ein und Alles, vor allem aber seine Mutter. Natürlich ist eine solche Undifferenziertheit gegenüber dem Weiblichen auf die Dauer unbefriedigend, weil sich die Frau in dieser Situation nicht als solche entfalten kann. Psychologisch steckt diese Beziehung noch im mythologischen Stadium, was eine entsprechende Unbewusstheit und Unberechenbarkeit zur Folge hat. Die Götter, das sind die archetypischen Mächte und die sie begleitenden Emotionen, regieren noch ganz autonom, wobei das Ich-Bewusstsein ihnen mehr oder weniger blind ausgeliefert ist.

Die kritiklose Verehrung der oder des Geliebten ist das Privileg von Verliebten. Auf die Dauer macht sie krank, weil sie den vielfältigen Aspekten des geliebten Menschen nicht gerecht wird. Wie wir gehört haben, sagt die Göttin von sich selbst, dass sie den Gatten gegen die Gattin aufreize. Der »ewig liebende« Mann nimmt seine Partnerin nicht ernst, er missachtet die Gesetze der Liebe, oder anders gesagt, er entzieht sich der Eigengesetzlichkeit einer lebendigen Beziehung. Die Göttin der Liebe duldet vieles, aber nicht das Immergleiche. Wenn ein Mann sein Bild vom Weiblichen nicht differenziert, kann das beide, scheinbar gegensätzlichen Wirkungen haben: entweder er kritisiert alles an seiner Partnerin oder er liebt sie über alles. Beides ist beziehungslos.

Bei der *Frau* liegen die Dinge etwas anders. Die Dominanz der Göttin oder eben des Archetypus des Weiblichen kann sie dazu verführen, sich zu unbewusst und zu undifferenziert dem Weiblichen hinzugeben. Ihre männliche Seite, der Animus, bleibt dabei unentwickelt, er bleibt gewissermaßen im Stadium des Sohngeliebten stecken. Ihr Leben steht im Banne der Göttin, ohne dass sie deren vielfältige Züge unterscheiden würde. Statt geistig aktiv zu werden und Entscheidungen für ihr Leben zu fällen, verliert sie sich in alltäglichen Pflichten. Im Kommentar zur Grallegende von E. Jung und M.L. von Franz gibt es eine Stelle, die auf diesen schwierigen Übergang im Leben einer Frau, auf den Übergang vom Mütterlichen zum Geistigen, eingeht. In der entsprechenden Passage ist von der endogamen Libido, von der Verwandtschaftslibido, die Rede. Diese richtet sich auf das Wohl der Familie aus. Was aber geschieht, wenn das endogame Libidogefälle nicht mehr im vollen Umfang den Kindern zufließen kann, weil die Kinder erwachsen werden und der mütterlichen Fürsorge nicht mehr im gewohnten Maße bedürfen? Dann dient das endogame Energiegefälle »nicht mehr dem Zusammenhalt der Familie, sondern dem *inneren* Zusammenhalt der seelischen Komponenten im Einzelnen, d.h., es hat sich zum *Individuationsdrang* verinnerlicht« (S. 184, Hervorhebung AS). Jetzt soll eine Frau ihre Liebe nicht mehr allein den Kindern, dem Mann oder den Großkindern zuwenden, sondern vermehrt sich selbst, ihrer eigenen inneren Entfaltung. Mit mütterlicher Liebe soll sie versuchen, all die disparaten Teile ihrer selbst zu einer Gesamtpersönlichkeit zu vereinen. Dazu aber braucht sie einen schöpferischen, die Gegensätze annehmenden Animus, einen Animus, welcher sich über das bloße Naturprinzip des Gewährenlassens erhebt.

Die andere Gefahr ist die, dass eine Frau ihre weiblichen Reize und Fähigkeiten ichhaft missbraucht, um sich auf diese Weise Vorteile zu verschaffen. Dass dies in gewissen Fällen durchaus berechtigt ist, zeigt das Verhalten der Inanna anlässlich ihres Besuches bei Enki. Sie setzt ihre »Hilflosigkeit« gegenüber dem alten Gott der Weisheit geschickt ein, um ihr Ziel zu erreichen. Das Leben und die Liebe wären langweilig, wenn derartige Manöver nicht mehr erlaubt wären. Aber sie dürfen nicht zur Regel werden und nicht der eigenen Macht dienen. Auf die Dauer zerstören sie die Liebe und verhindern die Entwicklung der Frau zu einer selbstbewussten, unabhängigen Persönlichkeit.

Ob eine Frau sich selbst zugunsten ihrer mütterlichen Pflichten zurückstellt, oder ob sie ihr Ich ungebührlich in den Mittelpunkt rückt, so oder so bleibt ihre Persönlichkeit rudimentär. Ihr Animus, die geistig-schöpferische, mit dem Unbewussten verbundene Seite der Frau, in der sich ihr Leben von innen her erneuern will, kann nicht wachsen und stark werden, weil sie – paradoxerweise – zu sehr von männlich kollektiven Werten bestimmt wird. In Erinnerung an den Mythos könnte gesagt werden, ihr Animus bleibt dem Stadium des Sohngeliebten verhaftet. Es droht ihr das Schicksal des »Sohnes«, sie wird – was er immer war – abhängig von der Gunst der Stunde oder von derjenigen ihres Partners. Beides ist unwürdig und verletzt ihre Autonomie als Frau. Dem eigenen Lebensrhythmus entfremdet, ist sie angewiesen auf Erfolg, sie muss unbedingt ankommen oder ihre »Unentbehrlichkeit« demonstrieren. So verliert sie ihre »Jungfräulichkeit«, jene größte Gabe der Göttin, nicht Ehefrau zu sein, sondern »Eine-in-sich«, eine Frau, die auch im Kontakt mit und in der Liebe zu einem Mann ihre Eigenständigkeit nicht verliert.[25] »Autonomie«, schreibt Christa Wolf, »ist eine Aufgabe für jedermann, und Frauen, die sich auf ihre Weiblichkeit als einen Wert zurückziehen, handeln im Grunde, wie es ihnen andressiert wurde: Sie reagieren mit einem großangelegten Ausweichmanöver auf die Herausforderung an ihre *ganze* Person.«[26]

So kann das im Entwicklungsprozess des Einzelnen nicht zu umgehende Stadium des Sohngeliebten, wenn ungebührlich verlängert, dem Mann wie der Frau zum Verhängnis werden. Dominiert von der Göttin der Vitalität und Emotionalität, das heißt aber im Banne des für ihn unter weiblichem Vorzeichen stehenden Unbewussten, bleibt der *Mann* zu sehr dem vermeintlich unentrinnbaren Schicksal unterworfen. Ist er zu »männlich« orientiert, dann hört er weder auf die äußere Partnerin noch auf die innere Stimme. Er respektiert das Weibliche nicht, weil er darin keinen eigenständigen Wert zu erkennen vermag. Oder er ist vom Unbewussten überwältigt. Dann nimmt er alles als gegeben hin und fällt keine selbständigen Entscheidungen. Auch da aber geht er mit dem Weiblichen auf ungebührliche Weise um: er setzt ihm nichts entgegen und lässt sich außen wie innen vom Weiblich-Mütterlichen beherrschen.

Ähnlich unbestimmt gegenüber dem Männlichen ist auch die vom Archetypus des Sohngeliebten dominierte Frau. Ihr fehlt die Entwicklung des Seelisch-Geistigen, dem sie sich nur mit einem kreativen, der Fülle des Lebens zugewandten Animus annähern kann. Das gilt auch für die Entfaltung einer weiblichen Spiritualität. Stattdessen sucht sie Zuflucht in kollektiven Normen, die natürlich eine patriarchale Struktur haben.

Wo der Archetypus des Sohngeliebten dominiert, muss das *Männliche*, auch in einer patriarchalen Umwelt, entwickelt und differenziert werden. Solange als dieses einseitig, vorwiegend unter dem Machtaspekt gesehen wird, kann es sich nicht frei entfalten. Noch viel weniger ist es in der Lage, das Weibliche in sich und in Gestalt einer Partnerin in Liebe anzunehmen.

Der Kult der Göttin steht ganz im Dienst der Wiederherstellung der vom Todesschicksal bedrohten Lebenskräfte. Es war mein Anliegen, durch die Vergegenwärtigung des Wesens der Göttin ein Stück ihrer Lebendigkeit in die eigene Gegenwart hineinzuholen. Nicht etwa, um sie zu beleben, das wäre vermessen und das hat sie auch gar nicht nötig, denn sie symbolisiert ja den élan vital selbst. Mein Anliegen war es vielmehr, die Aktualität der Inanna-Ischtar-Mythen zu veranschaulichen und deren psychische Dynamik aufzudecken. Wir müssen Gilgameschs Zurückweisung auf dem Hintergrund dieser Dynamik verstehen. Die Polarität von Matriarchat und Patriarchat trägt zu deren Verständnis wenig bei. Im Gilgamesch-Epos geht es um die Auseinandersetzung zwischen dem Menschen (Gilgamesch) und den Unsterblichen auf der einen und zwischen Natur und Kultur auf der andern Seite, kurz: um einen epochalen Sprung in der Bewusstseinsgeschichte. Psychologisch gesehen entspricht beides der Befreiung eines zunächst noch schwachen Ich-Bewusstseins aus den Fesseln des Unbewussten. In selbstbewusster Weise tritt Gilgamesch den Gottheiten entgegen, und wo er Inanna-Ischtar so schroff zurückweist, grenzt die Herausforderung schon beinahe an Hybris.

Gilgameschs Antwort –
Abkehr vom Weiblichen

Mitten hinein in diese Welt von Werden und Vergehen, von Triumph, Liebe und Tod bricht die Geschichte der schroffen Zurückweisung Ischtars durch Gilgamesch. Es beginnt alles ganz harmlos. Was die Göttin tut, ist nichts Ungewöhnliches: sie lädt den König, der soeben das Abenteuer mit Chuwawa glücklich überstanden hat und jetzt gewaschen, gekämmt und neu eingekleidet vor ihr steht, zum Vollzug der Heiligen Hochzeit ein. »Komm her, o Gilgamesch, sei mein Gemahl ...«. Für die damaligen Hörer ist dies ein ganz selbstverständliches Begehren. Umso überraschender indessen ist die Antwort des Gilgamesch. Zunächst *spottet* er über die Göttin. »Ein Ofen bist du, der nicht wärmt, ein Elefant ...« und dergleichen Dinge mehr soll sie sein.

Ich kann mich hier einer psychologischen Nebenbemerkung nicht enthalten. Mit seinem Hohn verrät der Spötter seine Angst vor dem Weiblichen. Spott ist eine zweifelhafte Demonstration der »Überlegenheit« des Mannes über das angeblich schwache Geschlecht. Manche Männer mokieren sich mit liebevollen Spötteleien und mit mehr oder weniger Witz über die Dummheit oder Ungeschicklichkeit ihrer Partnerinnen. Manche Frau lächelt geduldig mit, zumal solche Szenen oft in Gegenwart von Freunden stattfinden. Der Friede soll nicht gestört werden. In Wirklichkeit ist die Frau im Innersten verletzt. Spott, auch der liebevolle, verletzt den Eros der Frau. Mit der scheinbaren Überlegenheit des Logos, eben des Witzes, kaschiert der Mann in der Regel nur den unentwickelten Eros, seine mangelnde Beziehungsfähigkeit. Das Lachen, in Wahrheit eine göttliche Kunst, pervertiert zur verkrampften Fröhlichkeit.

Nachdem Gilgamesch sein männliches Selbstvertrauen diesermaßen gestärkt hat, setzt er nun doch zu einer differenzierteren Kritik an. Er wirft der Göttin das traurige Schicksal ihrer einstigen Geliebten vor. Von Tammuz haben wir bereits gehört. Ihn verbannt sie in die Unterwelt. Dem farbenfrohen Vogel bricht sie die Flügel. Löwe und Hengst fängt sie ein und quält sie. Den Hirten und den Gärtner verwandelt sie in Tiere.[27] Dies ist eine Kunst, die manche Göttin beherrscht. Den Gefährten des Odysseus jedenfalls ist es nicht besser ergangen, als sie von Circe in Schweine verwandelt wurden (Homer, Odyssee, X, 133ff.). Wer der Göttin zu nahe kommt, droht dem Animalischen zu verfallen. Er bleibt in seiner tierischen Triebhaftigkeit stecken. So ist allen Liebhabern der Inanna-Ischtar ein trauriges Los bestimmt. Gilgamesch weiß darum und weist ihr Angebot zurück. Erstmals ahnen wir, weshalb das Epos mit den Versen beginnt:

> *»Der alles schaute bis zum Erdenrande,*
> *Jed' Ding erkannte und von allem wusste ...«*

Gilgamesch ist ein Wissender und er setzt sein Wissen gezielt ein, um gegen die Schicksalsmacht der Göttin anzugehen. Er durchschaut die Ohnmacht derer, die sich ihr als Partner hingeben, er kennt das Los des Tammuz. Nicht Tammuz will er sein, nicht der gefeierte Geliebte der Ischtar. Er will nicht im Sommer dahinsterben wie das überreife Getreide, auch nicht auf dem Schlachtfeld geopfert werden. Er fürchtet den Zauber der Göttin, der den Mann in ein Tier verwandelt. Er widersteht der blinden Triebhaftigkeit, die sein eben im Kampf mit Chuwawa erstarktes Ich-Bewusstsein erneut auszulöschen droht.

Uruks Held scheint damit gegen eine alte Tradition des Eanna-Heiligtums zu verstoßen. Er macht sich schuldig. Die Entwicklung der Kultur belastet den Menschen mit einer tiefen Schuld. Die Frage bleibt offen, weshalb Gilgamesch so schicksalshaft in die »ewige« Ordnung der Götter eingreifen muss. Diese Frage kann das Gilgamesch-Epos nicht beantworten. Aber es thematisiert die dadurch entstandene Folge: die Bewusstwerdung der Tragik des Todes.

So verständlich es ist, dass der Held das Liebesangebot der Ischtar zurückweist, so störend ist für den heutigen Leser die Grobheit und die schroffe Art, mit der er das tut. Weshalb hat Gilgamesch keinen feineren Umgangston mit der Göttin? Sind das nicht Ansätze einer männlichen Arroganz gegenüber dem Weiblichen, deren Auswüchse wir im Lauf der Geschichte des Abendlandes zur Genüge kennen gelernt haben? Muss der Mann derartige Töne anschlagen, um dem Ablaufen der Libido ins Unbewusste, ins dunkle Reich der »Mütter«, zu wehren, um dem Animalisch-Triebhaften, das ihn von innen her bedroht, nicht zu verfallen? In einem seiner ersten Träume wirft Gilgamesch seiner Mutter ein Beil vor die Füße. Das Beil ist nun wahrlich keine sanfte Waffe. Mit Charme lässt sich die Trennung von der »Mutter« nicht bewerkstelligen. Psychologisch heißt dies, dass der Mann, um der Gefahr der Überwältigung durch das Unbewusste zu entgehen, nicht zu sanft mit dem Weiblichen umgehen darf. Das gilt auch für das Weibliche, welches ihm in seinem Innern entgegentritt. Eine mythische Erzählung aus Griechenland schildert das sehr schön.

Der *göttliche Sänger Orpheus* steigt in die Unterwelt hinab, um seine an einem Schlangenbiss gestorbene Geliebte zu erlösen. Mit seinem Saitenspiel gelingt es ihm tatsächlich, die Herrin der Unterwelt, Persephone, und ihren Gemahl, Hades, zu besänftigen. Sie geben Eurydike frei, stellen aber die Bedingung, dass er sich nicht nach ihr umsehen darf, bevor er die Unterwelt verlassen hat. Dieser Aufgabe ist der musische Gatte nicht gewachsen:

»*Aufwärts führt sie der Pfad durch schweigende Stille. Sie steigen Steil in finsterer Nacht, von dichtestem Nebel umschattet. Nicht mehr fern ist die Grenze der oberen Welt: da befürchtet Er, der Liebende, dass sie ermatte; er sehnt sich nach ihrem Anblick und schaut sich um: schon ist die Geliebte entglitten.*«[28]

148

Orpheus, der Liebende, beherrscht zwar die Kunst der Musen und vermag damit gar die Tore der Unterwelt zu öffnen, aber ihm, dem Mann, fehlt jenes Beil, jene männliche Unbekümmertheit, mit welcher er seine Geliebte endgültig erlösen könnte. Er ist zu sehr um das Wohl der Frau besorgt.

In ihrem Buch »Verabredungen mit Männern« lässt Beatrice Eichmann-Leutenegger immer wieder ihre Sympathie für jene Männer durchschimmern, die eine gewisse Gradlinigkeit und Tatkraft an den Tag legen. In ihren Worten klingt das so: »Nicht dieses Zögern, nicht dieses qualvolle Hin und Her, sondern eine entschiedene Vorstellung vom Künftigen« (S. 63). Das ist eine Einstellung, die heute vielen Männern, besonders wenn sie psychologisch geschult sind (!), abgeht. Zu viel Rücksichtnahme auf das Weibliche kann tödlich sein. Manche gehen mit dem Weiblichen außen und innen, mit ihrer Partnerin und mit ihrer Anima, zu respektvoll um, man könnte auch sagen, zu sanft. Sie behandeln ihre Freundin oder ihre Frau, als würde sie beim ersten groben Wort umfallen. Was so den Anschein von liebender Fürsorge erweckt, ist in Wirklichkeit die Missachtung der Frau als ein autonomes Individuum. Der Mann sieht in ihr nur das sanfte, schwache, anschmiegsame, weibliche Wesen, ein Wesen jedenfalls, das seine männliche Hilfe braucht. Manche Frauen spielen diese Rolle mehr oder weniger geschickt mit, zum Wohle vielleicht des Partners, sicher aber zum eigenen Nachteil. Der dunkle Aspekt der Göttin und des Weiblichen will auch gelebt sein, und wenn eine Frau sich diesem widersetzt, indem sie ihn verdrängt, so wird das Dunkle sie in Form von psychosomatischen Beschwerden, von neurotischen Leiden und dergleichen mehr überfallen. Die Natur weiß viele Wege, sich durchzusetzen. Dass es dem Mann nicht besser geht, wenn er das dunkle Weibliche verdrängt, zeigt das Schicksal des Orpheus ganz drastisch: Weil er, so wird erzählt, nach dem Verlust seiner Gattin alle Frauen abgewiesen und sich in die Einsamkeit geflüchtet habe, wird er von den wilden, gottbesessenen Mänaden, Frauen im Dienste des Dionysos, in Stücke zerrissen. Damit hat ihn das dunkle Weibliche verschlungen.

Diesem Schicksal will Gilgamesch entgehen. Wenn er seinen Standpunkt so trotzig vertritt, so ist zu bedenken, dass das Epos in einer Zeit von Generation zu Generation tradiert worden ist, in welcher die Menschen den kosmisch-göttlichen Mächten in beängstigendem Maße ausgeliefert waren. Das Nein des Helden richtet sich gegen die erdrückende Übermacht der Göttin. Das in ihm erwachte Bewusstsein sehnt sich nach jener Freiheit, die ein minimales Eigendasein ermöglicht. In Gilgamesch bricht erstmals ein Einzelner aus der Abhängigkeit vom Wirkungsbereich des weiblichen Naturzyklus aus, nicht um sich völlig davon loszulösen, wohl aber um ein eigenständiges, selbstverantwortliches Bewusstsein zu entwickeln. Heute, Jahrtausende später, hat diese Entwicklung beim aufgeklärten Menschen ein Stadium erreicht, in welchem die Aufklärung in Mythologie umschlägt (Horkheimer/Adorno): inmitten einer entzauberten Welt droht das Individuum erneut im Kollektiv unterzugehen. Ist es einmal mehr die Rache der Ischtar?

Ischtars Zorn – Das dunkle Weibliche

»Da aber Ischtar solches hatt' vernommen,
Stieg voller Zorn zum Himmel sie empor.
Vor ihren Vater Anu eilte Ischtar,
Vor ihrer Mutter Anut weinte sie.
O Vater, Gilgamesch hat mich beleidigt,
Mir viele schlimme Taten vorgeworfen,
Ja, üble Taten und gar böse Werke.« (Tf. 6, 80ff.)
Oder wie Heidel übersetzt:
»My father, Gilgamesh, has insulted me.
Gilgamesh has enumerated my stinking deeds,
My stinking deeds and my rotten acts.«[29]

Die Göttin wird wütend und erweist sich, wie mir scheint, in ihrer Wut einmal mehr als *femme par excellence*. Unter Drohungen fordert die junge Göttin vom altehrwürdigen Göttervater Anu den Himmelsstier, eine furchtbare, Korn, Vieh und Menschen vernichtende Urgewalt. Nur zögernd gewährt ihr der göttliche Vater diese Bitte. Sogleich brechen verheerende Stürme los und fegen Hunderte von Menschen weg. Es droht eine Hungersnot. Ein größerer Gegensatz ist kaum denkbar: eben noch war Ischtar die erotisch lockende Geliebte und Bewunderin des Helden, lobte seine Manneskraft und lud ihn zum Vollzug der Heiligen Hochzeit ein, und nun plötzlich diese unbändige Wut, die der Dichter und Mythenschreiber nur in einem Symbol zu fassen vermag: im Bilde des mit wilder Gewalt hereinbrechenden Stieres.

Nicht dass die Göttin ihre »stinkenden und verdorbenen« Taten bestreiten oder gar bereuen würde. Davon ist keine Rede. Sie ist darüber empört, dass da einer kommt, und ihr diese zum Vorwurf macht. Nicht dass sie sich moralisch für das, was sie tut, rechtfertigen würde. Auch als mordende, blutrünstige Kriegsgöttin braucht sie keinerlei Begründung für ihr Wüten. Solches liegt in ihrem Wesen, in ihrer natürlichen Amoralität[30]. Sie scheint den, für alles Menschliche so typischen moralischen Konflikt nicht zu kennen.

Wie wir später erfahren, hat die Wut der Göttin eine gewaltige Wirkung. Die Konfrontation mit dem Stier wird dem Leben des Gilgamesch eine neue Richtung geben. Zwar besiegt und tötet er das Ungeheuer, aber sein Freund Enkidu muss dafür mit dem Tod bezahlen. Der Sieger ist wie so oft der Besiegte! Das ist das Gesetz der Enantiodromie, denn: »Weich und Schwach überwindet Hart und Stark« (Lao Tse, Nr. 36). Jetzt weint und trauert Gilgamesch um seinen Gefährten. Erstmals wird er sich seiner Sterblichkeit bewusst und nimmt seine eigene Gebrechlichkeit wahr. Fortan ist er nicht mehr der heroische Kämpfer, sondern einer, der die Schicksalsschläge des Lebens annimmt, sie erduldet und darin liebenswerter und menschlicher wird. Die anfängliche Selbstherrlichkeit verschwindet. Der Held wird liebesfähig und liebenswert.

So ist die Wut, wo sie im rechten Moment ins Leben hineinbricht, eine gewaltige Erneuerin, gleich jener alchemistischen Reinigungsprozedur, in welcher »alle Überflüssigkeiten im Feuer verzehrt werden«. Es scheint, dass Gilgamesch nur durch die Flamme des göttlichen Zorns zur Besinnung gerufen werden kann. Für ihn gilt, was Marie Louise von Franz vom archaisch-dunklen Aspekt des Göttlichen gesagt hat: »Psychologisch würde dies bedeuten, dass dieser menschenfeindliche, jegliche Kultur- und Bewusstseinswelt zerstörende, emotionale Ausbruch des »Göttlichen« einen tiefen Sinn hat, indem dadurch die Seele schwanger wird und eine neue Geburt, das heißt eigentlich eine weitere und umgänglichere Menschwerdung Gottes eingeleitet werden könnte.«[31]

Der Kampf mit dem Himmelsstier – Die Überwindung der blinden Triebhaftigkeit

Zu Anu, ihrem Vater, hub sie (Ischtar) an:
»O Vater, schaff für mich den Himmelsstier,
auf dass zerschmettere er Gilgamesch ...
Gibst du mir aber nicht den Himmelsstier,
Zerschlage ich des Totenreiches Pforten ...«
Anu hat Bedenken, weil der Stier eine siebenjährige Hungersnot
bringen könnte. Doch Ischtar hat, wie sie dem Himmelsvater
versichert, vorgesorgt und für Menschen und Vieh genügend
Vorräte aufgespeichert. Das Ungeheuer bricht ins Land ein,
verwüstet es und hinterlässt Hunderte von Toten.
Gilgamesch und Enkidu töten es im Kampf und bringen sein
Herz dem Sonnengott zum Opfer dar. Hier erreicht die mensch-
liche Macht gegenüber der Gottheit ihren Höhepunkt: sie wird
zur Hybris. Enkidu schleudert Ischtar einen Schenkel des
getöteten Stieres entgegen und ruft: (Tf. 6, 93ff.)
»O könnt' ich nur heran an dich, ich würde
Mit dir das gleiche wie mit diesem tun,
Ja, seine Eingeweide um dich schlingen!«
Ischtar schart ihre Mädchen um sich und trauert, während die
beiden Helden ein Jubelfest feiern.

Der Stier verkörpert eine maßlose Naturgewalt und erinnert an den alten Wettergott in seiner Tiergestalt.[32] Gleich einer Naturkatastrophe bricht er ins Land hinein, fordert Hunderte von

153

Toten und zerstört die Felder und Weidegründe, die Lebensgrundlage der Bewohner des Landes. Nur eines wäre offenbar noch schlimmer: wenn Ischtar die Pforten der Unterwelt zerschlagen würde. Geschickt führt damit der Erzähler das im Folgenden zentrale Thema ein: die Notwendigkeit der Grenze zwischen Leben und Tod und somit auch die Unausweichlichkeit des Todes. Zwar können die Götter diese Grenze ohne Schaden zu nehmen überschreiten – das zeigt etwa die mythische Erzählung von Ischtars Unterweltsfahrt – nicht aber die Menschen. Der Tod aller Kreaturen gehört zum Geheimnis der Schöpfung, er ist die dunkle Grenze, die das Leben in Gang hält.

In der Gestalt des wildschnaubenden, Tod bringenden Stieres ist Ischtars Zorn sinnbildlich dargestellt: eine tierische Wut, mit welcher sich Gilgamesch plötzlich konfrontiert sieht. Bereits früher hatte er mit einem ähnlichen Ungeheuer zu kämpfen, mit Chuwawa im Zederngebirge. Damals fand der Kampf im dunklen und fernen Reich des Waldes statt. Psychologisch entspricht dies einer bewusstseinsfernen Schicht im Unbewussten. Jetzt bedroht der göttliche Zorn die Stadt Uruk, ein Stück Kulturland. Das Problem hat sich verschärft, indem der bedrohende Inhalt aus dem Unbewussten in die Nähe des Bewusstseins vorgedrungen ist und hier seine verheerenden Spuren hinterlässt.[33] Wir können in dieser Wiederholung eine allgemeine Gesetzmäßigkeit der Bewusstseinserweiterung erkennen, wonach ein unbewusster Faktor aus dem dunklen Hintergrund der Seele auftaucht, um nach einer ersten Auseinandersetzung mit ihm wieder zu verschwinden (Chuwawa). Dann, manchmal Jahre später, tritt er erneut und in ähnlicher Art hervor (Himmelsstier). Nochmals müssen wir uns dem neuen Inhalt stellen. Erst wenn uns dies gelingt, wird eine nachhaltige Veränderung der Gesamtpersönlichkeit möglich.

Das Auftauchen von Symbolen in Tiergestalt weist auf eine tierische Triebhaftigkeit hin, welche noch mehr oder weniger unbewusst ist. Dabei geht es nicht nur um eine sexuelle Problematik, vielmehr um eine körperliche *und* seelische Getriebenheit, welche unbewusst macht. Indem Gilgamesch Ischtars Angebot, mit ihm die Heilige Hochzeit zu feiern, von sich weist, bricht er mit einer alten Tradition. Der Bruch mit dem Längst-Bekannten setzt libidinöse Kräfte frei, die sich zunächst in chaotisch-destruktiver Form äußern: eben in jener blinden Triebhaftigkeit, welche den Sinn des Geschehens im Dunkeln lässt. Eine solche Triebhaftigkeit, in welcher Form auch immer sie auftritt, ob als sexuelle Gier, als Machtphantasien, als eine allgemeine Unruhe und dergleichen mehr, ist oft eine Vorstufe eines *geistigen Inhaltes*, der aus dem Hintergrund des kollektiven Unbewussten mit gewaltiger Energie ins Bewusstsein einbricht. Wann immer wir vom Trieb überfallen werden, müssen wir darum sehr wachsam sein, um den dahinter möglicherweise verborgenen seelisch-geistigen Inhalt, dessen Essenz, »bei den Hörnern zu packen«. Dem Trieb zu verfallen, ohne den darin verborgenen Sinn zu sehen, käme einer Unbewusstheit gleich, in welcher die Möglichkeit der geistigen Entwicklung verfehlt wird.

Darum sagt der Mythos, dass der Stier von den Göttern, genauer: vom Himmelsgott An, geschickt wird. In der scheinbar zerstörerisch ins Leben einbrechenden Urgewalt ist vielleicht doch ein göttlicher Sinn verborgen. An gilt als der Bewahrer der kosmischen Ordnung.

Der sechslockige Held im Kampf mit den Stieren
(Stirnseite einer Harfe, gefunden in den Königsgräbern von Ur)

155

Von ihm empfangen die Götter ihre Gesetze. Als ein typischer Hochgott kümmert er sich wenig um das Schicksal der Menschen. In später Zeit wird sein Kult in Uruk von demjenigen Inanna-Ischtars überflügelt. Sie, die Urenkelin Ans, rückt zur Himmelsherrin auf und tritt in ein enges Verhältnis zu ihrem einstigen Vorfahren, so dass es gar heißen kann: »Zusammen mit An wohnst du (Inanna) im heiligen Schlafzimmer«[34].

Wenn Gilgamesch und Enkidu den Stier im Kampf töten und dessen Herz dem Sonnengott Schamasch opfern, so lehnen sie sich damit gegen die absolute Souveränität und Autorität der alten Göttermächte auf. Der Anfall der Triebgewalt ist nämlich nur dann ein Gotteserlebnis, »wenn der Mensch der Übermacht *nicht* erliegt, sondern sein Menschsein gegen den animalischen Charakter der göttlichen Kraft mit Erfolg verteidigt« (Jung, GW 5, § 524). In Gilgameschs Tat kündet sich eine Verschiebung des Kräfteverhältnisses zwischen den alten souverän herrschenden Gottheiten und den diesen ohnmächtig ausgelieferten Menschen an. In dieselbe Richtung weist die Schmähung Ischtars. Darin setzen sich die beiden Helden von einer einseitigen Auffassung des Menschen und seiner Umwelt ab, wonach dessen Leben dem Schicksal blind ausgeliefert ist. Nicht An wollen sie verehren, nicht Ischtar dienen. Sie opfern das Herz des erlegten Tieres ihrem »gütigen und gerechten« Gott Schamasch, dem »Erleuchter des Himmels«. Damit setzt eine geistige Entwicklung ein, in deren Verlauf der Mensch in ein fast intimes Verhältnis zur Gottheit tritt.

Das Opfer symbolisiert einen partiellen Verzicht auf die phallisch-irdische, rein triebhafte Seite des Helden. Wie wir gesehen haben, ist damit nicht nur die sexuelle Getriebenheit gemeint, sondern jede Form der egoistischen Seinsweise, die sich der Entwicklung einer geistig-religiösen Orientierung in den Weg stellt. Wer den Stier bei den Hörnern packt, um dessen Herz seinem Gott zu opfern, ist im Begriff, sich *freiwillig* von der Verhaftung an das Chthonisch-Irdische zu lösen. Der Verfallenheit ans Triebhafte wird das Licht des Bewusstseins, das Licht der Sonne, entgegengesetzt:

Erkenntnis, die Erlösung und Wandlung bedeuten kann: Gnosis, die Erkenntnis des Herzens.

Eine Szene aus Faust soll wiederum illustrieren, was das Opfer, was die Kraft der Erkenntnis, bedeuten kann. Eines der vier grauen Weiber, die »Sorge« genannt, spottet gegenüber dem greisen Faust über die Armseligkeit der Menschen:

> *»Bei vollkommnen äußern Sinnen*
> *Wohnen Finsternisse drinnen,*
> *Und er weiß von allen Schätzen*
> *Sich nicht in Besitz zu setzen.*
> *Glück und Unglück wird zu Grille,*
> *Er verhungert in der Fülle ...«*

Die ganze Fülle des Lebens nützt dem Menschen wenig, wenn sein Inneres dunkel bleibt. Sie vermag ihn nicht glücklich zu machen. Doch stolz erwidert der nunmehr erblindete Faust:

> *»Die Nacht scheint tiefer tief hereinzudringen,*
> *Allein im Innern leuchtet helles Licht ...«*
> (Faust II, 11'457ff.)

Allein im Innern leuchtet helles Licht, das ist die Verheißung für den Menschen, der nicht mehr triebhaft blind nach dem Leben giert, sondern gelernt hat, nach innen zu schauen, um mit seinem Innern Zwiesprache zu halten und in solcher Art seelisch-geistigen Werten zu dienen.

Die Tötung des Himmelsstieres und das Opfer seines Herzens an Schamasch künden psychologisch eine Akzentverschiebung vom magischen zum mythischen Weltverständnis an. Der Einzelne beginnt sich aus der Umwelt, die ihm bisher von autochthonen Naturmächten magisch durchdrungen war – Mächten, denen er mehr oder weniger ohnmächtig gegenüberstand – herauszulösen. Ein Bewusstsein entwickelt sich, in welchem der Wille zur ordnenden weisheitlichen Beschreibung der Welt deutlich wird.[35] Wir erinnern uns an Enkidus Wandlung durch die Liebe mit der Tempeldirne: »Schwach ward er, und es war nicht wie zuvor, doch hatte er nun Wissen; er begriff.«

Nun habe ich mit dem Faustzitat der Entwicklung des Epos vorgegriffen. Noch ist Gilgamesch nicht so weit. Noch fehlt ihm die Einsicht des greisen Faust. Im Gegenteil: Durch den Sieg über den Himmelsstier verfällt er einer beträchtlichen Inflation und Hybris. Ein Jubelfest wird angestimmt und die Göttin aufs Schmählichste beleidigt. Gilgamesch lässt sich als Held feiern: »Der Helden herrlichster ist Gilgamesch./ Er hat den höchsten Ruhm von allen Mannen« (Tf. 6, 185f.). Gilgamesch feiert einen Triumph, wo allenfalls Dankbarkeit, Demut und Bescheidenheit am Platze wären. In seinem Kampf mit der numinosen Macht (Stier) ist er einem Aspekt des Selbst begegnet.

Wo immer ein Mensch die Numinosität des Unbewussten berührt, droht er vom Göttlichen infiziert zu werden. Dann setzt er sich selbst absolut, wodurch die notwendige Grenze zwischen dem Göttlichen und dem Menschlichen verwischt wird. Das führt, wie Jung erläutert, zu einem gestörten Anpassungsmodus an die Umwelt. Ein deutliches Zeichen für eine derartige Inflation des Ich durch einen unbewussten Inhalt ist »die dann eintretende Abgeneigtheit, die Reaktionen der Umgebung wahrzunehmen und zu berücksichtigen« (GW 9/2, § 44). Inflation macht einsam, weil der davon Betroffene nur noch diejenigen Mitmenschen akzeptiert, die bereit sind, seine Begeisterung und »heiligen« Überzeugungen mit ihm zu teilen. Deshalb rät M.L. von Franz gegenüber einem numinosen Erlebnis zu vorsichtiger Distanz: »Wenn man daher ein Erlebnis des Selbst hat, ist es der einzige Weg, um nachher nicht vergiftet zu werden und auf die falsche Spur zu geraten, es sein zu lassen, sich abzuwenden – sich der nächsten Pflicht zuzuwenden und es sogar zu vergessen. Je mehr das Ich daran festhält und es zurückhaben will, umso mehr verjagt man es durch den eigenen ichhaften Wunsch. Mit positiven Liebes- oder Gefühlserfahrungen ist es dasselbe: Leute, die jedesmal, wenn sie ein positives Erlebnis hatten, kindische Ansprüche an den andern stellen, wollen das immer wiederholen, wollen erzwingen, dass es immer wieder auf dieselbe Art geschieht. ... Man kann sicher sein, dass es ein fürchterlicher Fehlschlag wird. Sie können es versuchen, einfach um zu zeigen, dass es nicht geht. Es beweist immer, dass das Ich nicht fähig war, die Erfahrung des Selbst in erwachsener Weise zu verarbeiten, sondern dass etwas wie kindische Gier erwacht ist.«[36] Das sind harte, aber realistische Äußerungen. Sie verbieten jedes romantisch-sehnsuchtsvolle Zurückblicken und Hängenbleiben.

Jeder Inflation des Ich-Bewusstseins, entspricht im Unbewussten eine Deflation, die Trauer der anderen, beim Manne weiblichen Seite. Das Epos drückt das bildhaft aus: Ischtar schart ihre Mädchen um sich und trauert mit ihnen über ihre Zurückweisung angesichts des gefallenen Stieres. Diese Trauer wird bald auch Gilgamesch erfassen. Doch möchte ich diesmal nicht vorgreifen.

Enkidus Tod – Das Mysterium des Bewusstseins

Kaum ist die Siegesfeier zu Ende, da zerstört ein böser Traum die Hochstimmung. Dieser kündet Enkidus Tod an. Im Traum disputieren vier Götter darüber, welcher von den beiden Helden für die begangenen Taten schuldig zu sprechen sei. An, der Himmelsgott, meint, derjenige müsse sterben, der die heilige Zeder auf dem Götterberg gefällt habe. Das wäre Gilgamesch. Dagegen erhebt Enlil, die bei weitem wichtigste Persönlichkeit der sumerischen Götterwelt, Einspruch: für ihn trifft Enkidu die Hauptschuld. Und der gütige Sonnengott Schamasch lässt sich gar dazu erweichen, beide zu schonen. Das aber entflammt Enlils Zorn. Solche Nachgiebigkeit ist nicht nach seinem Geschmack. Er setzt sich durch, und Enkidu wird zum Tode verurteilt. Zu all dem hat Ea, der Gott der Weisheit, geschwiegen. Er wird erst später in Erscheinung treten.

Unter den Göttern bricht ein Disput los. Sie sind sich nicht einig, wie dem Übermut der Helden Einhalt geboten werden soll. Psychologisch gesehen bedeutet dies, dass im Unbewussten verschiedene archetypische Faktoren (Götter) miteinander in Konflikt geraten sind. Das kann eine beträchtliche Verwirrung auf der Bewusstseinsebene zur Folge haben. Diese mag sich als *Depression*, Verstimmung oder allgemeine Desorientierung äußern. Es ist dies der von den Alchemisten oft beschriebene chaotische Anfangszustand ihres Opus, die *Nigredo* als einer Verdunkelung, deren Ursachen jenseits der Bewusstseinsgrenze, also im Unbewussten, liegen.

Wer ihr verfällt, wird vieles in seinem Leben völlig neu überdenken müssen. Ein Wandlungsprozess ist gefordert, der vielleicht mehrere Jahre andauern wird.

Das Eingreifen der Götter stürzt Gilgamesch in eine tiefe Verzweiflung, doch leitet diese eine neue Phase ein, indem sie ihm hilft, sein Todesgeschick anzunehmen. Erst durch die Beschränkung seiner königlichen und heroischen Ideale wird Gilgamesch zum echten Helden. Wir müssen dabei bedenken, dass der Held psychologisch eine archetypische Figur ist, ein Modell desjenigen Ich, das in Übereinstimmung mit dem Selbst funktioniert[37], weshalb der Verzicht auf äußere Macht von uns allen gefordert ist.

Zum Individuationsprozess gehören auch depressive Phasen, in welchen die »Götter« miteinander im Streit sind. Dann wird die psychische Energie fast ganz vom inneren Zerwürfnis aufgesogen. Jung schreibt dazu sehr prägnant: »Traurige Wahrheit ist, dass das Leben der Menschen aus einem Komplex unerbittlicher Gegensätze besteht – Tag und Nacht, Geburt und Tod, Glück und Unglück, Gut und Böse ... Das Leben ist und bleibt ein Schlachtfeld; wenn dem nicht so wäre, würde nichts mehr existieren können.«[38] So natürlich der ewige Widerstreit der Gegensätze in uns ist, so raubt er uns doch zuweilen alle Kraft und entzieht diese der notwendigen Bewältigung des Alltags. Dann will nichts mehr gelingen, und allem, was wir tun, scheint der Sinn entzogen. Ich meine aber, dass das Wissen um einen hintergründigen Sinn den leidvollen Zustand zwar nicht beseitigen, aber doch erträglicher machen kann. Während wir nichts anderes als eine depressive Stimmung wahrnehmen, streiten sich in unserem Innern die »Götter«, und es bleibt uns bloß die Hoffnung, dass ihr Disput eine für uns annehmbare Lösung nach sich ziehen wird. Wie wir diese umsetzen können, ist eine andere Frage. Mit ihr wird sich der zweite Teil des Gilgamesch-Epos: die Suchwanderung beschäftigen.

In Enkidus Traum liegen zwei göttliche Tendenzen miteinander im Streit. Da ist einmal der ferne, kosmische *Himmelsvater An*. Für ihn ist das entscheidende Vergehen das Fällen der heiligen Zeder.

Das war Gilgameschs Tat, weshalb er sterben soll. Der Baum ist ein »Symbol der Segen bringenden Macht«. Zum »kosmischen Baum wird er, weil er in jeder Hinsicht dasselbe kundtut wie der Kosmos«[39]: Immer neu regeneriert er sich, verliert die Blätter und erblüht im neuen Jahr wieder. An möchte die ewige, von ihm einst gesetzte kosmische Ordnung erhalten. Darin ist er Ischtar nahe. Indem Gilgamesch sich an diesem heiligen kosmischen Symbol vergreift, entzieht er sich dem Gesetz der Natur, hinter welchem letztlich die mächtige, alles Leben nährende Erdmutter steht.

Anders *Enlil*: Seine Macht äußert sich in Sturm, Regen und Wind. Wie der ägyptische Schu hat er, um die Welt zu erschaffen, in der Urzeit Himmel und Erde, das göttliche Urelternpaar, getrennt. Gerade als Trennender ist er ein schöpferischer Geist, ein unermüdlicher Erfinder, Planer und Organisator zum Wohle der Menschen. Er ist es, der die Natur ins Leben ruft, aber nicht nur dadurch, dass er den Regen von den Bergen ins Tiefland hinabträgt, sondern auch durch seine zahlreichen dem Menschen dienenden Erfindungen. Von seinen Aktivitäten her gesehen ist es verständlich, wenn Enlil die Schuld Enkidus höher einschätzt als diejenige von Gilgamesch. Die Instinkte, denen Enkidu so verbunden ist, haben einen durch und durch konservativen Zug. Ihre Nähe zum Kreislauf der Natur widersetzt sich dem erfinderischen Geist dieses Gottes.

So symbolisieren An und Enlil zwei Urkräfte, die zwar wie Himmel und Erde zusammengehören, die zuweilen aber auch miteinander im Streit liegen. Dem einen geht es mehr um die *Erhaltung* der bestehenden Wirklichkeit, dem anderen mehr um deren *Erneuerung*. Das sind zwei Aspekte des Lebens, zwischen denen wir zeitlebens hin- und hergerissen sind.

Durch den angekündigten Tod des Freundes wird sich Gilgamesch der unausweichlichen Zerrissenheit des menschlichen Lebens erstmals schmerzlich bewusst. In ihm ist das Bewusstsein der Gegensätzlichkeit erwacht. Hat er sich beim Jubelfest eben noch mit dem Selbst identifiziert, so tut sich jetzt zwischen diesem und dem Ich eine scheinbar unüberbrückbare Kluft auf. Gilgamesch leidet, und dieses Leiden wird ihn später zum Sintfluthelden Utnapischtim führen, von welchem er sich eine Antwort auf die Frage nach dem Sinn des brüchig gewordenen Lebens erhofft.

Mitten in diesem Dilemma, in welchem die Gegensätze aufeinanderprallen und der Mensch bedingungslos seinem Schicksal ausgeliefert ist, tritt nun eine *dritte Gottheit* auf den Plan, die die Gegensätze zu einigen verspricht. Es ist der *Sonnengott Schamasch*, der sowohl Gilgamesch als auch Enkidu schonen möchte. Das aber ist für Enlil der Barmherzigkeit zu viel. Solche Milde kann er nicht dulden. Wütend entgegnet er Schamasch:

> *»Das sagst du nur, weil täglich du zu ihnen niedersteigst,*
> *Als seist wie ihresgleichen du geworden.«*
> (Tf. 7, Heth.Fragm., 16f.)[40]

In diesem Vorwurf zeigt sich ein religionsgeschichtlicher Umschlag, der für Jahrtausende bestimmend sein wird. Ein Gott wirft dem anderen vor, er habe sich zu sehr der Menschen angenommen. Was im Christentum zum Zentrum des Glaubens erhoben wird, dass Gott zu den Menschen herabgestiegen und Mensch geworden ist, bedeutet für die polytheistische Frühzeit ein Skandalon. Das Gilgamesch-Epos ist wohl das älteste Zeugnis eines theologischen Denkens, in dem sich die Tendenz zu einem monotheistischen Gottesbild niederschlägt, wobei sich schon hier eine neue, stark persönlich geprägte Beziehung zwischen Gott und Mensch anbahnt.

In einem sehr alten, uns von Paulus überlieferten christlichen Hymnus heißt es von Jesus Christus:

> *»Der, als er in göttlichem Dasein lebte,*
> *es nicht für einen Raub hielt, Gott gleich zu sein,*
> *sondern sich selbst entäußerte,*
> *indem er Knechtsgestalt annahm*
> *und den Menschen gleich wurde;*

der Erscheinung nach wie ein Mensch erfunden,
erniedrigte er sich selbst
und wurde gehorsam bis zum Tode,
(ja, bis zum Tode am Kreuz.)
Darum hat Gott ihn auch über alles erhöht
und ihm den Namen über alle Namen verliehen ...«
(Phil 2,6-9)

Der religionsgeschichtliche Hintergrund des Liedes kann im gnostischen Erlösermythos oder in der hellenistisch-jüdischen Sophia-Theologie gesucht werden.[41] Letztere geht auf die *alttestamentliche Weisheitslehre* zurück, die ihrerseits kein ausschließlich israelitisches, vielmehr ein gemeinorientalisches Phänomen ist.[42] Was die Weisheit Israels aber besonders auszeichnet, ist ihre Betonung der Gottesfurcht als aller Weisheit Anfang (Spr 1,7). Die Weisheit steht und fällt mit der rechten Einstellung zu Gott (von Rad, S. 96). Nur dem gottesfürchtigen Menschen ist es möglich, Gottes Spuren in seiner Schöpfung zu erkennen. Obwohl himmlischen Ursprungs (präexistent wie Christus im zitierten Hymnus), erhebt die Weisheit ihre Stimme nicht im Verborgenen, sondern auf Straßen und öffentlichen Plätzen (Sprüche 1,20; 8,1ff.). Doch ungeachtet dieser Offenbarung der Weisheit vor aller Welt Augen bleibt das göttliche Geheimnis bestehen, ein Mysterium, das nicht nur die Tiefe des Abgründigen und Dunklen, sondern ebenso sehr auch die »Tiefe des Lichts selbst: ›Das Geheimnis im ganz Offenbaren‹«[43] umfasst. In der jüngeren Weisheit (etwa bei Jesus Sirach um 200 v.Chr.) wird die Unerforschlichkeit der Welt wieder mehr betont.

Das bekannteste Beispiel für den *gnostischen Erlösermythos* vom Urmenschen ist das berühmte »Lied von der Perle« : Ein Königssohn wird als kleines Kind ausgesandt, zieht, sich selbst erniedrigend, sein Lichtgewand aus, um die kostbare Perle, die auf dem Meeresgrund verborgen liegt – das ist die in der Welt verlorene Urseele –, heimzuholen. In der Fremde verliert er sich alsbald im Weltgetümmel und vergisst Herkunft und Auftrag, bis er durch einen vom

Sonnenvogel (Adler) überbrachten Himmelsbrief an seine königliche Herkunft erinnert wird. Wieder zum Leben erwacht, holt er sich die von einem Drachen gehütete Perle aus der Tiefe des Meeres herauf und kehrt in seine (himmlische) Heimat zurück.[44]

Was im Gilgamesch-Epos erst zaghaft beginnt, ein »Hinabsteigen Gottes zu den Menschen«, wird in der jüdischen Weisheitslehre zur tröstlichen Botschaft, »denn wer mich (die Weisheit) findet, findet das Leben« (Spr 8,35). Solche Texte strahlen ein Heimatgefühl des Menschen in der Welt aus, das in späterer Zeit verloren gegangen ist, sei es im Pessimismus der spätbabylonischen oder der hellenistischen Weisheit, sei es in der spätjüdischen Apokalyptik.

Der Mensch der Antike ist von Schicksalsfurcht umhergetrieben, er fühlt sich den Mächten der Finsternis und des Todes ausgeliefert. Entsprechend offen ist er für die Botschaft der Erlösung, wie sie ihm durch den gnostischen Mythos vom Urmenschen oder im christlichen Hymnus von der Menschwerdung Jesu (Phil 2) übermittelt wird. In beiden geistigen Strömungen wird eine Tendenz aufgenommen, die im Gilgamesch-Epos mit seiner Hinwendung zum Sonnengott erstmals am Horizont aufleuchtet: die Möglichkeit des Menschen, sich für *den* Gott zu entscheiden, der ihm nahe ist und für ihn sorgt. Der Philipperhymnus drückt das besonders radikal aus: In seiner tiefsten Not ist Jesus, der in göttlichem Dasein gelebt hat, mit dem Menschen solidarisch, indem er selbst ganz und gar Mensch geworden ist. Gott antwortet mit seiner Erhöhung über den gesamten Kosmos. Während der gnostische Mythos von einem urzeitlichen Vorgang spricht, der von jedem, der den Weg der Erkenntnis (Gnosis) beschreiten will, nachvollzogen werden kann, meint der christliche Hymnus ein einmaliges Heilsgeschehen, das den Menschen aus seiner Daseinsangst befreit. Die gnostische Anschauung ist in dem Sinne psychologischer, als der Einzelne sich für den Weg der Erkenntnis entscheiden muss; demgegenüber betont die christliche, speziell die paulinische Sicht mehr den Gnadenaspekt, denn »bei Gott ist kein Ansehen der Person« (Röm 2,6). Gemäß beiden Vorstellungen aber geschieht der Umschlag dort, wo die Not am größten ist, so eben wie die Sonne erst dann, wenn sie die dichteste Finsternis erreicht hat, ihrem Aufstieg zum neuen Tag entgegengeht. Dass auf die freiwillige Erniedrigung die Erhöhung folgt, ist eine archetpyische Vorstellung. So sagt auch Lao Tse, das Motiv vom Ablegen des Lichtgewandes aufnehmend: »Der heilige Mensch kleidet sich in Wolle, und birgt Jade.« (Nr. 70)[45].

Was sind nun aber die *psychologischen* Folgen des erstmals im Gilgamesch-Epos sichtbar werdenden Umschwungs des Denkens? Wie bereits erwähnt, hat C.G. Jung den Sonnengott als das Mysterium des Bewusstseins gedeutet, als einen im Unbewussten schlummernden Keim des Bewusstseins oder der Bewusstwerdung. Wenn Schamasch zu den Menschen herabsteigt, so bedeutet dies psychologisch den Einbruch dieses archetypischen Faktors in die Welt, und damit dessen Manifestation in der Psyche des Einzelnen. Der Mensch wird sich seiner Sonnennatur bewusst, er schöpft Kraft und Bewusstheit aus dem großen kosmischen Erleuchter. Seine Sehnsucht nach der Erweiterung des Bewusstseins ist der Grund jener Liebe, die vorwiegend im zweiten Jahrtausend überall in der antiken Welt dem Sonnengott entgegengebracht worden ist. Denken wir nur an die wunderbaren Sonnenhymnen des alten Ägyptens![46]

Die Offenbarungen des Sonnengottes eröffnen dem Menschen die Möglichkeit einer *geistigen* Entwicklung in ungeahntem Ausmaß. Die Fähigkeit zur Erweiterung des Bewusstseins ist ein *Mysterium*, ein Geschenk Gottes, was derjenige leicht vergisst, der sich im täglichen Leben um solche Bewusstwerdung bemüht. Der Gang durch die dunklen und verschlungenen Wege der Individuation macht uns empfänglich für alle möglichen Zweifelsgedanken, in denen bekanntlich der Teufel selbst zu Worte kommt. Und schon verfallen wir diesem in der Meinung, unser Leben sei nichts als bloßes Dasein. Spätestens dann haben wir das Mysterium der Sonne, das heißt der Bewusstwerdung, verloren. Keiner schildert diesen für unsere Zeit so typischen Verlust so eindringlich wie der englische Dichter D.H. Lawrence in seinem letzten Werk, im Apokalypsekommentar:

»Wollt nur nicht, dass wir uns einbilden, wir sähen die Sonne so, wie die alten Kulturen sie sahen. All das, was wir sehen, ist ein kleiner wissenschaftlicher Lichtkörper, zusammengeballt zu einer Kugel von glühendem Gas. In den Jahrhunderten vor Esekiel und Johannes war die Sonne noch eine großartige Wirklichkeit, man schöpfte Kraft und Glanz aus ihr und gab dafür Verehrung und Lichtopfer und Dank zurück. In uns jedoch ist die Verbindung gebrochen, die entsprechenden Zentren sind tot. Unsere Sonne ist etwas ganz anderes als die kosmische Sonne der Alten, sie ist so viel mehr gewöhnlich. Wir mögen noch sehen, was wir Sonne nennen, aber wir haben Helios für immer verloren, und die große Scheibe der Chaldäer noch mehr. Wir haben den Kosmos verloren, indem wir aus der entsprechenden Verbindung mit ihm herausgetreten sind, und dies ist unsere größte Tragödie. Was ist unsere winzige Liebe zur Natur – Natur wie eine Person angeredet! – im Vergleich mit dem großartigen Leben-mit-dem-Kosmos und mit dem Verehrtsein-durch-den-Kosmos ...!

Wer sagt, dass die Sonne zu mir nicht sprechen kann? Die Sonne hat ein großes, glühendes Bewusstsein, und ich habe ein kleines, glühendes Bewusstsein. Wenn ich das hindernde Halsband der persönlichen Gefühle und Ideen abstreifen kann und hinuntergelange bis zu meinem nackten Sonnenselbst, dann können wir, die Sonne und ich, uns stündlich vereinigen, das Glühen kann gegenseitig ausgetauscht werden, und sie gibt mir Leben, Sonnenleben, und ich sende ihr ein klein wenig neues Feuer aus der Welt des feurigen Blutes ... Die Sonne jedoch, einem Löwen gleich, liebt das feurige, rote Blut des Lebens und kann ihm unendliche Bereicherung geben, wenn wir nur wissen, wie sie zu empfangen. Aber wir wissen es nicht. Wir haben die Sonne verloren. Und sie lässt nur ihre Strahlen auf uns fallen und zerstört uns: Sie, der Drache der Vernichtung anstatt des Lebensbringers.« [47]

In meisterhafter Art beschreibt der Dichter D.H. Lawrence das Mysterium der Sonne, welches im Gilgamesch-Epos erstmals am Horizont der Menschheit aufleuchtet. Es ist das Geheimnis einer

Wechselwirkung und gegenseitigen Liebe zwischen dem Sonnengott und seinem Helden, zwischen Gott und Mensch. Voraussetzung dafür ist jenes kleine glühende Bewusstsein (*little blazing consciousness*), das nackte Sonnenselbst des Menschen, welches diesen mit der Sonne, mit dem großen glühenden Bewusstsein, verbindet. Psychologisch bedeutet dies, dass der Archetypus des Bewusstseins, welcher im Unbewussten als *Bild* oder als Möglichkeit angelegt ist, im Einzelmenschen erwacht, um ihn am Numen des Lichts und der Bewusstwerdung teilhaben zu lassen. Die Sonne aber liebt das feurige, rote Blut des Lebens: Im Unbewussten selbst schlummert die Sehnsucht nach Bewusstwerdung. Wenn der Mensch sie nicht beachtet, kann die Sonne zum glühenden Drachen der Vernichtung werden, was im Zeitalter der atomaren Bedrohung ganz reale Katastrophen nach sich ziehen könnte. Wir haben keine andere Wahl: wir müssen den Weg der Bewusstwerdung weitergehen, ob wir wollen oder nicht.

Es gibt keine Bewusstwerdung ohne ein *Opfer*. Enkidus Tod löst bei Gilgamesch Angst aus. Hat er eben noch den Stier außen bekämpft, so spürt er nun, dass er diesen in sich selbst bekämpfen muss. Er erkennt, dass er sein Draufgängertum und sein Begehren zügeln muss. Vom Helden wird ein Opfer verlangt. »Das chthonische Begehren, die Sinnlichkeit in allen ihren mannigfaltigen Formen, mit ihrer Verhaftung an die Reize der Umwelt und ihrem Zwange zur Zerstreuung der psychischen Energie in das grenzenlos Vielfältige der Welt ist ein Haupthindernis für die Vollendung einer einheitlich gerichteten Einstellung« (Jung, GW 6, § 440). Das auf die zehntausend Dinge der Außenwelt gerichtete Begehren erlöscht in Gilgamesch angesichts des Todes seines Freundes. Unbeirrt wird er von nun an sein *Ziel* verfolgen: die Suche nach dem Leben, nach einem Leben, das der physische Tod nicht besiegen kann. Es ist die Suche nach dem Sinn, nach jenem im Tao te king angedeuteten Mysterium: »Wer stirbt und doch nicht untergeht, lebt lange.«[48]

Das eigene Begehren abzulegen ist eine unumgängliche Voraussetzung des Individuationsprozesses. Das jedoch ist ein überaus schwieriger Schritt, denn Zerstreuungen sind schnell bei der Hand, und die bunte Vielfalt der Welt verspricht allemal Erleichterung. Überall locken Ideen, was man auch noch unternehmen könnte, um dem darzubringenden Opfer auszuweichen. Da gilt es oft sehr genau auf die leise Stimme des Unbewussten zu hören, um inmitten all der Lockungen dem autonomen seelischen Prozess treu zu bleiben.

In der Lehre der klassischen Yoga-Sutras Indiens steht dieses Opfer am Anfang aller geistigen Bemühungen. Ich zitiere aus dem posthum erschienenen Alterswerk des Indologen Heinrich Zimmer: »Wenn Ehrgeiz, Erfolg und Lebensplan, wenn Geschlechtlichkeit und Sinnesfreuden keine neuen, überraschenden Wendungen mehr hervorbringen, weil ihr Vorrat erschöpft ist, wenn außerdem die getreuliche Erfüllung der Lebensaufgaben eines rechtschaffenen normalen Menschenlebens ihren Reiz verliert, ... dann bleibt immer noch die Lockung des geistigen Abenteuers – die Suche nach dem, was innen, unter der Maske der bewussten Persönlichkeit, oder außen, jenseits des sichtbaren Horizontes der Außenwelt, liegen mag.«[49] Das klingt wie die Schilderung dessen, was in der Lebensmitte geschieht. Es ist typisch für die indische Geisteshaltung, dass es heißt: wenn das alles bis zum Letzten ausgekostet ist, *dann* öffnet sich der andere, geistige Weg. Nur wer sich dem gewöhnlichen Leben hingibt, darf sich in die Innerlichkeit zurückziehen. In der Praxis sieht das dann manchmal so aus, dass ein Mensch, der die stürmischen Jahre verpasst hat, diese unter Umständen Jahrzehnte später nachholen muss, was natürlich immer mit einer gewissen Peinlichkeit verbunden ist. Er hat sich der Liebe zum Alltäglichen nie hingegeben, vielleicht weil er zu ängstlich war oder unschuldig bleiben wollte. So muss er sich ihr eben jetzt hingeben. Nur wenn das Leben in möglichst vielen Schattierungen gelebt wird, kann es zu einem Ganzen werden. Ein geistiger Mensch, der die Triebhaftigkeit nicht aus eigener Erfahrung kennt, wirkt in der Regel wenig überzeugend. Der Abstieg in die Wirklichkeit des gewöhnlichen Lebens ist gefordert, ein Verzicht auf die allzu hohen (christlichen)

Ideale, die uns vom Menschlichen in uns und um uns trennen. Wer zu viele Tugenden hat, verpasst leicht sein eigenes Schicksal, seine Aufgabe.

Die Sonne liebt das feurige, rote Blut des Lebens. Dieses Blut, nach welchem sich der im Unbewussten schlummernde Geist der Bewusstwerdung sehnt, ist das pulsierende Leben in seinen alltäglichen schöpferischen Gestaltungen. Es weist mehr auf das Wandlungsmysterium des Weiblichen und der Erde denn auf den solaren geistigen Prozess hin. Wie besonders in der germanischen Mythologie oder etwa bei der indischen Göttin Kali deutlich wird, ist das Blut auch mit dem düsteren Todesaspekt verbunden. So weben die germanischen Schicksalsgöttinnen ihren Opfern den blutigen Tod.[50] Beide Aspekte, Geburt und Tod, sind die ständigen Begleiter des Lebens, und es scheint, dass die Sehnsucht nach dem Licht die Zwiespältigkeit des Lebens notwendig miteinschließen muss. Das Leben des schöpferischen Menschen enthält immer ein gewisses Maß an Zerstörung, ja gar an Selbstzerstörung.[51]

Das Opfer hat psychologisch verstanden nicht nur die Qualität des Verzichts, sondern mehr noch diejenige der Wandlung zum eigenen Wesen. Das ist der zentrale Gedanke des letzten Kapitels von C.G. Jungs Werk »Symbole der Wandlung« (GW 5). In ihm geht es um die Frage nach dem Sinn des Opfers. In verschiedenen Schöpfungsmythen wird die Welt aus den Teilen eines getöteten und zerstückelten Ungeheuers oder Tieres erschaffen. Das dem Gilgamesch-Epos naheliegendste Beispiel ist der babylonische Schöpfungsbericht, das so genannte »*Enuma elisch*« (*Als droben ...*). Dieses berichtet vom Kampf Marduks mit der Urgottheit Tiamat. Nach vollbrachtem Sieg erschafft der Sonnenheld aus dem Leib der Tiamat Himmel und Erde. Er »spaltet ihr den Schädel und zerschneidet den Leichnam in zwei Teile »wie einen getrockneten Fisch«, die eine Hälfte wurde zum Himmelsgewölbe, die andere Hälfte zur Erde.«[52] Auch der Held Mithras wird durch die Tötung des umherschweifenden Stieres zum Schöpfer aller heilbringenden Wesen, auch er tötet im Dienste der Schöpfung.[53] Im Verzicht auf das triebhafte Begehren und im tödlichen (!) Opfer der sich nach der Vergangenheit zurücksehnenden Libido liegt eine große schöpferische Kraft. »Dieses Opfer geschieht nur in einer völligen Hingabe an das Leben, wobei auch alle die in familiären Banden gebundene Libido aus dem engen Kreis in die Weite gebracht werden muss« (Jung GW 5, § 644). Auch und gerade wenn das Ziel der Wandlung der geistige Weg ist, wird die Umwelt einbezogen und mit Leben erfüllt, wie uns die Schöpfungsmythen berichten. Wenn es dem Helden gelingt, sein Begehren zu opfern, wird er lebendiger und inniger auf sein eigenes Wesen und auf die Welt bezogen sein denn je zuvor.

Dieses Opfer steht oft am Anfang eines therapeutischen Prozesses. Wo das Leben zum Stillstand gekommen ist, wo die alten Ideale nicht mehr gültig sind und die höchsten Ziele, für die man sich eingesetzt hat, ihren Reiz verloren haben, obwohl sie vielleicht immer noch Erfolg versprechend sind, wo die bewährten Tugenden verblassen und von der eigentlichen Lebensaufgabe wegführen, da gilt es von den alten familiären und kollektiven Lebensmustern Abschied zu nehmen. Nicht der »Held« ist jetzt herausgefordert, nicht die Anpassung an das gesellschaftliche Leben gefragt, sondern das Menschliche und Individuelle des Einzelnen, kurz: der Mensch in seiner *Einzigartigkeit*. Dann gilt es, das zu werden, was einer schon immer war: das einzigartige, von Gott bestimmte Individuum. In gewissem Sinne entspricht dies der Rückkehr zu dem, sagen wir einmal, vierjährigen Kind, das noch ganz in sich selbst geruht hat, ehe es gezwungen war, sich der Außenwelt anzupassen, eine Besinnung auf den Kern der eigenen Persönlichkeit, aus dem heraus sich unser Leben neu gestalten will. Aus der Vergangenheit wächst die eigene Zukunft.

Wie bei Gilgamesch, der sich angesichts des Todes seines Freundes niederhockte und weinte, ist dieser Übergang vom mehr kollektiven zum individuellen Leben mit Schmerzen verbunden. Selbstbesinnung tut weh, weil sie die Anpassung ans wirkliche Leben erfordert. Nicht das, was einer sein möchte, gilt es wahrzunehmen, vielmehr das, was er wirklich ist: das Leben in seiner Schönheit und Erbärmlichkeit, in seiner Größe und Bedeutungslosigkeit. Hinter dieser Ambivalenz mag das Mysterium des persönlichen Bewusstwerdungsprozesses verborgen sein, dessen Ursprung bei Gott, bzw. in einem Fatum jenseits des persönlichen Unbewussten liegt. Auf einen solchen, im Unbewussten verborgenen Sinn jedenfalls weisen viele unserer Träume.

Zum Untergang des Kultes der Göttin – Eine tragische Schuld?

Die Verweigerung der Heiligen Hochzeit durch Gilgamesch, seine Schmähung der Göttin, sowie die Schamasch dargebrachten Opfergaben sind die mythischen Bilder für einen nachhaltigen Entwicklungssprung des menschlichen Bewusstseins im dritten Jahrtausend. Wie ein Licht im Dunkeln leuchtet die Gestalt des Gilgamesch auf; ein Einzelner beginnt sich vom Wirkungsbereich der Göttin zu lösen. Die im Juden- und Christentum sich abzeichnende Folge dieses Geschehens ist die Verdrängung des Weiblichen aus dem Gottesbild, was im Gilgamesch-Epos zwar angedeutet, aber noch nicht vollzogen ist. Denn Ischtar wird am Schluss der Erzählung ausdrücklich und in positivem Sinne erwähnt.

Diese Entwicklung ist von einer tragischen Schuld begleitet. Wie in der alttestamentlichen Geschichte vom Sündenfall (Gen 3), sie entstand zwischen dem 10. und 8. Jahrhundert vor Christus, ist Erkenntnis und Bewusstwerdung mit einer tiefen Schuld verbunden. Die Abkehr von der Göttin, die in der biblischen Erzählung auf die Gestalt der Schlange reduziert wird, und die damit einsetzende Verachtung des Weiblichen hat katastrophale Folgen. Archetypische Inhalte üben in verdrängtem Zustand eine destruktive Wirkung auf das Bewusstsein aus. Wenn diese destruktive, im solaren Weltverständnis vom verdrängten Weiblichen ausgehende Wirkung nicht als innere Problematik erkannt wird, werden die entsprechenden Inhalte in ihrem dunklen Zustand nach außen projiziert. Die Geschichte des Abendlandes liefert uns genügend traurige Beispiele dieser Verachtung alles Natürlichen, Irdischen, Menschlichen und

Weiblichen. In den beispiellosen Greueln der Hexenverfolgungen und in dem in unserem Jahrhundert angerichteten Grauen zweier Weltkriege hat die Missachtung des Weiblichen wahrhaft apokalyptische Ausmaße angenommen und eine Wunde aufgerissen, die noch längst nicht geheilt ist. Wir erkennen daran, dass die im Gilgamesch-Epos anhebende Entwicklung noch nicht zu ihrem Ende gekommen ist. Die Frage ist nun, wie wir diesen Teil des Textes, der sich gegen den Kult der Göttin richtet, psychologisch zu verstehen haben.

Die Feier der Heiligen Hochzeit mit der darin stattfindenden Vereinigung des männlichen Partners und der höchsten Priesterin der Göttin war immer eine Prärogative des Königs.[54] Der gewöhnliche Mensch blieb vom Mysterium ausgeschlossen. Wenn nun Gilgamesch auf das alte königliche Privileg verzichtet, dann ist das zwar eine Abkehr von der weiblichen Domäne der Göttin und ihres Kultes, was eine Schuld bedeutet, aber doch eine »Schuld«, die zur Entwicklung einer neuen religiösen und moralischen Einstellung geführt hat. Der ihm nahe stehende Gott Schamasch, der mit seinen Strahlen alles erleuchtet und sieht, gilt als wichtiger Vertreter ethischer Werte. Den Verfasser des Gilgamesch-Epos, und darin ist er ein glühender Anhänger des Sonnengottes, beschäftigt die Frage nach einer für alle Menschen gleichermaßen gültigen und verlässlichen Rechtsordnung.[55]

Man kann hier von der Bewusstwerdung der Individualität im Sinne der moralischen Integrität sprechen. In neu entdeckter Verantwortung wendet sich der Mensch der Welt und seinem Leben zu. Stand der König als Repräsentant des Menschen der damaligen Zeit stark im Banne der das Schicksal verleihenden Göttin, so greift er jetzt aktiv in dieses Schicksal ein. Wie sich die alttestamentliche Weisheit an den einzelnen Menschen und nicht mehr an das Volk als Ganzes richtet, zielt die sich im Gilgamesch-Epos abzeichnende Tendenz auf den Einzelnen. Dabei geht es ihm in erster Linie um die Abwendung des düsteren Todesschicksals. »Der böse Tod kann durch ein gutes Leben vermieden werden ... Der gute Tod ist aber kein Übel, sondern muss mutig und ergeben ertragen werden.«[56] Das dem Einzelnen bestimmte Todeslos hängt somit vom gelebten Leben ab.

Da es sich bei der Heiligen Hochzeit nun aber um eine archetypische Erfahrung handelt, kann diese nicht durch Ethik und Recht ersetzt werden. Ihr Wesenskern, die *coniunctio oppositorum*, die Vereinigung der Gegensätze, muss deshalb ein neues Gefäß finden, in welches sie einfließen kann. Dieses Gefäß kann letztlich nur die Seele des Menschen sein. Nur wenn es möglich ist, die einst in der Heiligen Hochzeit erlebte Faszination der Vereinigung im eigenen Innern neu zu erleben, kann die Göttin den ihr gebührenden Platz wieder einnehmen. Diesem Thema widmete Jung die letzten Jahrzehnte seines Lebens. Daraus entstand sein Alterswerk: das *Mysterium coniunctionis* (GW 14). Die allmähliche Verschiebung des Motives der Heiligen Hochzeit ins Seelisch-Geistige lässt sich religionsgeschichtlich gut belegen: Die Idee des inzestuösen Hierosgamos, einst als Fest zu Ehren einer mächtigen, dem realen Leben zugewandten Göttin gefeiert, »verzweigt sich bis in die höchste Geistigkeit der christlichen Vorstellungswelt (Christus und die Kirche, sponsus et sponsa, die Hoheliedmystik etc.)« (Jung, GW 16, § 438). Gilgamesch, durch den Tod seines treuen Gefährten aufgerüttelt, ahnt etwas von der damit verbundenen Aufgabe. Seine Suche nach dem Kraut der Unsterblichkeit ist die Suche nach einer neuen religiösen Einstellung.

III. TEIL

Gilgameschs Lebenssuche – Der Archetypus des Weges

Der Aufbruch
zum mythischen Meer –
Vom persönlichen zum
kollektiven Unbewussten

Enkidus Tod bewirkt bei Gilgamesch eine nachhaltige Erschütterung:

> *»Gar bittre Tränen weinte Gilgamesch*
> *Um Enkidu, den Freund, irrt' durch die Steppe.*
> *'wird's mir nicht, sterb' ich, gehn wie Enkidu?*
> *Verzweiflung hat mein Inneres erfüllt,*
> *Vorm Tode bebend irr' ich durch die Steppe!*
> *Zu Utnapischtim, Ubartutus Sohn,*
> *Schlag ich den Weg ein, eile schnell voran.*
> *Da nachts der Berge Pässe ich erreichte,*
> *Erblickt ich Löwen und geriet in Furcht.*
> *Ich hob das Haupt und betete zu Sin (Mondgott)*[1] *...«*
> (Tf. 9, I, 1ff.)

Utnapischtim ist wie der biblische Noah ein gottesfürchtiger Mann. Wie dieser verhindert er durch den Bau der Arche die in göttlichem Zorn beschlossene Vernichtung des Menschengeschlechts. Zum Dank für seine Tat wird er in den Kreis der Unsterblichen aufgenommen. Gilgamesch, von Todesahnungen geplagt, erinnert sich: in der Urzeit nach der großen Flut hat einer überlebt. Ihn will er aufsuchen. Durch ihn, den großen Weisen, hofft er, von Verzweiflung und Angst erlöst zu werden. Inmitten der tiefsten menschlichen Not bricht aus dem Dunkel heraus eine

Hoffnung, ein klares *Ziel*. Ihm folgt der Held, wobei er die Strapazen der nun folgenden Wanderung geduldig auf sich nimmt. Gilgamesch ist umgekehrt.

Viele Helden in Mythen und Märchen sind im Besitz eines Zielbildes. Dieses innere Bild, mehr geahnt, denn geschaut, ist die wahre Antriebskraft des Individuationsweges. Stellvertretend für viele andere Beispiele sei das Grimm'sche Märchen vom »Goldenen Vogel« erwähnt: Ein König hatte einen Lustgarten, darin stand ein Baum, der goldene Äpfel trug. Doch an jedem Morgen fehlte ein Apfel. Die Königssöhne sollten Wache halten, um dem nächtlichen Treiben auf die Spur zu kommen. Nach vergeblichen Bemühungen der älteren gelang es dem jüngsten der Brüder, einen Vogel zu erspähen, dessen Gefieder ganz vom Golde glänzte. Mit seinem Pfeil schoss er nach ihm, verfehlte aber um weniges sein Ziel. Nur eine Feder fiel zu Boden. Wie der König diese sah, meinte er: »Ist die Feder so kostbar, so hilft mir auch die eine nichts, sondern ich will und muss den ganzen Vogel haben.« Damit setzt die Suchwanderung ein, die wiederum der jüngste Sohn erfolgreich besteht.

Der Märchenheld ist im Besitz des Pfeiles, das heißt er verfügt über eine Zielgerichtetheit und Zielbewusstheit, welche ihm erlaubt, auch ferne Ziele ins Auge zu fassen.[2] Zwar verpasst der Held den Vogel, aber, symbolisiert durch die eine Feder, erfasst er intuitiv, worum es geht. Diese intuitive *Vorwegnahme* eines neuen höchsten Wertes ist typisch für den psychischen Entwicklungsprozess. In der psychotherapeutischen Praxis begegnen wir immer wieder (großen) Träumen, welche eine kommende Entwicklung um Monate oder gar um Jahre vorausnehmen. So gelangt der Analysand in den Besitz der Feder. Ahnend beginnt er zu erfassen, was mit seinem Leben gemeint sein und welche Richtung es künftig einschlagen könnte. Jetzt erkennt er einen seinem Alltagsleben übergeordneten Sinn, was der psychologischen Einsicht entspricht, dass das Leben des Individuums nicht nur vom Ich, von dessen gutem Willen und sozialen Ideen, sondern ebenso sehr von einer transzendenten und numinosen Macht entscheidend mitbestimmt wird. Wie ein Blitz aus heiterem Himmel mag eine Erhellung des Bewusstseins eintreten, um den Menschen künftig nicht mehr loszulassen.

Man darf sich freilich nicht vorstellen, dass die Mythen oder Märchen dieses Ziel gradlinig anstreben. Es ist vielmehr so, dass deren Bilderfolgen *spiralenförmig* um einen spezifischen Problemkern kreisen[3]. Dieser Ablauf der Erzählung entspricht einem allgemeinen Entwicklungsgesetz der Psyche: ihrer Tendenz zu einer *organischen Entfaltung des Lebens*. Das erweckt beim Hörer zuweilen den Eindruck, dass der Held gescheitert sei, sein Ziel verfehlt habe oder an den Anfang zurückgekehrt sei.[4] Betrachten wir jedoch das Ganze der Erzählung, so erkennen wir in den Wiederholungen des Gleichen und in der angeblichen »Rückkehr an den Anfang« die unterschiedlichen Stufen einer psychischen Entwicklung, die gar nicht anders verlaufen kann. Zwar gleichen sich die einzelnen Stufen untereinander, in Wirklichkeit aber sind sie die integrierenden Elemente des Individuationsprozesses, auf welchem der Held allmählich ein höheres, ganzheitliches Bewusstsein entwickelt.

Viele, die einen Therapeuten aufsuchen, stellen oft sehr hohe moralische Ansprüche an sich. Sie werden leiden, weil sie ihre ethischen oder christlichen Ideale übertreiben. Natürlich mag es dann aussehen, als wäre der Abstieg in die banale Wirklichkeit des Lebens ein Rückschritt, als hätten sie in ihrer vielleicht langjährigen Therapie nichts dazugelernt, jedenfalls nichts, was von größerem Wert sein könnte. Angesichts der vielen ganz gewöhnlichen Träume sind die hohen Ideale längst verflogen und haben einer bescheidenen, dienenden Einstellung zum inneren und äußeren Leben Platz gemacht. Das therapeutische »Resultat« sieht kümmerlich aus! Doch nur derjenige ist wahrhaft mit seinen Mitmenschen verbunden, der um die eigene Unzulänglichkeit weiß. Es sind gerade unsere minderwertigen und erfolglosen Seiten, die uns der Menschheit nahe bringen. Die wirklich lebendige Verbindung entsteht durch die inferiore Seite, durch das Menschlich-allzu-Menschliche in uns, wie Nietzsche sagen würde.[5] Was den Eindruck des Immer-Gleichen oder gar des Abstieges erwecken mag, ist in Wirklichkeit die

Realisierung des *ganzen* Menschen und damit die Überwindung des neurotisch inflationierten Anfangszustandes. Das gilt übrigens auch für die neurotische Depression, denn auch sie ist eine Inflation, wenn auch unter negativem Vorzeichen. Der depressive Mensch lädt dem Ich im Sinne eines »ich müsste doch«, »ich sollte eigentlich«, »es wäre meine Pflicht« etc. zu viel Verantwortung auf, womit er sich hoffnungslos überfordert, weil er dabei seine natürlichen Emotionen und Affekte unterdrückt. Auch und gerade in sehr sanften Menschen lauert ein wildes, gefräßiges Tier und wehe, wenn es losgelassen!

In unserer Psyche sind Entwicklungslinien angelegt, denen wir schicksalhaft nachgehen müssen. Wer sich gegen das Ureigenste seiner Individualität wehrt, wird krank, neurotisch und ängstlich. Dann ist sein Leben vom Stillstand bedroht. Der Rückzug vom echten Erleben verhindert eine phantasievolle, schöpferische Lebensgestaltung und verfestigt den infantilen Anpassungsmodus, der vor konkreten Schritten zurückschreckt (Jung GW 4, § 405 u.ö.). Das Zielbild aber, das dem Einzelnen aus dem unbewussten Seelenhintergrund sinngebend entgegenleuchtet, will die psychische Stagnation auflösen. Wer sein Ziel mit Ausdauer, Opferwillen und Entschlusskraft verfolgt, dem *kann* die Gnade der Erlösung zuteil werden, wie schon Faust erkannt hat: »Wer immer strebend sich bemüht, den können wir erlösen.«

Nun mag man einwenden, dass auch Gilgamesch, der auszog, Chuwawa zu töten, ein Ziel hatte. Jenes Ziel aber entsprang allein dem Willen, seine männliche Tatkraft zu beweisen, dem »freien Walten der Individualität«. »Der Abenteurer hat vielleicht ein Ziel, er hat aber keine Sendung.«[6] Was ist es, das Gilgamesch jetzt vorantreibt: das Abenteuer oder vielleicht doch die Sendung im Dienste eines Gottes, von welchem der Held berührt worden ist? Durch Enkidus Tod wurde Uruks König derart tief erschüttert, dass er sich in großer Verzweiflung aufmacht, um nach dem Leben zu suchen. War der Anfang des Epos von einem Übermaß an Leben gekennzeichnet, so drohen jetzt Stillstand und Resignation. Doch die mythische Erzählung duldet so wenig wie das Leben selbst einen Stillstand. Darum muss Gilgamesch weiterschreiten, nicht um sein Leben zu retten, das kann er, wie wir sehen werden, gar nicht, sondern um der ihn bedrängenden Frage nach dem Tode nachzugehen. Dabei wandelt er sich vom bloßen Abenteurer, begierig, immer der Erste zu sein, und angetrieben vom Verlangen nach Ruhm und Ehre, zu einem Menschen, der sein Schicksal annimmt, um sich ganz in den Dienst der Schöpfung zu stellen.

Der erste Vorstoß ins Innere, als es galt, Chuwawa zu besiegen, war von Kampf und Auseinandersetzung geprägt, wogegen Gilgameschs jetzige Wanderung zur mythischen Weltgrenze mehr den Charakter des Geschehenlassens und Erduldens hat. Das entspricht dem üblichen Verlauf des analytischen Prozesses. Während zu Beginn desselben oft aktuelle Probleme zu bewältigen sind, was eine harte Arbeit und Auseinandersetzung mit der eigenen Lebenssituation bedeuten kann, tritt allmählich Ruhe ein, so dass die Traumbilder mehr und mehr zur Seelenlandschaft werden, vor deren Hintergrund sich der Einzelne bewegt. Psychologisch entspricht dies der Verschiebung vom Ich zum Selbst, ein Geschehen, in welchem die subjektive Befindlichkeit gegenüber dem Objektiv-Psychischen zunehmend in den Hintergrund tritt. »Diese Umkehr«, schreibt der japanische Religionspsychologe K. Nishitani, »ist nichts anderes als die Umwandlung der selbstbezogenen Haltung, die alle Dinge befragt, welchen Nutzen sie für einen selbst haben, in die Frage, wozu wir selbst existieren.«[7] Oder, um es noch deutlicher zu sagen: nicht darum geht es, was ich will, sondern darum, was Gott von mir will, was mit meinem Leben gemeint ist.

Wo immer das Leben eines Menschen festgefahren ist, gilt es, die im Unbewussten auftauchenden Bilder nach dem darin implizierten Ziel zu befragen und ihnen ungeachtet der gegenwärtigen Misere zu vertrauen. Dann ist es nicht angebracht, die Ursache des Leidens vorwiegend in der Vergangenheit, das heißt in der Kindheit zu suchen, »denn hauptsächlich in der Gegenwart liegt der pathogene (krankmachende) Konflikt« (Jung, GW 4, § 373); der neurotische Mensch leidet unter einer mangelhaften Anpassung an die Anforderungen der Gegenwart.

So sind die Träume weniger danach zu befragen, welche ungelösten Konflikte der Vergangenheit sich in ihnen ausdrücken könnten, als vielmehr danach, welche Einstellungsänderung der Träumer hier und jetzt vollziehen kann. Ausgehend von der Gegenwart richtet sich der Blick in die Zukunft: in welche Richtung will sich das Leben dieses Menschen entfalten, wo liegt das Neue, das Heilende, und welche Seiten seiner selbst hat er bisher übersehen?

Die Öffnung nach vorn kann befreiend wirken, denn wir sind immer wieder in fixen Vorstellungen über uns selbst gefangen. Wir verbeißen uns leicht in eine bestimmte Problematik unseres Lebens und halten diese für die alleinige Ursache unseres Leidens. Manchmal ist es der Partner, dessen angebliche »Unfähigkeit« zur Liebe unerträglich geworden ist, dann wieder die Sexualität, welche nicht mehr befriedigend ausgelebt werden kann, oder die berufliche Entwicklung, die »falsch« gelaufen ist, die quälende Sorge um ein Kind usw. Zum Erstaunen, ja bisweilen auch zum Ärger der Betroffenen nehmen die Träume von diesen Dingen oft keinerlei Notiz. Das Unbewusste ist offenbar der Meinung, dass die Lebensenergie anderswo besser einzusetzen wäre. Zwar wird manchem eine solche Korrektur der Blickrichtung anfangs noch schwer fallen und ihn gar verärgern; ist er aber geistig beweglich genug, so wird er bald erleichtert feststellen, dass ihn die inneren Bilder in einen umfassenderen Entwicklungsprozess hineinnehmen, der seinem Leben neue Impulse zu verleihen und neue Horizonte zu eröffnen vermag. Alles Leben sehnt sich nach Wandlung, und insofern als die Seele ein natürlicher Organismus ist, liegt die stetige Erneuerung in ihrem eigenen Wesen.

Darum gilt: Wenn das Leben keinen Sinn mehr hat, wenn die umweltpolitische Lage katastrophal ist, wenn wir in einer Zeit leben müssen, die uns apokalyptische Bilder von einer globalen Zerstörung nahe legt, wenn zudem die persönlichen Beziehungen an allen Ecken und Enden hapern, dann vermag nur ein Bild, das der Tiefe der eigenen seelischen Matrix entspringt, dem Leben eine neue Richtung zu geben. Damit gewinnt der Einzelne einen inneren Wert, der gegenüber den äußeren kollektiven Bedrohungen dem Individuum eine Würde und eine Aufgabe verleiht, für die zu leben sich lohnt.

Das aus der Seele aufsteigende Zielbild und der damit initiierte Weg sind den eigenen Vorstellungen und Wünschen oft entgegengesetzt. Es geht nicht um die Wiederherstellung des Glücks etwa dort, wo der Liebesgott uns verlassen hat, nicht um die Befreiung von allem Leiden, um mehr Erfolg im Beruf oder im Bekanntenkreis. Der Individuationsprozess fordert den ganzen Menschen in seinen höchsten und tiefsten Dimensionen. Das im Christentum zentrale »Bild der Kreuzigung ist darum eine ewige Wahrheit, und die Analyse verspricht deshalb dem Patienten auch nicht Glück, sondern kann ihn nur vom neurotischen Stillstand seines Lebens befreien, nicht aber von dessen echten Leiden«[8].

Das Beispiel von Gilgamesch ist in dieser Hinsicht erleuchtend. Von Angst erfüllt irrt er durch die Steppe. Durch den Anblick von Löwen in Furcht geraten, betet er zum Mondgott Sin und zu einer weiblichen Gottheit. Nachts wird er von Albträumen heimgesucht. Kein einfaches Los ist ihm bestimmt. Gilgamesch leidet. Aber das hält ihn nicht davon ab, trotz allen Hindernissen, denen er begegnet, seinen Weg zu gehen. Noch weiß er, was er will, noch hat er sein Ziel:

> *»Zu Utnapischtim, meinem Ahnen, will ich,*
> *Der in den Kreis der Götter trat und lebt,*
> *Nach Tod und Leben wollte ich ihn fragen.«* (Tf. 9, III, 3ff.)

Gilgamesch muss die Frage nach dem Tode stellen, denn das Mysterium von Leben und Tod hat ihn ergriffen. Seine Ergriffenheit wird ihm die nötige Kraft und Geduld verleihen, um die auf ihn zukommenden Widerwärtigkeiten und Strapazen auszuhalten.

Die Einsamkeit der Wüste – Verlassenheit und Einsamkeit als Ort der Gottesbegegnung

Gilgameschs Lebenssuche beginnt in der Todeszone, in der Wüste. Für Gebiete wie Mesopotamien oder Ägypten ist die Wüste ein Land außerhalb der Schöpfung. Überall lauern tödliche Gefahren. Wilde Tiere und unberechenbare Dämonen, Künder des Todes, bedrohen den Wanderer. Hier hausen die Götterfeinde. Wer dem Geheimnis des Seins auf die Spur kommen will, muss dieses Reich des Todes durchqueren, muss sich und sein Leben ausliefern. Das ist der Grund, weshalb die alttestamentlichen Propheten, weshalb Jesus, und weshalb auch die Sulamitin des Alchemisten Abraham Eleazar, und viele andere in die Wüste fliehen. Hier ist der Ort der Erneuerung für denjenigen Menschen, der wie Gilgamesch eines inneren Todes gestorben ist. Hier erschallt der »Ruf der Wüste«. Wer ihn vernimmt, wird leben, denn »die innere Leere birgt eine ebenso große Fülle« (Jung, GW 14,1, § 184). Und Jung fährt fort: »Wenn du dich zugänglich erweisest für den Ruf der Wüste, so wird die Sehnsucht nach Erfüllung die öde Leere deiner Seele so beleben, wie ein Regen die trockene Erde.« Eine paradoxe Nähe von Tod *und* Leben, von Verlassenheit *und* Geborgenheit charakterisiert das Wesen der Wüste.

Wer die Wüste aus eigener Erfahrung kennt, weiß um ihre Grandiosität und Schönheit, um die Nächte unter dem endlos weiten Himmelszelt mit dem millionenfachen Leuchten der Sterne, die unendliche Stille und Ruhe der faszinierenden Landschaft, vor allem aber um jene kärglichen Spuren des Lebens, die auch im entlegensten Bereich zu finden sind. Wohl nie habe ich die Kraft des kreatürlichen Lebens so intensiv erfasst, wie damals, als es sich mir während eines längeren Aufenthaltes inmitten der Sahara in einem einzelnen Gras, in einer Springmaus oder einem andern Kleintier offenbart hat. Es ist ein Urerlebnis der Schöpfung.

Darum ist die Wüste ein Ort der *Gottes-Erinnerung*, wie schon der Prophet Hosea erkannt hat, als Jahwe zu ihm sprach: »Ich habe dich erwählt in der Wüste, dich geweidet in dem Lande der Glut. Als sie Weide hatten, wurden sie satt, und da sie satt wurden, überhob sich ihr Herz; darum vergaßen sie meiner« (Hos 13,5f.). Wer aber nicht satt ist und in Verlassenheit und Einöde ausharrt, den dürstet nach dem Wasser des Lebens, und dem wird die Möglichkeit, den »Gott des Heils« zu erfahren, offenbar.

Den christlichen Mystikern war dieser Gedanke stets gegenwärtig. »Die Seele braucht keine Flügel, um zu Gott zu gelangen,« heißt es bei Theresa von Avila, »nur in die Einsamkeit muss sie gehen, in ihr Inneres schauen und sich nicht wundern über einen so hohen Gast.«[9] Was in den Worten der Heiligen einfach klingen mag, ist in Wirklichkeit die bei weitem schwierigste und gefährlichste Phase der mystischen Erfahrung, denn sie rührt an das Geheimnis des dunklen Gottes. Diesem dunklen, abgründigen Gott muss sich Gilgamesch, und muss sich jeder, dessen Leben zum Stillstand gekommen ist, auf der nun folgenden Wegstrecke stellen. Es ist ein Weg voller Finsternis, Anfechtung und Ungewissheit; ein Weg aber, der zum entscheidenden Durchbruch führen kann. Der Mystiker Johannes Tauler, er lebte im 14. Jahrhundert, kennt diese Erfahrung und meint in einer seiner Predigten, dass diese Lebenswende »in einen engen Weg (münde), der ganz finster und trostlos ist, auf dem sie (diejenigen, die Gott suchen, AS) unter einem unleidlichen Druck stehen, so dass sie nicht durchmögen. Wo sie sich auch hinkehren, da stoßen sie auf eine abgründige Fremde, die öd und trostlos und finster ist. Dahinein müssen sie sich wagen und sich in diesem Wegstück dem Herrn so lange überlassen, wie es ihm beliebt. Und in diesem Schlussstück tut der Herr, als ob er von der Qual nichts wüsste: sie besteht in einem unerträglichen Darben und in ebenso starkem Verlangen und dennoch in Gelassenheit. Dies heißt wesentliche Umkehr (*weseliche kere*) ...«[10]

Die Einsamkeit des sich wandelnden Lebens und das damit verbundene Alleinsein zu ertragen, stellt höchste Anforderungen an den Einzelnen. »Im Grunde, und gerade in den tiefsten und wichtigsten Dingen, sind wir namenlos allein ...«, schreibt R.M. Rilke in einem seiner »Briefe an einen jungen Dichter«, und fügt in einem späteren Brief hinzu: »Was not tut, ist doch nur dieses: Einsamkeit, große innere Einsamkeit. In-sich-Gehen und stundenlang niemandem begegnen, das muss man erreichen können. Einsam sein, wie man als Kind einsam war, als die Erwachsenen umhergingen, mit Dingen verflochten, die wichtig und groß schienen, weil die Großen so geschäftig aussahen und weil man von ihrem Tun nichts begriff.«[11]

Die unbekannte und endlose Weite der inneren Wüste kann den Menschen aber auch verschlingen und ihn, der sich eben noch an allen möglichen äußeren »Wichtigkeiten« festzuhalten vermochte, in einen Abgrund des psychischen Todes und der Sinnlosigkeiten hinabstürzen. Hier gähnt eine Leere, die sich durch nichts in der Welt füllen lässt. Da scheint jede Orientierungsmöglichkeit zu fehlen. »Kein Weg! Ins Unbetretene, nicht zu Betretende; ein Weg ins Unerbetene, nicht zu Erbittende«, wie es bei Faust heißt. Doch wer sich dieser grundlegenden Negation seines Lebens, seines Seins und seiner Ideale stellt, wer dem Ruf der Wüste folgt und sich mutig und mit der nötigen Ausdauer an das Ungewisse ausliefert, der kann die beglückende Erfahrung machen, dass da, wo er nichts als eine gähnende Leere erwartet, belebende Bilder aus der Tiefe seiner Seele auftauchen. Die Begegnung mit dem Unbewussten, mit der Bilderwelt der Seele, ist ein besonderes Erlebnis. Damit beginnt jene abenteuerliche Reise, wofür Gilgameschs Suche nach dem Leben ein schönes Beispiel ist.

In der Wüste stellt sich das *moralische Problem*, denn diese ist ein Tummelplatz von teuflischen und dämonischen Figuren. In ihr widerstand Jesus der Versuchung durch den Satan (Mt 4), womit er sich deutlich von seinem Schatten abgesetzt hat. Wie C.G. Jung in einem

Brief erwähnt, musste diese Trennung vollzogen werden, um den Menschen zu moralischer Bewusstheit zu verhelfen (Briefe II, 10.4.1954 an Father White, S. 390). Dass uns diese Episode vor dem ersten Wirken Jesu erzählt wird, zeigt, dass die Begegnung mit dem Teufel eine Grundvoraussetzung der Verkündigung des Evangeliums ist.[12]

Psychologisch gesehen sind die teuflischen Gestalten der Einöde Repräsentanten des Schattens. Freilich dürfen wir nicht hoffen, dass wir diesem je ganz gewachsen wären. Zwar sollen wir, wo immer möglich, der eigenen inneren Dämonie standhalten, doch manchmal kann uns nur ein hilfreicher Engel vor dem Schlimmsten bewahren. Jung war diesbezüglich realistisch und schreibt in Anlehnung an Römer 7,19: »Ich weiß, dass ich das Böse nicht will, und tue es trotzdem, nicht aus eigener Wahl, sondern weil es mich übermächtig befällt. Ich bin als Mensch ein Schwächling und anfällig, so dass das Böse mich überwältigen kann. Ich weiß, dass ich es tue und was ich getan habe, und weiß, dass ich Zeit meines Lebens in der Qual dieses Widerspruchs stehen werde. Ich werde, wo ich kann, das Böse vermeiden und werde doch immer in dieses Loch hineinfallen.«[13]

Die anfängliche Unbezogenheit des Gilgamesch und seine Unterdrückung und Verachtung des einfachen Volkes sind deutliche Zeichen der falsch verstandenen Souveränität eines Menschen, der sich seines Schattens nicht bewusst ist. Diese Selbstbewusstheit, die den eigenen blinden Fleck nicht zu sehen vermag, gilt es in der Wüste abzulegen, dort wo der Einzelne an seiner seelischen Isolation zu leiden hat. Die Erkenntnis des eigenen Schattens bleibt nämlich so lange unbewusst, als dieser gänzlich nach außen (etwa auf das gewöhnliche Volk, einen Kollegen oder Nachbarn) projiziert ist. Erst wer der inneren Leere ausgeliefert ist, vermag jene unangenehmen, oft peinlichen Seiten seiner selbst zu erkennen, die wir nach C.G. Jung als Schatten bezeichnen. Oft habe ich in meiner Praxis von selbstbewussten Männern und Frauen gehört, dass sie niemals eifersüchtig auf ihre Partnerin oder ihren Partner sein könnten. Aber das Leben hat sie eines Besseren belehrt: Kaum bot sich die erstbeste

Gelegenheit, brachen ganze Ströme primitivster Verhaltensweisen hervor. Wer sich dem Leben stellt, wird früher oder später mit diesen »primitiven« Seiten in sich selbst Bekanntschaft machen. Die Erfahrung kann helfen, toleranter und menschlicher zu werden.

Wer der Wüste ausgeliefert, das heißt mit dem eigenen Schatten konfrontiert ist, der muss von den allzu hohen christlichen Tugenden Abschied nehmen und damit auch von einem zu einseitigen Gottesbild, das sich zu weit von der menschlichen Wirklichkeit entfernt hat: von Gott als dem *esse perfectissimum*, als dem vollkommensten Sein, wie beispielsweise Bonaventura in seinem *Itinerarium* formuliert.[14] Dieses weit verbreitete christliche Ideal hat seinen Ursprung in der Philosophie des Neuplatonismus. Ihr geht es darum, das Körperliche und Zeitliche, die Welt der Materie, zurückzulassen und gleichsam auf einer Stufenleiter immer höher steigend in die Wahrheit Gottes einzutreten, das heißt zu dem Ewigen, ganz Geistigen und über uns Befindlichen emporzusteigen.[15]

Damit ist das moralische Problem des Schattens und des Bösen natürlich nicht gelöst. Die Alchemisten waren sich dieser Problematik bewusst und sprachen deshalb nicht vom vollkommensten Menschen, sondern vom *homo putissimus* als dem ganzheitlichen Menschen: »Dieser ›reinste‹ oder ›echteste‹ Mensch muss … in keinerlei Weise anders sein, als er ist; also ein Mensch schlechthin der alles Menschliche kennt und hat und durch keine fremde Beeinflussung oder Beimischung verfälscht ist« (GW 13, § 390). *Er, dem nichts Menschliches fremd ist*, muss auf seine hohen Ideale und auf eine allzu selbstbewusste Grundhaltung, aus der er sein Leben allein gestalten wollte, verzichten. Das kann ihn aus der für den heutigen Menschen so typischen Isolation befreien. Nicht mehr oberflächliche Interessengemeinschaften sind ihm wichtig, sondern echte zwischenmenschliche Beziehungen, die vom Selbst ausgehen, und in denen jeder Einzelne stets auf dieses bezogen bleibt. Das also ist das Erlebnis der Wüste: die unstillbare Sehnsucht nach dem Andern, auch nach dem ganz Andern der Transzendenz, auf das ich nur mit einer differenzierten Gefühlsbezogenheit, mit Eros, lebendig bezogen sein kann.[16]

Das Problem des Bösen ist und bleibt eine düstere Realität des Lebens. Erst nach der Begegnung mit dem Teufel der inneren Dämonie erwacht das Bewusstsein der eigenen moralischen Unzulänglichkeit. Es gehört zum Geheimnis des Lebens, dass uns diese Erfahrung nicht zu erdrücken braucht, sondern uns ganz im Gegenteil dem *Schöpferischen* näher bringen kann. Hinter dem Todesaspekt offenbart sich ein Leben, welches dem Untergang entronnen ist. Das ist die Bedeutung des Jesuswortes in Mt10,39: »... wer sein Leben verliert um meinetwillen, der wird es finden.« Die Mystiker haben das den mystischen Tod genannt, ein Absterben aller Eigenmächtigkeit und Ichbeschränkung, das zu einer Verfinsterung, Bedrängnis und Leere führt, da Gott unmerklich zu wirken beginnt. Am Rande der Wüste kommt es zu dem entscheidenden Sprung in den *Gottesabgrund*, dorthin, wo sich die Wohnung Gottes befindet. »Wer hier hineingelangen könnte,« sagt Johannes Tauler, »der fände da wahrhaftig Gott, und er fände sich einfaltig in Gott; denn Gott scheidet sich niemals von diesem [Ort]. Ihm wäre Gott gegenwärtig. Hier nämlich wird die Ewigkeit erfahren und gekostet ...«[17]

Was für die Mystiker und für viele heutige Menschen zu einer Gottesbegegnung im Innersten der eigenen Seele geworden ist, denn »dort ist Gottes Wohnung weit mehr als im Himmel oder in allen Geschöpfen« (Tauler), schildert uns der Mythos in seiner lebendigen Erzählung von Gilgameschs Weg zu den Ufern des mythischen Weltmeeres.

Gilgamesch lässt die Gemeinschaft, wie er sie bisher gekannt hat, hinter sich. Diese vermag ihn nicht mehr zu tragen, nachdem ihm angesichts des Todes seines Freundes seine Vereinzelung schmerzlich bewusst geworden ist. Deshalb geht er in die Wüste. Die ersten Schrecknisse, die der Held zu nächtlicher Stunde in der Einöde zu bewältigen hat, sind wilde *Löwen*. Von Furcht ergriffen betet er zum Mondgott Sin, dem Erleuchter der Nacht. So gestärkt wagt er den Kampf und besteht diesen erfolgreich. Die Löwen gehören in den Umkreis der Ischtar. Psychologisch symbolisieren sie eine im Unbewussten schlummernde, seelische und körperliche Getriebenheit, welche einem besonders an einsamen Orten und in Übergangszeiten des Lebens etwa in Form von »teuflischen« Gedanken, von sexueller Gier, von Machtphantasien, von Begehrlichkeit und anderem mehr überfallen kann. In seinem Kampf beweist Gilgamesch eine innere Festigkeit und Entschlossenheit, mit welcher er seinen Weg zu gehen bereit ist. So gesehen dienen Ischtars Tiere der Festigung der Persönlichkeit des Helden. Es ist eine alte Wahrheit, dass in jedem Schatten ein Licht ist, weshalb der Teufel zu Recht »Luzifer«, das heißt der Lichtbringer, genannt wird.

Dem Schwachen und Unentschiedenen, dem Feigen und Trägen, droht in der Wüste der Untergang. Wer das »opus« bestehen will, muss durchhalten können. Fest entschlossen, bereit zu kämpfen muss er sein, um sein Ziel zu erreichen. In der Hinsicht duldet das Unbewusste keine Lauheit oder Nachlässigkeit. Einige Alchemisten wie Dorneus, Gerber und andere haben die subjektive Vorbedingung für das Gelingen ihres Werkes erkannt. Zwar sagen sie, dass man zum Beginn des Opus nicht viel Aufwand brauche. »Es genügt, dass man mit ›freiem und leerem Geist‹ (Wüste!) darangeht« (Jung, GW 12, § 381). Aber sie fordern dann doch mehr vom Adepten, nämlich eine moralische Einstellung zu seinem Werk: »Er dürfe ... keinen groben und harten Geist haben, noch dürfe er gierig und habsüchtig, noch unentschiedenen und wankelmütigen Geistes sein. Auch dürfe er es nicht eilig haben, noch eingebildet sein. Dagegen müsse er festen Vorsatzes, ausdauernd, geduldig, milde, langmütig und mäßig sein« (§ 384). Das entspricht genau den subjektiven Voraussetzungen des analytischen Prozesses.

Wenn Gilgamesch in Furcht gerät, betet und dann doch kämpft, so erfüllt er zwei wichtige Vorbedingungen des Individuationsprozesses. Er besitzt Demut und Entschlusskraft. Beide Eigenschaften wird er auch weiterhin gebrauchen können.

An der Grenze zum Jenseits –
Dem Weg der Sonne folgend

Nach bestandenem Kampf mit den Löwen kommt Gilgamesch zu den »Zwillingsbergen«, zwischen denen die Sonne allabendlich in die Unterwelt hinabsteigt. Skorpionmenschen »von grauser Schrecknis, deren Anblick tötet und deren Höllenglanz die Berge einhüllt«, bewachen den Eingang ins Reich der Finsternis. (Tf. 9,II,1ff.)

Gilgamesch hat die Grenze zwischen dem Diesseits und dem Jenseits erreicht. Wer sie überschreitet, für den gibt es kein Zurück. Hier beginnt die magische Welt, die gemäß einer uralten, auf der ganzen Welt verbreiteten Vorstellung im Bild des kosmischen Berges dargestellt wird. Sein Gipfel reicht bis zum höchsten Himmel hinauf und seine Tiefe bis in die Unterwelt hinab. Er vereinigt Himmel und Erde und verbindet als *axis mundi* (Weltachse) das Obere mit dem Unteren. Unverrückbar und fest steht er in der Mitte der Welt als ein Symbol für das kosmische Geheimnis der Einheit der Welt.

Wenn Gilgamesch in diesen dunklen Raum eindringt, dann ist er dem Geheimnis der Mitte auf der Spur. Während er im Traum vom Bergsturz von den Erdmassen verschüttet worden war, betritt er diesmal freiwillig und mit wachem Bewusstsein das Dunkelreich der Erde. Damit nimmt er die Introversion, die damit verbundenen Bedrückungen der Seele und das Leiden bewusst auf sich.

Es ist eine zentrale Erfahrung psychischer Entwicklung, dass der Weg der Individuation zwar mehr oder weniger freiwillig beschritten wird, dass er aber, einmal betreten, nicht mehr unbeschadet verlassen werden kann. Wer dennoch umkehrt und den begonnenen Prozess abbricht, tut das in der Regel auf Kosten einer neurotischen Regression. Darum ist es nicht ratsam, sich aus intellektueller Neugier mit dem Unbewussten zu befassen.

Die psychische Entwicklung ist in sich so konsequent wie der Verlauf des Mythos. Denn beim Tor zur Unterwelt fällt die endgültige Entscheidung. Für Gilgamesch ist diese bereits gefallen. Mutig geht er auf die am Eingang wachenden *Skorpion-Menschen* zu. Das sind eigenartige Mischwesen mit dem Leib eines Menschen, dem Hinterkopf eines Skorpions und den Füßen eines Raubvogels. In der altorientalischen Ikonographie stellen diese Fabelwesen ein beliebtes Motiv dar. Sie gehören zum undefinierbaren Grenzbereich zwischen Kosmos und Chaos. Moortgat ordnet sie in die Reihe der Todesdämonen ein, was in unserem Textzusammenhang insofern passend ist, als sie das Tor zu einer jenseitigen Welt bewachen.[18] In einer alten (ca. 2400 v.Chr.) Darstellung einer weiblichen Gottheit (Inanna?) wird diese von zwei Skorpionen begleitet, was die furchteinflößende Ambivalenz der Göttin deutlich zum Ausdruck bringt.[19]

Göttin von Skorpionen umgeben, Ur ca. 2400 v.Chr.[20]

Was aber bedeuten die Mischwesen psychologisch? In den Träumen moderner Menschen erscheinen sie relativ selten. Die Traumbilder sind aber oft derart bizarr, dass man sich über deren Skurrilitäten wundern muss. Darum lösen sie zuweilen ein beträchtliches Befremden aus, weshalb sie gerne nach dem alten rationalistischen Rezept als Unsinn abgetan werden. »Heute Nacht habe ich wieder einen schönen Blödsinn geträumt«, heißt es dann etwa in der Hoffnung, möglichst bald wieder zur Tagesordnung übergehen zu können. Damit ist aber gar nichts gelöst. Der Weg zu einer höheren Bewusstheit, und nur er verspricht eine Veränderung der Gesamtpersönlichkeit, kommt nicht über gewisse Ungereimtheiten hinweg und führt daher notwendig an diesen dämonischen Wesen vorbei.

Bezeichnend für den Skorpionmenschen ist sein »Synkretismus«: Mensch, Skorpion und Vogel werden in einem Wesen geschaut. Dieses synkretistische Element ist typisch für das Unbewusste. Wir sind es gewohnt, alles getrennt zu betrachten. In Wirklichkeit aber, und darauf weisen uns die Träume immer wieder hin, *ist alles mit allem verbunden*. In tieferen Schichten unserer Psyche besteht eine *geheime Symmetrie* der Dinge. Je mehr wir uns dieser universal-kosmischen Verbundenheit bewusst werden, desto weniger sind wir genötigt, alle möglichen Dinge, vor allem aber den Schatten, nach außen zu projizieren. Wir erkennen im Anderen und Fremden, und sei dies noch so skurril, Eigenes. Diese Erkenntnis macht den Weg frei für eine Bezogenheit, die vor Fremdem nicht Halt macht.

Das Mischwesen wäre demnach psychologisch ein Symbol des Selbst in seinem anfänglichen, noch ungetrennten und unbewussten Zustand. Die Alchemisten werden nicht müde, die *Dunkelheit*, die den Anfang des Opus begleitet, als *massa confusa*, als undifferenzierte Einheit zu beschreiben. Wer diesen Weg geht, kommt an der Verdunkelung seiner Seele nicht vorbei. Wie Gilgamesch muss er die Finsternis des Bergesinnern durchschreiten. Die Verwirrung am Anfang des Individuationsprozesses geht vom *Selbst* aus. Darum das mythische Bild des Skorpionmenschen, dessen Höllenglanz die Berge erleuchtet. Er, der Todesdämon, will, dass jeder, der hier eintritt, eines inneren Todes stirbt. »Lasst jede Hoffnung, die ihr mich durchschreitet«, wie an Dantes Höllentor zu lesen ist (Hölle III,4).

Alles Leben ist Übergang, darum sind die Todesdämonen wiederkehrende Begleiter. Wo sie in unseren Träumen oder Phantasien erscheinen, vermögen sie eine beträchtliche Beunruhigung auszulösen, eine Angst, die uns mit Panik erfüllt. Der Todesdämon hat viele Gesichter. Der eine wird im Traum zum Tode verurteilt und erwacht schweißgebadet. Ein anderer wird Zeuge einer Natur- oder einer Atomkatastrophe, der er, wie er wohl weiß, nicht ausweichen kann. Einen Dritten bedroht eine unheimliche Gestalt mit dem Messer, mit einer Pistole oder einer anderen Waffe usw. Doch nicht nur des Nachts, auch im Tagesbewusstsein lauern die Todesboten. Kein Mensch, der nicht von Todesängsten geplagt wird, sei dies nun die Angst vor Krebs, vor Aids oder vor irgendeiner anderen tödlichen Krankheit. Voller Furcht beginnen wir unseren Körper zu betrachten, und schon die kleinste Veränderung vermag uns in Panik zu versetzen. Solche Phantasien sollten ernst genommen werden: nicht unbedingt im konkreten Sinn (das mag allenfalls der Arzt entscheiden), wohl aber was deren symbolischen Sinn anbelangt. Denn wo sie auftauchen, will etwas in uns sterben, müssen wir etwas, das uns bisher wichtig war, loslassen, weil das Leben voranschreiten möchte. Dann stehen wir gewissermaßen vor dem Tor der »Maschu-Berge«, vor der großen Ungewissheit, durch welche wir hindurch müssen, weil unser Leben vom Stillstand bedroht ist. Den inneren Tod sterben, bedeutet eine Erschütterung der bisherigen Bewusstseinseinstellung, welche uns zwingt, manche Illusion aufzugeben. Das Ich muss sich dem Selbst beugen und sich seiner Führung anvertrauen. Das Selbst aber ist die Essenz der Individualität, die unmittelbare Realisierung der Einzigartigkeit des Individuums.[21]

Der Skorpionmensch und sein Weib scheinen zu »riechen«, wer sich da in ihre abgelegene Region vorgewagt hat: »Sein Leib ist Götterfleisch! ... Zwei Drittel Gott, ein Drittel Mensch ist er!« Sie erkennen Gilgamesch, noch ehe er sich ihnen vorgestellt hat. Es ist dies eine gängige Erfahrung in der Auseinandersetzung mit dem Unbewussten, dass wir erkannt sind, noch ehe wir selbst erkennen, was auch Paulus gewusst hat: »Jetzt ist mein Erkennen Stückwerk, dann aber werde ich völlig erkennen, wie ich auch völlig erkannt worden bin« (1. Kor. 13,12).[22] Die Hinwendung zum Unbewussten belebt dessen Inhalte, Gilgameschs Ankunft weckt die Geister. Was

die beiden Wächter, die das Tor zum Jenseits hüten, betrifft, so
scheinen sie bloß darauf gewartet zu haben, dass da einer kommt
und Einlass begehrt. Jung spricht in seinem Aufsatz über die
Synchronizität (GW 8) von einem an sich bestehenden oder vor-
handenen »unbewussten« Wissen und bezeichnet dieses als das
absolute Wissen. So ist es zu verstehen, dass Gilgamesch als der
erkannt wird, der er immer schon war und sein wird, als ein
ganzheitliches Wesen mit menschlichen und göttlichen Seiten. Im
Unbewussten existiert ein Wissen um das Eine, d.h. eine vorbe-
wusste Ganzheit (M.L. von Franz), ob diese nun vom Individuum
erkannt wird oder nicht.

Die Durchquerung des finstern Berges – Die dunkle Nacht des Todes

Gilgamesch lässt sich vom Anblick des Skorpionmenschen nicht abschrecken. Mutig tritt er heran und teilt ihm sein Anliegen mit. Zu Utnapischtim wolle er, um ihn nach Tod und Leben zu fragen. Der Torwächter warnt ihn vor einem solchen Unterfangen:

»... O Gilgamesch, es gab bisher
Noch niemals einen, der des' fähig war,
Noch keinen, der durchmaß des Berges Innre:
Zwölf Doppelstunden geht's durch ihn hindurch,
Dicht ist das Dunkel, und es gibt kein Licht ...«

Die Warnung stößt beim Helden auf taube Ohren. Gilgamesch bleibt fest in seinem Sinn. Da lässt der Skorpionmensch ihn ziehen und gibt ihm gar seinen Segen mit auf den Weg:

»Durchquere das Gebirge Maschu frei,
Die Höhen und die Pässe des Gebirgs!
Mög sicher sein dein Wandern hin und her,
Das Tor des Berges ist dir aufgetan!«

Zwölf Doppelstunden wandert Gilgamesch allein durch die Finsternis. Dann erst wird es hell:

»Da leuchtete der Sonne erster Strahl,
Als er die zwölfte Meil' erreicht, ward's hell.«

(Tf. 9, III und IV)

Besonders im Vergleich zur Fülle ägyptischer Jenseitsvorstellungen mit ihren herrlichen Bildern vom Abstieg der Sonne in die Tiefe der Unterwelt spielt der Sonnenlauf in Mesopotamien eine ungleich geringere Rolle.[23] Hier fehlt der im Pharaonenreich so zentrale Gedanke der täglichen Regeneration der Sonne in der Unterwelt, die tröstliche Gewissheit ihres Sieges über die Feinde der Finsternis. Die mesopotamische Religion ist mehr dem Diesseits zugewendet, denn, und dafür ist gerade das Gilgamesch-Epos ein Zeugnis, das Todesgeschick bleibt tragisch. Während die Ägypter klar zwischen den selig Verstorbenen und den Verdammten unterscheiden, scheint hier das Los aller Verstorbenen mehr oder weniger *düster* zu sein. Die Vorstellungen von einem Leben nach dem Tod sind zwar alt, bis in die Obeid-Kultur, etwa 4000 v.Chr., können Bestattungsbräuche nachgewiesen werden – bleiben in der Regel aber wenig differenziert.[24] Der Mesopotamier hat in der Unterwelt so etwas wie eine Fortsetzung seines irdischen Lebens erwartet. Was er nicht kannte, ist der Glaube an eine Auferstehung der Toten. Das Bild, welches Enkidu von der Unterwelt malt, ist trist. Alles ist trübe, staubig und schmutzig: »Wo Staub ihr Brot und Erde ihre Speise,/ Wo ihr Gewand ein Vogelflügelkleid/ Und in der Finsternis sie *lichtlos* sitzen« (Tf. 7, IV, 37–39). Es ist das gleiche düstere Bild vom Hades, wie es auch die Griechen kennen. Die klassische Stelle findet sich im elften Gesang der Odyssee, wo Odysseus – »ihn packte ein bleiches Entsetzen« (11,633) – ins Totenreich hinabsteigt. Doch »schwierig ist es für Lebende, diese Gebiete zu schauen« (11,156). Vor seinen Augen breitet sich eine Stätte des Grauens aus, und selbst der Totengeist des »göttlichen« Achill vermag ihn nicht zu trösten.

Gegenüber dieser Trostlosigkeit setzt das Gilgamesch-Epos mit seiner Hinwendung zum Sonnengott Schamasch einen neuen Akzent. Es ist durchdrungen von einer unstillbaren Sehnsucht nach Licht und Leben. Sich ägyptischen Vorstellungen annähernd, kennt es zwar nicht die Regeneration des Lebens, wohl aber die Erneuerung des Lebenswillens an der Grenze zum Chaos, wo »das Dunkel dicht ist«.

Was bedeutet diese *Sehnsucht nach dem Sonnenlicht* psychologisch? Während seines Afrikaaufenthaltes konnte C.G. Jung Paviane beobachten, die jeden Morgen bei Sonnenaufgang auf einem Grat an der Sonnenseite eines Felsens saßen, wo sie sich tagsüber nie aufhielten:

»Wie ich, schienen sie den Sonnenaufgang zu verehren«, kommentiert Jung dieses Bild und erinnert sich »an die großen Paviane vom Tempel in Abu Simbel in Ägypten, welche die Adorationsgeste machen ... Damals verstand ich, dass in der Seele von Uranfang her eine Sehnsucht nach Licht wohnt und ein unabdingbarer Drang, aus ihrer uranfänglichen Dunkelheit herauszukommen. Wenn die große Nacht kommt, erhält alles den Unterton einer tiefen Melancholie und eines unaussprechlichen Heimwehs nach Licht. Das ist es, was als Ausdruck in den Augen der Primitiven liegt, und was man auch in den Augen des Tieres sehen kann. Im Tierauge liegt eine Trauer, und man weiß nicht, ist es die Seele des Tieres oder ist es ein schmerzlicher Sinn, den jenes uranfängliche Sein darstellt? Das ist die Stimmung von Afrika, die Erfahrung seiner Einsamkeiten. Es ist die uranfängliche Dunkelheit, ein mütterliches Geheimnis. Daher ist das überwältigende Erlebnis der Neger die Sonnengeburt am Morgen. Der Augenblick, in dem es Licht wird, das ist Gott. Der Augenblick bringt die Erlösung. Es ist ein Urerlebnis des Momentes, und es ist bereits verloren und vergessen, wenn man meint, die Sonne sei Gott. ›Wir sind froh, dass die Nacht, in der die Geister umgehen, jetzt zu Ende ist!‹, bedeutet schon eine Rationalisierung. In Wirklichkeit lastet eine ganz andere Dunkelheit über dem Lande als die natürliche Nacht: Es ist die psychische Urnacht, die ungezählten Millionen von Jahren, in denen es schon immer so war, wie es heute ist. *Die Sehnsucht nach Licht ist die Sehnsucht nach Bewusstsein*« (Erinnerungen, S. 272f.).

Ob nun das Licht der Sonne wie im Gilgamesch-Epos als Ziel der Unterweltsfahrt gesehen wird oder ob die Vereinigung mit ihr nach dem Tod ein seliges Dasein im Jenseits verspricht wie im ägyptischen Sonnenglauben, hier wie dort symbolisiert die Sonne

»die höchste Bewusstheit als das Ziel des Individuationsprozesses«. »Teilzuhaben am Leben der Sonne bedeutet daher ... teilzuhaben am immer weiter fortschreitenden Prozess der Bewusstwerdung und der wachsenden Kultur der Menschen«[25], der Ägypter würde ganz einfach sagen, ewiglich teilzuhaben am Leben.

Der Erfahrung der heilenden und ganzmachenden Bewusstwerdung werden wohl immer Phasen der Desorientierung und der Verdunkelung des Lebens vorangehen. Dabei gilt es, genau darauf zu achten, was ins Leben einbrechen möchte. Im Unbewussten findet ein Kampf der Gegensätze statt, aus welchem das Sonnenkind resultieren kann, das heißt ein schöpferischer Akt, der zu höherer Bewusstheit führt. Natürlich besteht die Gefahr, dass einen die Dunkelheit und das innere Chaos verzehrt, weshalb M.L. von Franz mit Nachdruck auf die Gefährlichkeit eines präschöpferischen Zustandes hinweist: »Sehr viele Menschen, z.B. Künstler, kennen, bevor sie schreiben oder malen, oder auch schöpferische Wissenschaftler, bevor sie etwas Neues entdecken, diesen Zustand einer ungeheuren Irritabilität, oder einer depressiven, oder sogar destruktiven Stimmung. Er ist, wie sich aus den Träumen meist erkennen lässt, darauf zurückzuführen, dass gewissermaßen zu viel Wasser unter der Erde angesammelt ist, ein energetisches Potential, aus dem, wenn man ihm nicht einen schöpferischen Ausdruck ermöglicht, präpsychotische Zustände entstehen.«[26] Einen derartigen präschöpferischen Zustand auszuhalten, bedarf der gesamten verfügbaren Kraft eines Menschen und stellt hohe Anforderungen an die Geduld und Nachsicht seiner Umwelt. Es ist dies umso schwerer zu ertragen, als der Betroffene über lange Zeit hinweg wie gelähmt und unfähig ist, irgend etwas Schöpferisches zu tun. Die Ahnung, dass jenseits der lähmenden Verdunkelung des Gemüts das Licht der Sonne einbrechen kann, ist zwar ein kleiner, aber doch wichtiger Trost.

Die Sonne ruft den Menschen ins Dasein. Ihr Licht ermöglicht das Schauen, die Anteilnahme an allem, was ist. Der alte Goethe soll in seinem letzten Gespräch mit Eckermann gesagt haben: »Fragt man mich, ob es in meiner Natur sei, die Sonne zu verehren, so sage ich: durchaus! Denn sie ist eine Offenbarung des Höchsten, und zwar die mächtigste, die uns Erdenkindern wahrzunehmen vergönnt ist. Ich anbete in ihr das Licht und die zeugende Kraft Gottes, wodurch allein wir leben, weben und sind, und alle Pflanzen mit uns.«[27]

Wo das Licht der Sonne mangelt, am Ende der Welt und der Zeit, verbreitet sich »Höllenglanz«, jenes Zwielicht, dem Gilgamesch beim Skorpionmenschen ausgesetzt ist, und das allem Bösen, Unheimlichen und Unberechenbaren Tür und Tor öffnet. Das ist nach ägyptischen Vorstellungen der Ort der Verdammten, denn sie entbehren des Sonnenlichtes und darüber hinaus der Sinnesorgane überhaupt. Darum hat Apophis, der Urfeind der Schöpfung, keine Augen, keine Nase und keine Ohren.[28] Wer aus der vertrauten Ordnung der geschaffenen Welt herausstürzt, hat nicht mehr teil an den gütigen Gaben des Sonnengottes. Ihm mangeln die Sinnesfreuden, weil er aus dem kosmischen Kreislauf ausgestoßen worden ist.

Was ich in den doch recht düsteren, mesopotamischen Anschauungen vom Tod ernst nehmen möchte, ist deren Betonung des *Leidens*. Enkidus Tod hat Gilgamesch in eine tiefe Trauer gestürzt. In schroffem Gegensatz zur lachenden Lebenslust des Helden am Anfang des Epos steht seit diesem Tod das wiederkehrende Motiv des Weinens. »Gar bittere Tränen weinte Gilgamesch um Enkidu, den Freund« (Tf. 9,I,1) oder an anderer Stelle: »Ich weint' um ihn sechs Tag' und sieben Nächte,/ Ich gab nicht zu, dass man zu Grab ihn trüge!/ Bis dass die Würmer sein Gesicht befielen« (Tf. 10,II,4ff.). Auch Utnapischtim, der Sintflutheld, weint beim Anblick der durch das Wasser angerichteten Zerstörung. Wie das Unwetter losbricht, geraten selbst die Götter ob der Flut in Angst: »Sie flohn und stiegen auf zu Anus Himmel,/ Wie Hunde duckten sie sich draußen nieder« (Tf. 11,114f.). Und selbst Ischtar schreit »wie eine Frau in den Geburtswehen« wie sie den Schaden sieht. Sie kann das Unheil nicht begreifen. So berichtet uns das Epos von einem Leiden, das nicht nur die Menschen erfasst, auch die Götter sind davon betroffen. Solches Leiden zu ertragen und ihm nicht auszuweichen, so will uns der Dichter klar machen, ist eine unausweichliche Anforderung des sich entfaltenden Lebens.

Nicht Resignation ist die Antwort auf den Schock des Todesbewusstseins, sondern ein bewusstes Erleiden des Todes und der Finsternis, ein Hindurchgehen durch den Tod. Der Held durchschreitet die Todesfinsternis und wird so in ein Geheimnis eingeweiht, welches die Dunkelheit überstrahlt. Während der Unterweltsfahrt wird er sich seiner Menschlichkeit gewahr.

Das ist ein höchst psychologischer Gedanke. »Insofern die Individuation eine heroische oder tragische, d.h. aber eine schwerste Aufgabe darstellt, bedeutet sie Leiden, eine *Passion des Ich*, d.h. des empirischen, gewöhnlichen bisherigen Menschen, dem es zustößt, in einen größeren Umfang aufgenommen und seiner sich frei dünkenden Eigenwilligkeit beraubt zu werden. Er leidet sozusagen an der Vergewaltigung durch das Selbst« (Jung, GW 11, § 233. Jakobs Kampf mit dem Engel!). Es war bereits früher von den »Todesträumen« die Rede, die zwar nicht unbedingt auf den realen Tod hinweisen müssen, aber dennoch große Angst auszulösen vermögen. In ihnen kann sich die eben erwähnte Vergewaltigung durch das Selbst ankündigen: »denn soll Gott hinein, so muss die Kreatur notwendig heraus« (Tauler)[29].

So träumte eine etwa fünfzigjährige Analysandin, ihr Nachbar, der eben mit der Sichel das Gras mähte, habe sie gefragt, ob sie mit ihm kommen würde. Wie sie bejahte, meinte er, er sei der Schnitter, der Tod, worauf sie mit einem Schock erwachte. Die Träumerin hat schon wenig später die Konsequenzen gezogen und ihr Leben radikal umgestellt. Das hat sie von ihrem neurotischen, nicht aber vom Leiden an sich befreit; denn Letzteres wird uns immer begleiten, weil es zum Wesen des Kreatürlichen gehört.

An gewissen festen Vorstellungen vom Leben halten wir oft auch dann noch fest, wenn diese längst hinfällig geworden sind. Wir befürchten einen Einbruch totaler Sinnlosigkeit (des Todes!), wenn wir das oder jenes aufgeben, an dem unser Herz bisher gehangen hat. Perfiderweise ist es meistens gerade das, von dem wir geglaubt haben, niemals darauf verzichten zu können, was wir opfern müssen. Nicht etwa, weil es schlecht gewesen wäre, sondern nur deshalb, weil es uns jetzt an der weiteren Bewusstwerdung hindert.

Der Verzicht auf ein Stück Ichhaftigkeit zugunsten des Selbst kann allerdings nur von demjenigen erwartet werden, der über ein einigermaßen intaktes Ichbewusstsein verfügt. In der Praxis begegnen wir oft Menschen mit einem weitgehend zerstörten Selbstwertgefühl. Diese müssen, ehe auch nur an irgendein Opfer zu denken ist, lernen, »Ich« zu sagen, denn das Opfer ist nur dann sinnvoll, wenn es bewusst vollzogen wird. Hinter dem mit Leiden und Anfechtung verbundenen Opfer offenbart sich der größere Mensch in uns, der Anthropos oder das Selbst, das heißt die Möglichkeit der Begegnung mit dem Göttlichen. Auf diesen größeren Menschen oder wie Paulus sagt: auf den zweiten Menschen, der vom Himmel ist (1. Kor 15,47), will wohl der obige Traum hinweisen. Ihn aber kann nur annehmen, wer sich der Vergänglichkeit des irdischen Lebens bewusst ist. Denn, so unser Traum und so auch ein Psalmwort, »des Menschen Tage sind wie das Gras; er blüht wie die Blume des Feldes: wenn der Wind darüber geht, so ist sie dahin, und ihre Stätte weiß nichts mehr von ihr« (Ps 103,15f.).

In den Erzählungen des Epos und vieler Mythen erfasst das Leiden die Götter selbst. Psychologisch bedeutet das, dass nicht nur das Ich davon betroffen ist, sondern Inhalte und Gestaltungen des Unbewussten. *Etwas in uns leidet!* Darum steht das Kreuz im Mittelpunkt des christlichen Glaubens. Es symbolisiert die Zerrissenheit, das qualvolle Suspensiertsein zwischen den Gegensätzen des Lebens und stellt eine Voraussetzung der Ganzwerdung dar.

Die Vorstellung vom Leiden Gottes ist psychologisch von großer Bedeutung. Viele Menschen sind es gewohnt, ihr Leiden als selbstverschuldet zu betrachten. Wenn ich leide, sagen sie sich, dann eben deshalb, weil ich etwas falsch mache. Natürlich ist das manchmal richtig, aber nur bis zu einem gewissen Grade. Es mag allenfalls stimmen, wo es sich um ein neurotisches Leiden handelt. Darüber hinaus aber gibt es eine Finsternis, die wir ohne eigenes Verschulden erdulden müssen. Das scheint mir die zentrale Aussage der mythischen Erzählungen von der Nacht- oder Unterweltsfahrt zu sein. Der Held, der diese mehr erleidet, denn bewusst vollzieht, hat darin teil am »Leiden der Seele, die ihren Sinn nicht gefunden hat«. Das ist die tiefste Bedeutung des Leidens als eines unausweichlichen, schicksalshaften Geschehens, das der psychischen Wandlung dient, denn aus diesem »Leiden der Seele ... geht alle geistige Schöpfung hervor und jeglicher Fortschritt des geistigen Menschen ...« (Jung, GW 11, § 497).

Johannes Tauler hat dieses Stadium des mystischen Weges als die »*Arbeit der Nacht*« bezeichnet, eine Arbeit, der man nicht ausweichen soll, auch nicht, wie Tauler betont, durch fromme Übungen, durch Wallfahrten nach Rom und dergleichen mehr. »Denn es ist besser zu erleiden als zu wirken«. Die Bedrängnis muss also geduldig erlitten und durchgestanden werden, wobei »die Natur ... mancherlei Tod zu sterben (hat)«.[30]

Es ist die große Versuchung vieler psychologischer Bemühungen, Methoden und Theorien sich durch irgendwelche ichhaften Aktivitäten der »Arbeit der Nacht« entziehen zu wollen. Zwar pilgern heute vergleichsweise wenig Menschen nach Rom, umso mehr aber zu irgendwelchen Workshops, von denen sie sich eine Erlösung von ihren Leiden erhoffen. Daran ist nichts auszusetzen, wenn es sich um ein neurotisches Leiden handelt, das geheilt werden soll. Wenn wir jedoch durch solche Bemühungen der inneren Einöde und geistigen Armut, der »dunklen Nacht der Seele«, wie einige Mystiker sagen würden, ausweichen, kann Gott nicht in uns wirken. In diesen Anfechtungen nämlich, so Tauler, begegnen wir jener göttlichen Finsternis, in welcher sich Gott selber verbirgt. Das freilich ist »*eine edele vinsternisse*, das heißt eine Finsternis nicht aus Mangel an Lichthafigkeit, sondern durch Überfülle des Lichts.«[31]

Wer sich selbst mit zu viel Eigenverantwortlichkeit, mit Vorwürfen und Selbstanklagen belastet, läuft Gefahr, sich zu überschätzen. Hier droht ein Rückfall in mittelalterliche Moralvorstellungen, wonach das eigene Leiden die (gerechte) Strafe Gottes für den sündigen Menschen sei. Zwar spricht man heute nicht mehr von Gott oder von der Sünde, wohl aber vom spirituellen Weg, von Bewusstseinserweiterung und dergleichen mehr, bzw. vom neurotischen, sich krankmachenden Menschen. Nun ist nicht daran zu zweifeln, dass zwischen einer neurotischen Grundeinstellung und einer Körperkrankheit wie beispielsweise dem Krebs ein Zusammenhang bestehen kann. Ich möchte aber davor warnen, allzu schnell irgendwelche banalen psychologische Schlüsse zu ziehen. Die Gesamtpsyche, das heißt die psychophysische Ganzheit des Menschen ist derart komplex, dass wir deren Dynamik nicht auf einfache psychologische Gesetze reduzieren können. Das dunkle Geheimnis des menschlichen Lebens und seiner Entfaltung darf nicht durch eine falsche psychologische Aufklärung zerstört werden.

Jede vorschnelle Zuweisung von Eigenverantwortlichkeit gegenüber dem Individuum birgt die Gefahr in sich, dieses unnötig zu belasten und damit einer Depression auszuliefern. Psychologisch gesehen wird dabei das Ich vom dunklen Aspekt des Selbst überschattet, man könnte auch sagen, es wird negativ inflationiert. Schlimmstenfalls droht ein Suizid oder eine Psychose: Das Unbewusste erhält ein katastrophales Übergewicht und reißt das Ich in den Abgrund.

Bevor Jung in seinem Kapitel über das Selbst im »Aion« (GW 9,1) auf eine inhaltliche Bestimmung dieses zentralen Begriffes seiner Psychologie eingeht, warnt er den Leser eindringlich vor der Gefahr einer (positiven oder negativen) psychischen Inflation. Das Selbst ist ein Faszinosum, dem das Ich, sowie es ihm zu nahe kommt, jederzeit zu erliegen droht. Darum sagt die göttliche Stimme in der Geschichte vom brennenden Dornbusch zu Mose: »Tritt nicht heran! Ziehe die Schuhe von den Füßen; denn die Stätte, darauf du stehst, ist heiliges Land« (Ex 2,4). Wer Gott zu nahe kommt, könnte an ihm verbrennen.

Das Unbewusste ist von sich aus bemüht, Inflationen zu verhindern. Das kann manchmal lästige und ärgerliche Formen annehmen, aber es hilft uns, im Gleichgewicht zu bleiben. In der psychotherapeutischen Praxis lässt sich das überall dort beobachten, wo auf einen großen, besonders faszinierenden Traum ganz banale und bescheidene Traumbilder folgen. Das ist die natürliche Ausgleichstendenz der Psyche, welche uns nach jeder numinosen Erfahrung erneut mit dem gewöhnlichen Leben verbinden will. Dies muss so sein, weil das Selbst eine doppelte Qualität hat. Seine Symbole schwanken zwischen Höchstem und Niedrigstem.

In unsrer Seele berühren sich Schöpfung und Chaos, Sinn und Unsinn, Höchstes und Tiefstes, und es scheint des Menschen Los zu sein, diese Gegensätze miteinander auszusöhnen. Sehr schön drückt dies der so genannte Naassenerpsalm aus:

>>*Urprinzip aller Dinge, erster Grund des Seins und Lebens ist der Geist;*
zweites Wesen, ausgegossen von dem ersten Sohn des Geistes, ist das Chaos;
und das Dritte, das von beiden Sein und Bildung hat empfangen, ist die Seele.
Und sie gleicht dem scheuen Wilde,
das gehetzt wird auf der Erde
von dem Tod, der seine Kräfte
unentwegt an ihr erprobet.
Ist sie heut' im Reich des Lichtes,
tief versenkt in Schmerz und Tranen.
Der Freude folgt die Träne,
der Träne folgt der Richter,
dem Richter folgt der Tod.
Und im Labyrinthe irrend, sucht vergebens sie den Ausweg ...<<
Jesus bittet nun seinen Vater, ihn herabzusenden, damit er zum Heil der Menschen, diesen die Mysterien eröffne:
>>*... Götterwesen ihm entschlei're*
und des heil'gen Wegs Geheimnis
Gnosis nenn' ich's ihm verkünde.<<[32]

Gegenüber diesem Hymnus und im Vergleich mit den vergeistigten, oft sublimen Vorstellungen der christlichen Mystiker ist der Bericht von der Wanderung Gilgameschs durch den finstern Berg überaus schlicht. Und doch ist immer dasselbe Wunder gemeint: die Geburt des Lichts aus der Finsternis, das heißt des neuen Bewusstseins aus dem kollektiven Urgrund des Unbewussten.

>> *Da ist das Dunkel dicht, es gibt kein Licht …*
Als er elf Doppelstunden vorgedrungen,
da leuchtete der Sonne erster Strahl;
Als er die zwölfte Meil' erreicht, ward's hell. <<

Gilgamesch hat die dunkle Nacht überstanden. Noch aber steht ihm ein weiter Weg bevor.

Der Gottesgarten – Erinnerung an den göttlichen Wesenskern

Nach seiner Wanderung durch den finstern Berg steht Gilga-
mesch mitten im Gottesgarten, dessen Sträucher reichlich mit
Edlsteinen und Früchten behangen sind.
»Es standen Sträucher da aus edlen Steinen,
er eilte hin, um sie sich anzusehn.
Ein Busch aus Karneol trägt seine Früchte,
Da hängen Trauben, herrlich anzuschaun.
Ein Busch aus Lapislazuli hat Laubwerk,
Auch Früchte bringt er, lieblich zu betrachten.«
(Tf. 9, V, 48ff.)

Die Vorstellung von dem mit *Edelsteinen* geschmückten Paradies ist weit verbreitet. Die kostbaren Steine enthalten die
Weisheit Gottes. So spricht der Menschensohn in Ezechiel[28] zum
König: »Du warst das urbildliche Siegel, voll Weisheit und von
vollendeter Schönheit. In Eden, dem Gottesgarten, warst du, warst
bedeckt von allerlei Edelsteinen ... Du wandeltest unsträflich in
deinen Wegen von dem Tage deiner Erschaffung an, bis Unrecht
an dir erfunden ward ... *Dein Herz hatte sich überhoben* ob deiner
Schönheit, du hattest deine Weisheit um deines Glanzes willen
zerstört« (Ez 28,13ff.). In ähnlicher Weise schildert uns die Mysti-
kerin Hildegard von Bingen die Herkunft der Edelstein-Herrlich-
keit: »Ursprünglich hatte Gott den Luzifer, den schönsten Lichten-
gel, mit Edelsteinen geschmückt. Dieser sah sie im Spiegel der
Gottheit glänzen und *empfing* durch sie *sein Wissen* und erkannte
dadurch, dass Gott viel Wunderbares bewirken wollte. In seinem

Hochmut wollte er Gott gleich sein. Daher wurde er aus dem Himmel vertrieben. Bei diesem Sturz des Teufels wurde seine Kraft auf die Edelsteine übertragen. Daher werden sie vom Teufel gemieden, und er erschaudert vor ihnen bei Tag und bei Nacht.« Wegen dieser uranfänglichen, göttlich-heilenden Kraft, so Hildegard in ihrem großen Heilbuch »Physika«, haben die Steine eine wunderbare Wirkung bei den verschiedensten Leiden.[33]

Psychologisch gesehen beschreiben Ezechiel und Hildegard das in den Stein projizierte innerste Numinosum des Menschen, das Selbst, in welchem Jung das Zentrum eines »Schicksalsgewebes« gesehen hat, das nie völlig ins Bewusstsein gehoben werden kann. Durch die Begegnung mit dem Selbst wird der Einzelne ins Dasein gerufen und so mit jenem individuellen Lebensmuster verbunden, das im Individuationsprozess zur Entfaltung kommt. Von der Berührung mit dem Numinosen geht eine heilende, ganzmachende Wirkung aus, weshalb die Edelsteine tatsächlich ein Heilmittel sind. Die zitierten Stellen sind insofern bedeutsam, als sie das Symbol des Edelsteines mit der Idee vom Urmenschen, dem Anthropos, verknüpfen. Im Paradiesgarten wird der *Mensch* Gilgamesch an seinen göttlichen Wesenskern erinnert, an das »runde Urwesen, das den größeren inneren Menschen darstellt, den *Anthropos*, der mit der Gottheit verwandt« (Jung, GW 14,1, § 147) und damit paradoxerweise zugleich mit seinem ganz persönlichen, einzigartigen Schicksal verbunden ist. Äußerlich mag er sich wenig ändern, aber in seinem Innern ist er durch das geschaute Bild verwandelt. Wie ein Licht, das er bei sich trägt, wird dieses ihm in der größten Dunkelheit einen Schimmer Hoffnung spenden und ihm die nötige innere Festigkeit und Struktur (Kristall!) verleihen.

Eine der zahlreichen Visionen, welche Theresa von Avila in ihrer Lebensbeschreibung erwähnt, enthält ebenfalls das Motiv der Edelsteine. Lassen wir sie selber erzählen:

»Als ich einmal das Kreuz, das ich an einem Rosenkranze trug, in der Hand hielt, nahm der Herr es in die seine; als er es mir wieder zustellte, war es aus vielen großen Edelsteinen zusammengesetzt, die ohne Vergleich weit kostbarer waren als Diamanten. Ja, nach ihrem übernatürlichen Glanze zu urteilen, gibt es hienieden gar keine Edelsteine, womit jene verglichen werden können, da auch der Diamant nur als etwas Nachgemachtes und Unvollkommenes dagegen erscheint. Auch waren auf dem Kreuz die fünf Wunden (Jesu) wunderschön abgebildet. Der Herr sprach damals zu mir, dass ich dieses Kreuz immer so sehen werde; und so geschah es auch; ich sah nicht mehr das Holz, aus dem das Kreuz gefertigt war, sondern immer nur jene Edelsteine, die jedoch außer mir niemand sah.«[34]

Wie die Alchemisten immer wieder aufs Neue versichern, dass ihr Gold nicht das *aurum vulgi*, nicht das gewöhnliche Gold sei, so ist sich auch die Heilige Theresa völlig darüber im Klaren, dass ihre Vision ein inneres Geschehen widerspiegelt. Zwar sind die von ihr geschauten Edelsteine über jede irdische Schönheit erhaben, auch über die des kostbarsten Diamanten, aber kein Fremder vermag das Wunder zu sehen. Das ist ja der Schmerz eines inneren Bildes, in welchem uns der Glanz der Gottheit selbst entgegenstrahlt, dass der Schauende damit ganz allein ist. Die Begegnung mit dem Selbst macht einsam, weil sie uns zwar im Innersten berührt, aber kaum mitteilbar ist. Vielleicht ist das Symbol des Kreuzes mit seinen Wundmalen ein Hinweis auf diesen Schmerz.

Gilgamesch wird offenbar vom Anblick der Edelsteine überwältigt, denn schon wenig später, wie er zur Schenkin Siduri kommt, ist er ganz verzweifelt und mutlos. Da der Text an dieser Stelle zerstört ist, wissen wir nicht, was den Umschwung verursacht hat. Psychologisch können wir aber vermuten, dass die Erfahrung der Herrlichkeit Gottes im Paradiesgarten, die Begegnung mit dem Selbst, auch dessen dunklen Aspekt wachgerufen hat. Dass umgekehrt die Heilige Theresa ihm *nicht* verfallen ist, liegt wohl daran, dass sie vom Leiden Christi stets ergriffen war. So sah sie einst in einem Kloster das von vielen Wunden bedeckte Bild Christi. Unter einem Strom von Tränen warf sie sich nieder und sprach: »Bei dem Gedanken an die Undankbarkeit, womit ich ihm diese Wunden vergolten, war mein Schmerz so groß, dass mir das Herz zu brechen schien« (ebenda, S. 93). Ihre selbstkritische Haltung bewahrte sie vor jener Inflation, die bei Luzifer zum Sturz in die Tiefe geführt hat und die uns immer wieder, wo wir uns vom hellen Aspekt des Selbst blenden lassen, auf den Boden der Realität zurückwirft.

Während Ezechiel und Hildegard einseitig den lichten Aspekt des Steines und damit des Selbst betonen, waren sich viele Alchemisten dessen dunkler Seite bewusst. Zu Recht sagen sie vom »Drachenstein«, dass dieser nur dadurch gewonnen wird, »dass man dem schlafenden Drachen den Kopf abhaut. Nur dann ist er nämlich ein Edelstein, wenn ein Stück der Drachenseele sozusagen drin geblieben ist, nämlich die › *invidia animalis mori se sentientis*‹ (der Hass des Tieres, das sich sterbend weiß)« (Jung, GW 9,2, § 214). Das Wissen um dieses Stück Drachenseele in jedem kostbaren Stein, das heißt in jedem beglückenden Erlebnis, hätte schon manches Unglück verhüten können. Wer zu hoch ist, droht in die Tiefe zu stürzen, und ich kenne Fälle, wo dieser Sturz tödlich ausging; wer sich zu sehr mit dem Licht identifiziert, dem droht die Verdunkelung seines Gemüts. Der »Hass des Tieres, das sich sterbend weiß«, weist auf eine Gegensatzspannung hin, die jede numinose Erfahrung prägt: die Spannung zwischen der animalisch-triebhaften Seite, welche die Realisierung im Irdischen sucht einerseits, und der geistigen Dimension, die auf Transzendenz ausgerichtet ist andrerseits.

Das Bild des Edelsteinbusches ist eine *coniunctio oppositorum*, eine Vereinigung der Gegensätze. Während Büsche und Bäume mehr den natürlichen Wachstums- oder Erneuerungscharakter der Individuation betonen, weisen die Edelsteine eher auf den Lichtaspekt des Lebens, das heißt auf dessen geistig-spirituelle Dimension hin. Im Symbol des Edelsteingartens verbinden sich somit jene Gegensätze, welche die polare Struktur alles Psychischen deutlich machen.

Der Sinn vieler Konfliktsituationen ist die Bewusstwerdung der Polarität zwischen der naturhaft-chthonischen und der geistig-spirituellen Dimension des Lebens. Dabei hat das vereinigende Symbol, welches in verschiedenster Gestalt aus dem dunklen Hintergrund der Seele auftauchen kann, eine tröstende und heilende Wirkung. Während Gilgamesch bei seiner Wanderung durch den finstern Berg eine tiefe Verlassenheit und Fremdheit erfährt, begegnet er im Paradies dem seelischen Hintergrund, der ihn trägt, einem heilenden Urbild, welches die Finsternis mit Licht erfüllt. So wie die funkelnden Kristalle aus der Tiefe der Erde und aus dem Dunkel von Felshöhlen ausgegraben werden, so wird das Licht der Bewusstwerdung in der Finsternis einer Depression, einer Lebenskrise oder eines anderen schmerzlichen Ereignisses geboren.

In der siebten und letzten Parabel der »Aurora consurgens«, eines Dokumentes der alchemistischen Gegensatzproblematik, mit dem Titel »Vom Gespräch des Liebenden mit seiner Geliebten« sagt der Bräutigam zu seiner Braut: »... denn du wirst mich mit funkelnden Edelsteinen von frühlingshafter Frische schmücken und mir anziehen die Gewänder des Heils und der Freude zur Bezwingung der Stämme und aller Feinde ... Dies alles wird meine vollendete Geliebte, die Schönste und Herrlichste von allen tun in ihrer Wonne ...«[35] Dieser frühlingshaften Frische begegnet Gilgamesch im Gottesgarten; sie ist, wie der Aurora-Text sagt, ein *Geschenk der Anima*, jenes weiblichen Bildes in der Seele des Mannes, das diesen in tausend Gestaltungen immer wieder von jeglicher Erstarrung und Einseitigkeit weglocken möchte. Dank der geheimen Beziehung der Anima zu den Edelsteinen ist sie die große Vermittlerin zwischen dem Bewusstsein und dem Unbewussten, und, insofern als sie um das Selbst weiß, die belebende Kraft des Mannes. So ist es nicht verwunderlich, wenn an diesem geheimnisvoll-paradiesischen Ort die Schenkin Siduri auftritt.

Die Schenkin Siduri – Geliebte und Führerin

Zu Beginn der 10. Tafel befinden wir uns am Ufer des mythischen Meeres. Hier wohnt die Schenkin Siduri, die, wie es scheint, Gilgamesch bereits erwartet. Wir wissen nicht, was dieser in der Zwischenzeit erlebt hat, weil der Text fehlt. Jedenfalls ist er in einer verzweifelten und mutlosen Verfassung.

»Es wohnte aber fern am Rand des Meeres
Siduri, eine Schenkin …
Mit einem Schleier ist sie angetan …
Doch eines Tags kommt Gilgamesch einher …,
Mit einem Fellgewand ist er bekleidet …«
Gilgamesch erzählt ihr seine Abenteuer, klagt ihr sein Leid und
schließt mit den Worten:
»O Schenkin, nun, da ich dein Antlitz sah –
Lass nicht mich schaun den Tod, den ich so fürchte!
Die Antwort der Schenkin ist überraschend:
»O Gilgamesch, wohin noch willst du laufen?
Das Leben, das du suchst, wirst nicht du finden!
Denn als die Götter einst die Menschen schufen,
Da teilten sie den Tod der Menschheit zu,
Das Leben aber nahmen sie für sich!
Drum fülle dir, o Gilgamesch, den Bauch,
Ergötze dich bei Tage und bei Nacht.
Bereite täglich dir ein Freudenfest
Mit Tanz und Spiel bei Tage und bei Nacht!

Lass deine Kleider strahlend sauber sein,
Wasch dir das Haupt und bade dich in Wasser,
Blick' auf das Kind, das an die Hand dich fasst,
Beglückt sei deine Frau an deiner Brust –
Denn solches alles ist der Menschen Lust!«
Von all dem will Gilgamesch nichts wissen. Er hat nur ein Ziel:
das große Meer zu überqueren. Siduri warnt ihn, denn noch
nie sei einem Helden dies gelungen:
»Der Übergang ist schwierig, schwer der Weg,
Und tief das Todeswasser …«
Dann aber hilft sie ihm doch und weist ihm den Weg zum
göttlichen Fährmann Urschanabi.
(Tf. 10; altbabylonische Version [Meissner-Fragment])

Der Held ist ermattet. Die göttliche Schau im Paradiesgarten scheint
längst vergessen zu sein. Er ist müde, erschöpft von der langen
Wanderung und traurig im Herzen. In jedem Glück liegt ein Stück
Wehmut, in jedem Höhepunkt des Lebens ein Stück Trauer. Jedem
Aufstieg zum Himmel folgt der Abstieg, die Rückkehr zur harten
Wirklichkeit der Erde (vgl. dazu Jung, GW 14,1, § 281ff.). Darum
braucht uns Gilgameschs Verfassung nicht zu wundern. Das Auf
und Ab, das Hin-und-Hergeworfenwerden, manchmal mühsam,
dann wieder belebend, gehört zum Individuationsweg, zur Gegen-
satznatur der Psyche.

Beachtenswert ist Gilgameschs Bekleidung, das *Fellgewand*. Einst
war es Enkidu, der »bedeckt mit Haar an seinem ganzen Leib« dem
Tiere glich. Jetzt hat Gilgamesch selbst ein Stück seines Tierbruders
assimiliert. Das heißt psychologisch, dass er instinktsicherer geworden ist. Das Fell gewährt Schutz vor den Verführungen der Welt.
Darum trägt Johannes der Täufer, der biblische Rufer in der Wüste,
ein Kleid von Kamelhaaren (Mt 3,4). Darum auch sagt man noch
heute, einer habe ein dickes Fell, was so viel heißen will, dass er
nicht so leicht von seinem Weg abzubringen ist. Es gibt Zeiten im

Leben, wo wir ein solches Fell dringend benötigen, wo wir nicht zu sensibel auf unsere Umwelt reagieren dürfen. Stur und ohne Rücksichtnahme gilt es dann sein Ziel zu verfolgen. Gleich einem hungrigen Tier auf der Suche nach Nahrung muss einer weiterschreiten, ohne nach diesem oder jenem Ausschau zu halten. Für Außenstehende mag dieses Verhalten zuweilen einem Besessenheitszustand gleichen und so aussehen, als würde der andere nur noch egoistischen und selbstsüchtigen Zielen nacheifern. In Wirklichkeit aber ist er ergriffen von einer inneren Aufgabe, die er lösen muss, um für die Welt wiedergewonnen zu werden. Im therapeutischen Prozess ist das ein schwieriger transitus, umso mehr, als der erfolgreiche Ausgang ja nie garantiert ist.

Dass Siduri beim Anblick des Helden erschrickt und ängstlich das Tor vor ihm zuschließt, ist nachfühlbar. In seinem schmutzigen Gewand gleicht der fremde Wanderer mehr einem unberechenbaren Landstreicher als einem Menschen, der zu Höherem berufen ist. Verständlich daher auch ihr Rat: »Lass ab von deinem mühevollen Weg, genieße das Leben! Freue dich über dessen Schönheit und Lust!« Das ist kein epikureisches »carpe diem«, nicht die Aufforderung, den Augenblick lustvoll zu genießen und sich damit abzufinden. Es ist der echte menschlich-mütterliche Wunsch, den Helden von Leid und Schmerz zu befreien, die Besorgnis der Liebenden um das Schicksal des Geliebten. Hier ist von einer urmenschlichen psychischen Dynamik die Rede.

Es fällt manchmal schwer, zusehen zu müssen, wie ein Mensch, den wir lieben, an seinem Schicksal beinahe zerbricht. Und trotzdem ist vielleicht genau das der Weg, den er gehen muss. Man kann sich dann wirklich fragen, wozu einer es sich so schwer macht und weshalb er nicht einfach in den Schoß der Gemeinschaft zurückkehrt und sein Leben genießt. Es ist die Stimme des Volkes, die der Dichter der Schenkin in den Mund legt: »Drum fülle dir, o Gilgamesch, den Bauch, ergötze dich ... bereite täglich dir ein Freudenfest mit Tanz und Spiel!« Die kollektive Stimme wird uns immer dazu auffordern, ob zu Recht oder zu Unrecht bleibe dahingestellt, auf einsamem Weg umzukehren. Wenn wir in der analytischen Praxis Menschen über Monate oder Jahre hinweg begleiten und sich keinerlei äußere Anzeichen dafür ergeben, dass sich deren Zustand bessert, dann kann es schwierig werden, der Botschaft der Träume Vertrauen zu schenken, dem Unbewussten treu zu bleiben und auf irgendwelche gut gemeinten Ratschläge zu verzichten. Je hilfloser und elender ein Patient ist, umso stärker wird der mütterliche Instinkt des Therapeuten angesprochen, weshalb dieser zuweilen seine ganze Kraft braucht, um auf eine solche (gut gemeinte) Mütterlichkeit zu verzichten. Vielleicht kommt der Analysand nach langem Zögern auf denselben Schluss, den wir ihm empfohlen hätten. Aber alles, was aus eigener Anstrengung gewonnen ist, wiegt hundertmal mehr als jedes »Du sollst« oder »Du müsstest«, das von außen kommt. Nur das Selbst-Erworbene, das, was aus der Tiefe der eigenen Seele auftaucht, ist von bleibendem Wert, denn es ist dem eigenen mütterlichen Grund entwachsen. »Nur das, was einer wirklich ist, hat heilende Kraft« (Jung, GW 7, § 258).

Siduri bedeutet auf Churritisch »junges Weib«.[36] Sie, die Verschleierte, wohnt am Ufer des mythischen Meeres, was sie als Göttin auszeichnet. In ihrer Rede erweist sie sich als die typische Begleiterin des Mannes, die diesen ins volle, satte Leben verwickeln möchte. Aber auch im Leben der Frau spielt sie eine manchmal zwielichtige Rolle, indem sie diese zu sehr an die alltäglichen Pflichten anbindet und damit an der Entwicklung von Eigenständigkeit und geistiger Entfaltung hindert. Man könnte ihre Erscheinungsform als den Archetypus des natürlichen Lebens bezeichnen. In ihrem verführerischen Aspekt ist Siduri eine Wandlungsform der Ischtar. Wer ihr nie gefolgt ist, hat nicht gelebt. Wer sich ihr aber allzu willenlos preisgibt, vergisst den dem Trieb innewohnenden Geist. Dann droht das Leben banal zu werden, weil ihm die seelisch-geistige Tiefe und ein religiöser Standpunkt mangelt.

Gilgamesch scheint ihre Worte gar nicht zu hören. Er bleibt fest in seinem Sinn. Während er früher auf Ischtars Liebesangebot mit

Hohn und Spott antworten musste, fragt er jetzt Siduri ganz sachlich und ohne jede Emotion: »Wo, Schenkin, geht der Weg zu Utnapischtim?« Dieses Verhalten zeigt, dass der Held stärker geworden ist. Er weiß, was er will, und hat es deshalb nicht mehr nötig, zu spotten und so die eigene Unsicherheit nach außen zu projizieren. Je mehr ein Mann auf die innere Stimme hört und seiner Seele Beachtung schenkt, je mehr er den Balken im eigenen Auge erkannt hat, desto weniger wird er seinen Schatten auf den Nachbarn und seine emotionale Undifferenziertheit auf irgendeine (angeblich hysterische!) Frau projizieren müssen. Insofern führt der Bewusstwerdungsprozess zu einer Festigung der Persönlichkeit und zu einem objektiveren Umgang mit den Mitmenschen.

Von Adorno stammt der bemerkenswerte Satz: »Die Entfremdung erweist sich an den Menschen gerade daran, dass die Distanzen fortfallen.«[37] Siduri setzt sich dem Verdacht aus, den Helden zu solcher Distanzlosigkeit verführen zu wollen. Doch sie muss so handeln, weil sie damit von Gilgamesch die Konsequenz fordert, die ihm paradoxerweise jene Autonomie ermöglicht, die nicht stets ängstlich nur das Eigene sucht, sondern in der Beziehung zu Größerem (zum Selbst) begründet ist. Indem dieser dem Selbstverständlichen absagt und Distanz wahrt, kann er seinen Weg fortsetzen und zu Utnapischtim, dem Weisen, vordringen. Dies ist ein geistiger Weg, der ihn später befähigen wird, mit echter Anteilnahme auf seine Mitmenschen und auf die Welt einzugehen.

Das zeitweilige Nicht-Beachten der Anima[38] als archetypische Kraft des natürlichen Lebens ist eine überaus schwierige, mit Willensanstrengung verbundene Aufgabe. Kein mir bekannter Text zeigt das schöner als jene berühmte Legende vom werdenden Buddha unter dem Bo-Baum, die ich hier anführen möchte.

Als Buddha einst unter dem Bo-Baum saß, wollte ihn der Gott mit den beiden Namen »Mara« (Tod) und »Kama« (Begierde) versuchen, um ihn aus seiner Versenkung zu reißen. »Als Kama zeigte er dem meditierenden Erlöser die höchsten Freuden der Welt in Gestalt dreier verführerischer Göttinnen mit ihrem Gefolge, und als der erwartete Erfolg ausblieb, nahm er Zuflucht zu seiner furchterregenden Gestalt als Mara. Mit mächtiger Heerschar trachtete er den Buddha zu schrecken und sogar zu erschlagen; er überfiel ihn mit gewaltigen Stürmen, Schauern von Regen, flammenden Felsen, Waffen, glühenden Kohlen ... und zuletzt mit großer Finsternis. Aber der künftige Buddha blieb ungerührt. Die Wurfgeschosse wurden zu Blumen, als sie den Ort seiner Versenkung erreichten.« Wie jedoch die Angriffe immer heftiger wurden, »berührte der werdende Buddha die Erde nur mit den Fingerspitzen seiner Rechten, und sie bestätigte ihm donnernd mit vieltausendfachem Grollen: »Ich zeuge für dich!« Maras Heer zerstob, und alle Götter des Himmels stiegen herab mit Blumengewinden, Düften und anderen Gaben in ihren Händen.«[39]

Am Ort der Versenkung und in höchster Konzentration auf die eigene Mitte, auf den Seelenkern oder das Selbst verwandeln sich die Wurfgeschosse des Widersachers in *Blumen*. »Nach Origenes bedeutet das Blühen das Aufgehen des »Keims geistigen Verstehens« und einen »grünenden lebendigen Sinn«, der in der Schrift durch den belebenden Geist aufgehe. Blumen repräsentieren somit ein überpersönliches seelisches oder geistiges Leben, eine Lebendigkeit, welche aus der Vereinigung der Gegensätze aufblüht.«[40] Darum heißt es – und die Sätze könnten genauso gut von Siduri an Gilgamesch gerichtet sein – in einem alchemistischen Traktat: »Freue dich also deiner Jugend, o Jüngling und lerne es, Blumen zu pflücken; denn ich habe dich in den Paradiesgarten eingeführt.«[41] Die Stelle macht deutlich, worauf die Blumen und worauf die Anima zielt: auf ein Aufblühen der seelischen Bezogenheit, darauf, »die Lustbarkeiten dieser Welt zu genießen, Gott zu loben und seinem bedrängten Nächsten zu helfen«, wie der erwähnte alchemistische Text lapidar ausführt.

In der Nacht des Geistes, angefochten durch die göttlichen Verführungskünste und durch die gewaltigen Schrecken, die in der großen Finsternis enden, wird Buddha zum Wissenden, zum Erlöser. Durch die *afflictio animae*, durch die Bedrängnis der Seele, gelangt er zum Ziel. In der äußersten Not berührt er die Erde, deren Festigkeit und Beständigkeit dem geistigen Abenteuer Boden und Realität verleiht.

Was uns in der Buddhalegende in herrlichen Bildern vor Augen geführt wird, schildert die Siduri-Episode in nur knappen Zügen, macht aber deren eigentlichen Kern aus. Durch die Anfechtung der Seele erreicht der Held sein Ziel. Wie Buddha sich nicht von den verlockenden und grausamen Künsten der Gottheiten verführen und erschrecken lässt und an seinem geistigen Ziel festhält, dabei jedoch die Hilfe der Erde und damit des Weiblichen durchaus in Anspruch nimmt, so auch Gilgamesch: zwar widersteht er der Schenkin bei ihrem Angebot, das Leben frei zu genießen, dennoch weist er sie nicht zurück.

Nun sind wir zwar keine Heiligen und benehmen uns auch nicht immer heldenhaft, doch auch in unserem Leben ist zuweilen das Nicht-Beachten eine göttliche Kunst, die zu einer geistigen Vertiefung beitragen kann. Hinter der lockenden Anima, die den Mann ins natürlich sinnliche Leben verführen möchte, offenbart sich für den, der die Welt der Sinne bereits kennengelernt hat, und wohl nur für ihn, ein weiteres Abenteuer geistig-seelischer Natur, das wiederum von derselben Anima, aber in verwandelter Gestalt, vermittelt wird. Nicht anders ist es im Leben der Frau. Wenn sie im rechten Moment – und nur dann – dem Archetypus des natürlichen Lebens (Siduri) widerstehen kann, taucht hinter diesem eine geistige Dimension auf, die ihr Leben überaus bereichern und erweitern kann.

Obwohl Gilgamesch zunächst nicht auf Siduri hört, begeht er nicht den Fehler, sie *ganz* zurückzuweisen: er fragt sie nach dem Weg. Er verschließt sich ihrem Wissen nicht. Damit entgeht er der Gefahr, sich vom Weiblichen gänzlich abzuwenden. Er bleibt lebendig.

Wir haben es hier mit einer typisch männlichen Problematik zu tun. Im richtigen Empfinden, den Verführungskünsten des Weiblichen, bzw. innerpsychisch der Anima oder des Lebens, zeitweise widerstehen zu müssen, begehen viele Männer den Fehler, dem Weiblichen überhaupt keinen Platz mehr einzuräumen. Dann droht eine Erstarrung im Nur-Männlichen. Alles muss erklärbar sein, weil angeblich nur Erklärbares vernünftig ist. Eine solche Einstellung gegenüber dem Leben macht den Mann bald einmal zum Sklaven seiner trockenen, spröden Vernunft[42]. Ein sprechendes Beispiel wäre König Thoas in Goethes »Iphigenie«, der für die Worte der Priesterin völlig taub ist:

> *Zu Iphigenie gewandt spricht Thoas:*
> *So kehr' zurück! Tu, was dein Herz dich heißt,*
> *und höre nicht die Stimme guten Rats*
> *und der Vernunft. Sei ganz ein Weib und gib*
> *dich hin dem Triebe, der dich zügellos*
> *ergreift und dahin oder dorthin reißt.*
> *Wenn ihnen eine Lust im Busen brennt,*
> *hält vom Verräter sie kein heilig Band ...*
> *Iphigenie: Schilt nicht, o König, unser arm Geschlecht.*
> *Nicht herrlich wie die euern, aber nicht*
> *unedel sind die Waffen eines Weibes.*
> *Glaub' es, darin bin ich dir vorzuziehn,*
> *dass ich dein Glück mehr als du selber kenne ...*
> *Thoas: Es spricht kein Gott; es spricht dein eignes Herz.*
> *Iphigenie: Sie (die Götter) reden nur durch unser Herz zu uns.*
> *Thoas: Und hab' Ich, sie zu hören, nicht das Recht?*
> *Iphigenie: Es überbraust der Sturm die zarte Stimme.*
> *Thoas: Die Priesterin vernimmt sie wohl allein?*
> (Goethe, Iphigenie, HA Bd. 5, 463ff.)

Des Königs Worte verraten die Gereiztheit und Gekränktheit desjenigen Mannes, der nicht bereit ist, seine Gefühle, heimlichen Erwartungen und Stimmungen, seine Phantasien und Ahnungen bewusst wahrzunehmen. »Sei ganz ein Weib und gib dich hin dem

Triebe ...«, das ist ein bezeichnender Satz für den von der Vernunft gebeutelten Mann. Was immer die Stimme der Anima sagt, wird als unlogisch zurückgewiesen. Psychologisch gesehen würde Iphigenie die Anima mit einer differenzierten Gefühlsfunktion darstellen, deren Stimme der König aber nicht vernimmt; nicht vernehmen kann, weil er im Weiblichen nur das Triebhafte und Irrationale, dem er keinerlei Wert beizumessen gewillt ist, nicht aber das Geistige zu sehen bereit ist. Iphigenies Sprache ist diejenige des *Eros*, die dem männlichen *Logos* die trostlose und unfruchtbare Trockenheit nehmen möchte.

Anders Gilgamesch: Seinem Ziel treu bleibend, fragt er die Schenkin Siduri nach dem Weg. Damit wird sie von der Verführerin zur *Führerin*. Im Vergleich mit den im Ritus der Heiligen Hochzeit eingebundenen Partnern bricht hier ein neues, selbstbewussteres Verhältnis des Mannes zum Weiblichen auf. In Gilgameschs Zurückweisung der Göttin spiegelt sich eine Wandlung des herrschenden kollektiven Bewusstseins, wonach der damalige Mensch in ein freieres Verhältnis zu seiner Gottheit einzutreten beginnt. Der Einzelne ist den göttlichen Mächten nicht mehr ohnmächtig ausgeliefert. Psychologisch entspricht dies einer weiteren Differenzierung und Bewusstwerdung archetypischer Bilder im Unbewussten als den bestimmenden Schicksalsmächten des eigenen Lebens. Es werden Jahrtausende vergehen, ehe sich der Mensch der inneren Figuren als psychischer Faktor bewusst wird. Die Vorboten dieses Entwicklungsprozesses aber werden bereits im Gilgamesch-Epos sichtbar.

Der Fährmann Urschanabi –
Ein göttlicher Begleiter

Gilgamesch hört auf Siduris Rat und gelangt so zum Fährmann Urschanabi, der offenbar bereit ist, ihn über das große Meer und das Todeswasser zu führen. In ihm findet der Held einen neuen Gefährten, mit dem er dereinst in seine Heimatstadt zurückkehren wird. Anders als der Tierbruder Enkidu, der den Helden mit seiner Instinktnatur verbunden hat, ist Urschanabi ein *göttlicher Begleiter*. Als solcher verkörpert er einen *geistig-schöpferischen* Aspekt des Unbewussten.

Siduri zu Gilgamesch:
»Ihn (Urschanabi) mögen nunmehr deine Augen schauen!
Wenn's möglich ist, so fahr' mit ihm hinüber,
geht das jedoch nicht an, dann kehre um!«
Gilgamesch befolgt den Rat und gelangt zum Fährmann, doch noch hat er mit diesem kein Wort gewechselt, da packt ihn der Zorn. In sinnloser Raserei zerstört er die »Steinernen«. Nun ist die Überfahrt über die Wasser des Todes erst recht in Frage gestellt. Vom Zorn des Ankömmlings scheinbar unberührt fragt Urschanabi:
»Warum sind abgezehrt denn deine Wangen,
Warum ist denn dein Antlitz so verfallen,
Dein Herz so trübe, dein Gesicht entstellt …?« (Tf. 10)
Daraufhin erzählt ihm der Held seine Leidensgeschichte. Hundertzwanzig Stangen muss er nun im Walde schlagen. Sie dienen den beiden als Ersatz für die »Steinernen«. Es folgt die

gemeinsame Überfahrt, die sie dank des erfinderischen Geistes von Gilgamesch glücklich beenden.

Es ist viel darüber gerätselt worden, was die »Steinernen« sind. Sind es steinerne Ruder, denen das Todeswasser nichts anhaben kann? Oder Kultobjekte mit apotropäischer Wirkung? Oder einfach gewöhnliche Steine, mit denen über das tödliche Wasser eine Brücke gebaut werden könnte, um trockenen Fußes hinüberzugehen? Ich will darüber nicht weiterrätseln. Wichtiger scheint mir die *Wut des Helden*, die so unerwartet losbricht. Was hat Gilgamesch so irritiert, dass er plötzlich die Fassung verliert?

Wann immer das Ich in die Nähe eines Inhaltes des kollektiven Unbewussten gelangt, besteht wegen dessen Numinosität die Gefahr einer emotionalen Überschwemmung, das heißt einer affektiven Infizierung. Archetypische Gestalten wie Urschanabi und sein Gott Enki sind durch eine erhöhte energetische Spannung gekennzeichnet (wie beim brennenden Dornbusch, in welchem Jahwe sich offenbart, Ex. 3), weshalb jeder, der mit ihnen in Berührung kommt, gewisse Vorsichtsmaßnahmen treffen muss. Alle Religionen haben

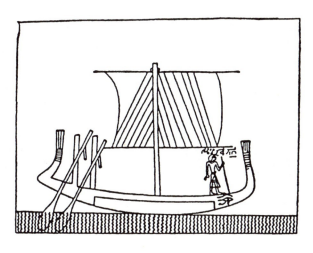

Der Fährmann (Totenbuchspruch 99B)

223

ihre Rituale, um sich dem Heiligen in seiner dunklen oder hellen Gestalt zu nähern.

Psychologisch weist Gilgameschs Wut auf die Nähe eines untergründig konstellierten archetypischen Inhaltes hin. Bei heftigen emotionalen Reaktionen müssen wir besonders aufhorchen, weil unmittelbar dahinter Großes verborgen sein kann. Im Blick auf Jakobs Kampf mit dem Engel an der Furt (Gen 32) schreibt Jung: »Der Anfall der Triebgewalt ist dann ein Gotteserlebnis, wenn der Mensch der Übermacht *nicht* erliegt, d.h. nicht blindlings ihr folgt, sondern sein Menschsein gegen dem animalischen Charakter der göttlichen Kraft mit Erfolg verteidigt. Es ist furchtbar, in die Hände des lebendigen Gottes zu fallen, und ›wer Ihm nahe ist, ist nahe dem Feuer, und wer Ihm ferne ist, ist ferne vom Reich‹, denn ›Gott ist ein verzehrendes Feuer‹, der Messias ist ›ein Löwe‹ ...« (GW 5, § 524). So könnte Gilgameschs Verzweiflungstat eine unbewusste Ahnung der göttlichen Nähe veranschaulichen, ein vom Unbewussten inszenierter Versuch, sein Menschsein vom göttlichen Gegenüber, von Urschanabi, abzugrenzen.

Gilgamesch scheint sich zu beruhigen und schlägt mit der Axt 120 Ersatzstangen. Gemeinsam mit Urschanabi setzt er sich dann ins Boot. In drei Tagen legen die beiden einen Weg von anderthalb Monaten zurück, bis sie zu den Wassern des Todes kommen. Jetzt erst benötigen sie die mitgeführten Stangen. Durch Abstoßen am Grund gelangen sie heil über das Wasser, dessen Berührung offenbar tödlich ist, und wie alle Stangen verbraucht sind, und noch ein kleiner Rest zu überqueren verbleibt, sinnt Gilgamesch auf einen Ausweg:
»So löste Gilgamesch denn seinen Gürtel,
Er streifte seine Kleider sich vom Leibe,
Hielt hoch sie mit den Händen wie am Mast.«
(Tf. 10,IV,9ff.)

Auf der langen und beschwerlichen Wanderung haben Gilgameschs Kleider stark gelitten. »Noch ehe ich zum Haus der Schenkin kam, da waren meine Kleider nur noch Fetzen«, erzählt er später Utnapischtim. Die Verwandlung ist sinnbildlich zu verstehen. Der Held hat das alte Mannesideal längst aufgegeben. Er will nicht mehr imponieren, nur überleben will er. Der königliche Glanz ist von ihm gewichen. Die schmutzigen Kleider dessen, der zu Höherem berufen ist, sind ein weitverbreitetes Motiv. Im Märchen vom »Goldenen Vogel« etwa (Grimm, KHM 57) tauscht der Held, ehe er zum Königshof zurückkehrt, seine Kleider mit denjenigen eines armen alten Mannes. Dergestalt tritt der junge Held vor den König »als ein armer Mann in seinen Lumpenkleidern, aber die Jungfrau erkannte ihn gleich und fiel ihm um den Hals«. Der in Lumpen gehüllte Prinz erinnert an die Gestalt des Lapis in der Alchemie. Der Stoff, der das göttliche Geheimnis in sich birgt, »ist billig zu haben und überall zu finden; man findet ihn sogar im abscheulichsten Dreck«. »Darum ist es ja so schwer, den ›lapis‹ zu finden, weil er ›exilis‹, unansehnlich ist, weil er ›in via eiectus invenitur‹, weil er das Billigste ist, das überall vorkommt...« (Jung, GW 12, § 103 u. 421). Dadurch nähert sich Gilgamesch dem Selbst an, dass er sich selbst erniedrigt und nach und nach auf alle Insignien der Macht und des Ansehens verzichtet. In einem Brief hat C.G. Jung einmal geschrieben: »Dreck steht immer in Beziehung zu Großem. Es ist eine notwendige Kompensation. Weil wir so klein sind, droht die Berührung mit Großem immer mit Inflation. Dann sprechen die Träume von Dreck und Misere« (Briefe III, 26.1.1959, S. 223). Es drängt sich die Vermutung auf, dass die schmutzigen Kleider des Gilgamesch eine *innere Gotteserfahrung* ausgleichen.

Es gibt Zeiten im Leben, in welchen die äußere Verarmung und Verschmutzung bedrohliche Ausmaße annimmt. Ich erinnere mich an viele Analysanden und Analysandinnen, die während einer oft unerträglich langen Phase der Verzweiflung nahe gestanden haben. Kaum vermochten sie ihre täglichen Pflichten und die sozialen Aufgaben zu erfüllen. Alles sieht dann so aus, als würden sie immer tiefer ins Elend stürzen, hoffnungslos. Und doch kann gerade dann im Innern ein schöpferischer Prozess einsetzen, der zur Heilung führt. Da braucht es eine wahrhaft philosophische Geduld, um jenen Zeitpunkt abzuwarten, da die alten Kleider mit den neuen eingetauscht werden. Aber eben: geschähe das auch nur einen Tag zu früh, wäre es eine neurotische Lösung. So muss auch Gilgamesch sich gedulden.

Die schmutzigen Kleider tun ihren Dienst. Auf dem Todeswasser, wie alle Stangen verbraucht sind, das jenseitige Ufer aber noch nicht erreicht ist, hat der Held eine geniale Idee. Er entkleidet sich und benützt seine Hüllen als Segel, um so vom Wind vorangetrieben, das jenseitige Ziel zu erreichen. Gilgamesch hat gelernt, von sich und seinem Ansehen abzusehen. Nackt steht er im Boot. Auf Ruhm ist er nicht mehr bedacht. Statt dessen lässt er sich von der belebenden Kraft des Windgottes vorantreiben. Er weiß, dass er den entscheidenden Übergang seines Lebens nicht ohne die Hilfe dieser schöpferisch-göttlichen Macht bewältigen kann. Vertrauend auf seinen menschlichen Erfindergeist, vertrauend auch auf seine Standfestigkeit, wie Odysseus zum Mast geworden[43], nutzt er die Kraft des Windes. Das Bild ist bestechend und könnte den Archetypus des Helden wohl nicht besser umschreiben: schwimmend auf den Gewässern des Styx (auf dem kollektiven Unbewussten), begleitet von Urschanabi (dem Unsterblichen), die eigene Erfindergabe und Kraft nutzend, aber ebenso sehr vertrauend auf die göttliche Gabe des belebenden göttlichen Geistes, arbeitet das Ich in harmonischer Weise mit dem Selbst zusammen. Gilgamesch ist zum echten Helden geworden.

IV. TEIL

Heimkehr

*»Der Seele Grenze kannst du nicht ausfinden,
auch wenn du gehst und jede Straße abwanderst;
so tief ist ihr Sinn.«*

Heraklit, Fragm. B 45

Utnapaschtim, der Weise –
Ein erkennendes Element
im Unbewussten

D er hier vollzogene Szenenwechsel ist eine der vielen Feinheiten unserer Erzählung und zeugt von der hohen Dicht-
kunst des Verfassers. Eben noch hörten wir von Gilgamesch, wie
er nackt im Boot stehend, gleichsam zum Mast geworden, mit den
Händen sein Kleid in den Wind hält. Nun aber richtet sich der
Blick auf den Sintfluthelden:

»Es schaute Utnapischtim in die Ferne.
Zu seinem Herzen redend, sagte er,
Indem er mit sich selbst zu Rate ging:
»Was sind zerstört des Schiffes steinern' Ruder?
Ist einer, dem's nicht zusteht, mit an Bord?
Der, der da kommt, ist keiner von den Meinen!«
(Tf. 10,IV,12ff.)
Utnapischtim, der Göttliche, empfängt Gilgamesch mit derselben
Frage, wie es vor ihm schon Siduri und Urschanabi getan haben:
»Warum sind abgezehrt denn deine Wangen,
Warum ist denn dein Antlitz so verfallen,
Dein Herz so trübe, dein Gesicht entstellt …?«
(Tf. 10,IV,43ff.)
Daraufhin wiederholt der Ankömmling seine Leidensgeschichte
und wieder bricht eine tiefe Verzweiflung aus ihm hervor.

228

Wörtliche Wiederholungen sind eine Eigenart der altorientalischen Poesie. Sie dienen dem Hörer – denn sicher sind die Texte ursprünglich mündlich vorgetragen worden zum besseren Verständnis des Geschehens. Das Stilmittel erfüllt aber noch einen anderen Zweck: es bringt die drei Figuren der Schenkin, des Fährmanns und des Sintfluthelden in einen Sinnzusammenhang, was psychologisch durchaus richtig ist. Alle drei sind sie nämlich »jenseitige«, das heißt mythische Gestalten. In dieser ihrer »Jenseitigkeit« entsprechen sie den Figuren, denen wir in der Aktiven Imagination, das heißt der meditativen Form einer direkten Begegnung mit den inneren Gestalten unsrer Psyche, begegnen. Sie entstammen dem objektiv-psychischen Bereich des kollektiven Unbewussten und entziehen sich dem menschlichen Willen und Eingriff. In seiner Biographie erinnert sich Jung: Solche »Phantasiegestalten brachten mir die entscheidende Erkenntnis, dass es Dinge in der Seele gibt, die nicht ich mache, sondern die sich selbst machen und ihr eigenes Leben haben ... und ich verstand, dass etwas in mir ist, was Dinge aussprechen kann, die ich nicht weiß und nicht meine. Dinge, die vielleicht sogar gegen mich gerichtet sind« (Erinnerungen, S. 186f.).

Auch Gilgamesch macht die Erfahrung, dass ihm jenseits der mythischen Grenze Gestalten entgegentreten, deren Anliegen nicht sein eigenes ist. Immer wieder wird sein Wille durchkreuzt: »Das Leben, das du suchst, wirst du nicht finden ...« Im Verlauf seiner Wanderung zu Utnapischtim verliert sich sein Drang nach Selbständigkeit und das Verlangen sein eigener Herr zu sein mehr und mehr. Die anfängliche Impulsivität und Leidenschaftlichkeit weichen der Ergebung in das, was die göttlichen Stimmen ihm zugedacht haben. Gilgamesch fügt sich und wird gerade dadurch, dass er seinen Eigennutz aufgibt, innerlich stark, liebesfähig und offen für Göttliches wie Menschliches.

In dem von Paulus zitierten urchristlichen Hymnus in Philipper 2 war von Christi Selbsterniedrigung und von seinem *Gehorsam bis zum Tode* die Rede. Erst an diesem Tiefpunkt greift Gott ein und – so der Hymnus – erhöht ihn über alle Maßen. Gehorsam, wiewohl ein Lieblingswort des Apostels, ist ein veralteter Ausdruck, der aber insofern passend ist, als er das *Hören* auf die inneren Stimmen, wie es in der Aktiven Imagination geübt wird, voraussetzt. Wer, wie Gilgamesch, seinem Weg und der ihm aufgetragenen Lebensaufgabe treu bleibt, dem fällt die Welt zu. »Wenn der Mensch hoch steht und sich bescheiden zeigt, so leuchtet er im Licht der Weisheit«, heißt es im I Ging Nr. 15, denn »Bescheidenheit schafft Gelingen.« Demgegenüber bedeutet das »Sich-selbst-Ergreifen«, so der japanische Religionsphilosoph K. Nishitani, »immer einen Zustand der Gefangenschaft, der grundsätzlich eine Art von Narzismus enthält, ein wesenhaftes Sich-selbst-Verhaftetsein«[1]. Aus dieser Gefangenschaft befreit sich Gilgamesch, indem er seinen Weg konsequent zu Ende geht. Im wachsenden Vertrauen auf das Göttliche, was innerpsychisch einer Verschiebung vom Ich zum Selbst entspricht, sehe ich das tiefste Anliegen der Gilgamesch-Erzählung.

Die göttlichen Gestalten, die Gilgamesch entgegentreten, haben unterschiedliche Qualitäten und vertreten einen je eigenen psychischen Bereich. So verkörpert die Schenkin den Archetypus des natürlichen Lebens, hinter welchem sich dann eine geistige Dimension offenbart, wenn der Einzelne ihr nicht willenlos verfällt. Beim Mann entspricht sie der Anima, die ihn zur Hingabe an das Leben und an die Liebe befähigt, ihn empfänglich macht für die Gestimmtheit seiner Seele und ihm vor allem die Beziehung zum Unbewussten, mythisch gesagt: zu den Gottheiten, vermittelt. In ihrer Ambivalenz als Führerin und Verführerin ist sie eine Vertreterin der Ischtar. In diesem Sinne zwingt sie den Mann ebenso wie die Frau zu innerer Wahrhaftigkeit und zu geistiger Wachheit. Der Fährmann dagegen wäre der ›höhere Mensch‹ in Gilgamesch, ein mit dem Geheimnis der Transzendenz (Überfahrt als transitus) verbundener psychischer Faktor, das heißt ein ›Engel Gottes‹ oder Daimon, der den Menschen immer wieder an seine göttliche Seite, an das alter ego, erinnert, welch Letzteres in Utnapischtim nochmals aufleuchtet. Dieser stellt, wie wir gleich sehen werden, den alten Weisen dar, das heißt eine Weisheit, die im Unbewussten angelegt ist.

Wie schon zuvor Siduri will auch Utnapischtim den verzweifelten Helden trösten: ›Der bittre Tod ist wahrlich unausweichlich‹, ›nichts Menschliches hat Bestand. Die Anunnaki, die Götter der Tiefe, teilen zusammen mit der Schicksalsgöttin Mamitum jedem sein Los zu‹. Doch Gilgamesch bleibt fest in seinem Sinn und stellt dem Sintfluthelden die ihn bedrängende Frage nach dem Leben. Gewissermaßen um die Gewichtigkeit seines Anliegens zu unterstreichen, weist er sein Gegenüber darauf hin, dass sie einander doch eigentlich gleich seien:

»*Seh ich dich, Utnapischtim,*
So bist nicht andrer Art du, gleichest mir …
Sag mir: Wie fandest du Eingang in den Rat
Der Götter und gewannst das ewige Leben?«
(Tf. 11,II)
oder wie Ebeling übersetzt:
»*… wie tratst du in die Versammlung der Götter und erschautest*
Leben?«[2]

Seine Beharrlichkeit wird belohnt. Utnapischtim ist bereit, ihm Geheimes zu offenbaren. Er erzählt ihm seine Erlebnisse anlässlich der großen Flut. Das Unbewusste gibt seine Inhalte nicht freiwillig preis. Wer dem göttlichen Geheimnis auf die Spur kommen will, braucht Ausdauer und Geduld, aber auch Entschlossenheit und Durchsetzungsvermögen.

Zwar stellt Gilgamesch eine ganz konkrete Frage: »Wie fandest du Eingang in den Rat der Götter …?« Doch was tut Utnapischtim und was tut er nicht? Er gibt ihm keine Ratschläge, er hält ihm keine Moralpredigt, noch spendet er ihm Trost. Nichts dergleichen! Stattdessen erzählt er ihm eine Geschichte, denn hier, wo belehrende Worte versagen, kann nur eine Geschichte helfen, ein Mythos der Vorzeit. Das ist es, was der lebendige Geist braucht, um überleben und sich erneuern zu können. Ein zur Zwangsarbeit verurteilter Buschmann, von dem Laurens van der Post erzählt, litt weniger an

Heimweh und an der Härte seiner Arbeitsbedingungen, als daran, dass ihm die Geschichten seines Volkes abhanden gekommen sind: »Weißt du,« sagt er, »ich sitze und warte, bis der Mond wiederkommt, damit ich auf die Geschichten all der Menschen horchen kann ... Denn ich bin hier – in einer großen Stadt – niemand erzählt mir Geschichten – ... Ich horche bloß und laure auf eine Geschichte, ich möchte eine hören; wenn mir doch eine ins Ohr triebe ... Ich will bei mir zu Hause sitzen und horchen, die Ohren rückwärts geneigt zu den Fersen, auf denen ich warte. Damit ich spüre, da ist eine Geschichte im Wind.«[3] Aber da war keine Geschichte, und ohne sie kann er nicht leben.

Auch in der analytischen Praxis kann sich das Erzählen einer Geschichte im rechten Moment als das beste Heilmittel erweisen. Es ist, als ob die Geschichte einen in sich selbst gefangenen Menschen – ein untrügliches Zeichen jeder Neurose! – wieder an die Menschheit anzubinden vermöchte, an den ewigen Strom der Ereignisse oder konkreter gesagt: an das befreiende Lachen, in dem aller tierische Ernst für einen Augenblick wenigstens überwunden ist. Freilich, Geschichten leben nur, wenn sie die eigenen sind, wenn sie im Leben dessen, der sie erzählt, eine Wirklichkeit sind. Hier beginnt der Dialog, wo ich den andern durch meine Geschichte an meinem Leben Anteil haben lasse. Geschichten schaffen Beziehung, denn in ihnen sind wir alle miteinandern verbunden.

In C.G. Jungs Vorrede zur vierten Auflage der »Wandlungen und Symbole der Libido« (GW 5), jenem Buch, das 1913 zum endgültigen Bruch der Freundschaft mit Sigmund Freud geführt hat und vierzig Jahre nach dessen erstem Erscheinen schreibt Jung, dass er damals erkannt habe, was es bedeute, mit einem Mythos zu leben. Der Mythos sei das, »quod semper, quod ubique, quod ab omnibus creditur« (S. 13), was immer, was überall, was von allen geglaubt wird. Wer mit dem Mythos lebt, lebt nicht als Entwurzelter, sondern als Teil einer jahrmillionenalten Menschheit.

Diese Verwurzelung des Menschen im kollektiven, seelischen Urgrund will Utnapischtim in seinem Sintflutbericht exemplarisch darstellen, um Gilgamesch den verborgenen, unergründlichen Strom, der hinter dem Sturzbach der äußeren Ereignisse (M.L. von Franz) seines Lebens und seiner Zeit dahinfließt, bewusst zu machen. Das ist es, was Gilgamesch von Utnapischtim erfährt: die superiore Gewalt der Götter, bzw. der Seele, ein Fatum, das jenseits des vordergründigen, scheinbar zufälligen Spieles des Lebens herrscht. Was der Theologe Walter Bernet in seinem Buch über die religiöse Erfahrung bei C.G. Jung schreibt, könnte eine Zusammenfassung von Gilgamschs Weg sein: »Wer die unheimlichen, todbringenden Gefahren seines Unbewussten sich bewusst werden lässt, wer vor der chaotischen Möglichkeit seiner Seelentiefe die Augen der Bewusstheit nicht verschließt, wer die Projektionen seiner eigenen tödlichen Bosheit und Ungeordnetheit aus der Außenwelt und von den anderen Menschen in sich selbst zurücknimmt, der hat Gnade, durch solches Chaos hindurch weiterzudringen bis auf ein Neues, bis auf jene Kosmos-schaffenden, ordnenden Mächte der kollektiv-humanen Seelentiefe, bis zu den archetypischen Mustern seines Menschseins. Für den ist der Tod des Alten nicht mehr erschreckendes Ende, sondern Zeichen der Reife eines Neuen, Lebendigen ... Der wird gleich Dante durch das Tor der Hölle, das alle Hoffnung ihm verbietet, eingehen zur Schau und Erfahrung des Himmlischen ... Er hat religiöse Urerfahrung gemacht.«[4]

Das ist der oft einsame Weg des Menschen, der auszieht, um seine Erfahrungen mit dem Leben und mit der Welt zu machen, der wie Gilgamesch aufbricht, um anfangs noch in jugendlichem Übermut, dann immer mehr im Bewusstsein des Erleidens und Erduldens seinen Weg vollendet, um schließlich heimzukehren zu den Menschen seiner Heimat und dort seinen Dienst zu erfüllen. In all den Um- und Irrwegen scheint ein geheimer Sinn verborgen zu liegen, fast so, als wäre das Leben nur dann erfüllt, wenn es nach allen Seiten hin ausgeschöpft ist.

In einem Gespräch mit Zürcher Studenten im Jahre 1958, drei Jahre vor seinem Tod, nennt C.G. Jung die Analyse eine ›lange Diskussion mit dem Großen Menschen – ein unintelligenter Versuch, ihn zu verstehen‹: »Gehen Sie schlafen. Denken Sie über Ihr Problem nach. Achten Sie auf das, was Sie träumen. Vielleicht wird der ›Große Mensch‹, der 2.000.000 Jahre alte Mensch, zu Ihnen sprechen. Erst wenn man in einer Sackgasse ist, vernimmt man seine Stimme. Der Drang, das zu werden, was man ist, ist unbesiegbar groß ... Der Große Mensch ist etwas Lebendiges, das reagiert.«[5] In Utnapischtim hat Gilgamesch den Großen Menschen gefunden: Ihn befragt er, den alten Weisen der Sintflut, denn Er allein vermag auf die Frage nach dem Tod eine befriedigende Antwort zu geben.

Der Sintflutbericht – Strukturen von Chaos und Erneuerung

»Verborgenes will ich, Gilgamesch, dir künden,
Werd' ein Geheimnis dir der Götter sagen!
Schurippak ist die Stadt, dir wohl bekannt,
Sie lieget an des Euphratflusses Ufer.
Alt war die Stadt, in der die Götter wohnten,
Und damals planten nun die hehren Götter,
geschehn zu lassen eine große Flut.« (Tf. 11)[6]

Doch Enki, der Gott der Weisheit, widersetzt sich dem Beschluss der übrigen Götter. Um die Menschheit vor dem Untergang zu bewahren, schickt er Utnapischtim einen Traum, in welchem er diesen vor der nahenden Katastrophe warnt und ihn ermahnt, sich und aller Lebewesen Samen zu retten. Utnapischtim hört auf seinen Traum und setzt dessen Anweisungen in die Tat um. Er baut die Arche und belädt sie mit allem für die Erhaltung des Lebens Notwendigen. Alsbald brechen gewaltige Stürme los. Der mächtige Unterwelts- und Pestgott Erra löst die Pforten des Weltendaches, so dass die Wasser des Himmelsozeans niederströmen. Die Götter der Tiefe beleuchten mit ihrem grausigen Glanz die Erde, und Adads Donner rollt unaufhörlich. Da geraten selbst die Götter in Furcht:

»In Angst gerieten ob der Flut die Götter,
Sie flohn und stiegen auf zu Anus Himmel,
Wie Hunde duckten sie sich draußen nieder.
Es schreit wie eine Frau in Wehen Ischtar,

Der Götter Herrin klagt mit hoher Stimme:
›Was einstens war, das ist zu Lehm geworden,
Stimmt' ich im Götterrat doch Bösem zu!
Wie sprach für Unheil ich im Götterrate
Und sagte ja zur Tilgung meiner Menschen?
Nun klag' ich: Erst gebären meine Menschen,
(Schott: Erst gebäre ich meine lieben Menschen,)[7]
Und dann erfülln wie Fischbrut sie das Meer!‹
Es jammerten mit ihr die Anunnaki,
Gebeugt und klagend saßen da die Götter ...«
So grundlos die Flut gekommen ist, so hört sie auch wieder auf.
»Erst als der siebte Tag kam, schwand die Macht
Des wilden Südsturms, der die Flut gebracht.
Alsbald ward still das Meer, es legte sich
der Wettersturm, die Sintflut war zu Ende.« (Tf. 11)

Das also ist die Geschichte, die Utnapischtim dem erschöpften Helden erzählt. Das ist es, was der Mensch immer gebraucht hat und immer brauchen wird, um sich in seiner abgründigen Einsamkeit und Verlassenheit inmitten der kosmischen Nacht zu Hause, beheimatet zu fühlen: mythische Bilder von Leben und Tod; Geschichten oder eben: Mythen, die seine Seele zu trösten vermögen. Ich erinnere mich an unzählige Abende, an denen ich bei hereinbrechender Nacht irgendwo in einer Hütte oder draußen in der freien Natur im Kreis von Freunden gesessen habe. Irgendwann begann einer eine Geschichte zu erzählen, bald folgte eine zweite und dritte, und je länger die Nacht vorgedrungen war, umso geheimnisvoller und fantastischer wurden die Erzählungen. Sie sind wie ein wärmendes Feuer; sie stiften Geborgenheit, sie verbinden uns Menschen miteinander, vielleicht weil wir realisieren, dass wir den Mächten des Jenseits nur gemeinsam gewachsen sind. Der Mensch braucht Geschichten, er braucht viele Geschichten, denn wer nur eine Geschichte hat, nur eine Wahrheit, ist schlimm dran.

Wie könnte er Welt und Menschen in ihrer bunten Vielfalt lieben?[8] Dem archaischen Menschen ist die Urangst vor dem Numinosen stets gegenwärtig. Jederzeit und unvermittelt kann ihn der Zorn einer Gottheit in Form einer Naturgewalt treffen; immer ist er umgeben und bedroht vom tödlich hereinbrechenden Chaos, von einer Urfinsternis, die alles von Menschenhand Geschaffene erbarmungslos vernichtet. Von einem solchen Einbruch handelt Utnapischtims Erzählung, davon eben, wie der Mensch dem scheinbar willkürlichen Verhalten der Götter ohnmächtig ausgeliefert ist. Scheinbar, denn der absoluten Unberechenbarkeit der einen Götter steht das gnädige, den Irdischen wohlgesinnte Handeln der andern gegenüber.

Aber schauen wir uns diese Geschichte etwas näher an. Sie ist eine dichterische Bearbeitung des akkadischen Sintflutmythos, welcher in epischer Breite von den Ereignissen vor, während und nach der großen Flut berichtet. In unvordenklicher Zeit mussten die Götter selbst in mühevoller Arbeit für ihren Unterhalt sorgen: »Die Plackerei der Götter war bedrückend, ihr Werk war schwer, und die Erschöpfung groß«[9]. Das führt zur Revolte der jüngeren Göttergeneration gegen die ältere. Enki und die Muttergöttin Mami lösen das Problem, indem sie die Menschen erschaffen, die nun die Arbeit an Stelle der Götter zu verrichten haben. Doch der Lärm der neuen Mitbewohner wird den altehrwürdigen Göttern, allen voran Enlil, bald einmal unerträglich. Erst durch eine Plage, dann durch eine Hungersnot versucht dieser, die Zahl der Menschen zu reduzieren. Aber sein Plan misslingt gründlich, weil sich Enki auf die Seite der Sterblichen geschlagen hat und diese schützt. Das erregt den Zorn des Enlil nur umso mehr, so dass dieser kurzum beschließt, die ganze Menschheit auszurotten. Alsbald schickt er stürmische Winde aus und lässt die Erde mit riesigen Wassermengen überfluten. Die nun folgende Geschichte der Rettung kennen wir bereits.

Utnapischtims Erzählung ist insofern radikaler, als sie mit keinem Wort erwähnt, weshalb die Götter das Geschlecht der Menschen vernichten wollen. Anders im akkadischen Bericht. Hier ist es die

Unerträglichkeit des von den Menschen verursachten Lärms, die den Göttervater mit Zorn erfüllt. Indem die dunkle, todbringende Seite der Götter, bzw. deren Handeln begründet wird, versucht der Verfasser die Willkür des göttlichen Handelns etwas zu mildern.

Auch heute noch, nach Tausenden von Jahren, ist es der Lärm der Menschen, der eine wahre Schlammflut des Unbewussten auszulösen vermag. Je mehr und je länger wir reden, je gigantischer die Massenorganisationen werden, die das Individuum zur bloßen, vom Staat statistisch erfassbaren Nummer degradieren, und je mehr sich der Intellekt mit laute Stimme über die Seele erhebt, umso mehr ›ducken sich die Götter wie Hunde‹ in Angst vor der bevorstehenden Katastrophe. Wo der Mensch sich selbst genügt und meint, sich selber retten zu müssen, vernachlässigt er seine Tier- und Pflanzenseele (Tiere in der Arche!), jene tiefste, lebendige Schicht der Psyche, durch die er mit dem numinosen Hintergrund seiner Seele verwoben ist. Hier liegt der kostbare Schatz, den es zu heben gilt.

Viele Träume heutiger Menschen sprechen von der Not oder vom Leiden eines bedrängten Tieres. Als Beispiel sei der Traum einer gut sechzigjährigen Frau erwähnt:

»Ein Wolfshund, der sich befreien konnte, rennt an mir vorbei, eine Leine hinter sich herschleppend. Sein Meister weiß, wie er das Tier locken kann: er gewährt ihm Zugang zu seinen Jungen, die hinter einem hohen Gitter eingesperrt sind. Der Hund weint; ich weiß, dass seine Tränen aus Gold sind.«

Der Meister ist ähnlich wie Enki oder Utnapischtim in der Sintfluterzählung eine der Träumerin überlegene Instanz, die um die Lösung des Problemes weiß. Er scheint jenen dunklen Tierbruder, der goldene Tränen weint, zu kennen. Das Gold symbolisiert das Unsterbliche, Ewige und Unvergängliche des menschlichen Lebens. Es ist das in der Erde, das heißt im gewöhnlichen, alltäglichen Leben, verborgene Antlitz Gottes, ein schöpferisches Element, das, wie der alchemistische Stein des Weisen, überall zu finden ist. Wenn es in den Tränen des Wolfshundes verborgen liegt, so weist das wohl auf eine tiefe Trauer oder Depression hin, in welcher die Träumerin mit dem göttlichen Element verbunden ist. Manchmal ist es gerade die dunkle Getriebenheit (Wolfshund), die das Gold erzeugt, das heißt eine schmerzliche Erfahrung in unserem Leben, der wir nicht ausweichen können und wo all unsere wohlgemeinten Bemühungen darum, den Kopf oben zu halten, versagen. Doch erst die Begegnung mit seinen hinter einem hohen Gitter eingesperrten Jungen vermag beim Wolfshund die goldenen Tränen auszulösen. Das Gitter deutet auf einen zu engmaschigen, zu kleinkarierten, wohl auch zu ängstlichen Umgang mit den animalischen Trieben, wodurch nicht nur das Animalisch-Primitive, sondern auch die Weisheit des Tieres ausgeschlossen bleibt. Im Traum nun werden jene in den kleinen Hunden dargestellten jugendlichen und schöpferischen Impulse mit dem vielleicht seit Jahrzehnten zu eng angebundenen (Leine) Instinkt vereinigt.

Die Vernachlässigung der Seele durch zu viel Lärm macht krank, neurotisch und ängstlich. So entsteht ein geistiges Vakuum, in welches alle möglichen exotischen Heilslehren, primitiver Aberglaube, abstruse, auch abstruse psychologische Heilsmethoden und vieles mehr einbrechen. All das droht den heutigen Menschen zu überfluten. Überall, sagt C.G. Jung, wird das Reich Gottes gesucht, in irgendwelchen äußeren Umständen, im eigenen Haus, in der Familie, im Auto, im Beruf oder eben in irgendeiner Heilslehre. Überall, nur nicht in der eigenen Seele. »Hört auf das, was das Unbewusste sagt. Lauscht der Stimme jenes Großen Alten Menschen in euch (Utnapischtim!), welcher schon so lange lebt, schon so viel gesehen und erfahren hat (Jung spielt hier auf ein im kollektiven Unbewussten vorhandenes absolutes Wissen an). Versucht den Willen Gottes zu verstehen, die bemerkenswerte große Kraft der Psyche. Dort befindet sich alles. Das Reich des Himmels wohnt in euch ... Wichtig und sinnvoll für mein Leben ist, dass ich es so vollständig wie möglich lebe, um den göttlichen Willen in mir zu erfüllen.«[10] Diesen göttlichen Willen soll Gilgamesch verstehen lernen. Das ist Utnapischtims Botschaft.

Aber schauen wir zunächst noch auf eine andere, uns bekannte Fassung der Sintflutgeschichte, auf den biblischen Bericht in Genesis 6-8[11], in welchem die Tendenz das Geschehen erklären zu wollen, noch deutlicher ist. Dessen Verfasser erwähnen zwei Gründe für Jahwes Zorn. Zum einen die Tatsache der frevelhaften Vermischung der Gottessöhne mit den Töchtern der Menschen, zum anderen die Amoralität und Sündhaftigkeit der Menschen (J). Besonders die ältere Fassung des Jahwisten (= J) betont die Bosheit der Menschen: »Als aber Jahwe sah, dass der Menschen Bosheit (râcah) groß war auf Erden und dass alles Dichten und Trachten ihres Herzens die ganze Zeit nur böse war, da reute es Jahwe, dass er den Menschen geschaffen hatte.« (Gen. 6,5f.). Doch auch der Verfasser der so genannten Priesterschrift begründet den Entschluss Gottes in der Gewalttat und im Unrecht der Menschen: »Das Ende alles Fleisches ist bei mir beschlossen; denn die Erde ist voller Frevel (hâmâs) von den Menschen her.« (Gen.6,13)

Das mythische Nach-Denken (besser wäre vielleicht zu sagen: Nach-Spüren, denn der Mythos ›denkt‹ nicht), über die zerstörerischen und lebenserhaltenden Kräfte des Göttlichen ist ein zentrales Thema der Sintflutmythen. Das vom Menschen als willkürlich erlebte Walten der Götter und die damit verbundene göttliche Antinomie, die letztlich in der Natur selber, im ewigen Kreislauf von Leben und Tod wurzelt, haben seit eh und je das Bewusstsein des religiösen Menschen beschäftigt und dessen mythischen Bilder geprägt. Ursprünglich ein innergöttlicher Konflikt (Enlil und Enki; Jahwes Zorn, bzw. Gnade) wird diese Problematik im Laufe einer langen religionsgeschichtlichen Entwicklung zur Antinomie von Gott und Mensch und schließlich zu einer Zerreißprobe, die der Mensch in sich selbst auszutragen hat. Während dieses Prozesses treten die alten Gottheiten mit ihren natürlichen Antinomien langsam in den Hintergrund und werden von jüngeren verdrängt, die mit den Menschen eine mehr oder weniger persönliche Beziehung eingehen. Beispielhaft für die Letzteren wären etwa Schamasch, der »täglich zu den Menschen niedersteigt, als wär' er ihresgleichen« (Heth. Fragm. C,17f.) oder Jahwe, der mit Noah einen Bund schließt. Dass der Mensch gewordene Gottessohn den Konflikt und die Zerrissenheit bewusst auf sich nimmt (Symbol des Kreuzes), wird im Christentum zur zentralen Botschaft. Die relative Unbewusstheit im Göttlichen wird durch diesen Prozess nicht behoben, weil sie in der Natur des Unbewussten liegt. M.L. von Franz schreibt dazu in ihrem Aufsatz über »Nike und die Gewässer der Styx«: »Die Styx (das ist der große, unter der Erde verborgene Unterweltsstrom, AS) enthält eine Art von unbewusstem Ordnungsprinzip von letzter Autorität, welches wahrscheinlich auf gewissen geistigen unbewussten Tendenzen im kollektiven Unbewussten beruht. Das Wasser der Styx ist offensichtlich ein so übermächtiges Naturphänomen, dass man ihm mit bewussten menschlichen Maßnahmen nicht beikommen kann. Denn man kann es, wie das Motiv des Gefäß-Zerfressens[12] zeigt, nicht ›fassen‹. Aber gerade in diesem Element steckt eine Art letzter Schicksalsgerechtigkeit oder Wahrheit, die sogar über den Göttern steht. Die Götter verkörpern nämlich gewisse seelische Strukturen und Ordnungsprinzipien von nur relativer Macht. Wenn diese archetypischen Prinzipien ihre Wirkungskraft auf das Kollektivbewusstsein verlieren, dann geht ihre Energie an das Unbewusste verloren, und Letzteres wird entsprechend verstärkt. Dies geschieht immer wieder, wenn Traditionen, religiöse und soziale Ideale und Überzeugungen in einem Volke erlahmen, zur Gewohnheit werden und nicht mehr ›wirken‹. ... Sogar das Leben der Götter ist somit vom Kontakt mit der Kollektivpsyche abhängig, denn ein Gott, der in der unbewussten Kollektivseele der Menschheit nicht mehr ›wirkt‹, ist so gut wie tot.«[13]

Die Wasser der Sintflut entsprechen einem der Styx ähnlichen, gegenüber den Gottheiten autonomen Prinzip. Wenn diese Fluten losbrechen, verlieren selbst die großen Götter ihre Macht und ducken sich wie Hunde vor der urweltlichen Gewalt. Aber die dunkle Flut mit ihrem zerstörerischen Potential endet nicht im Chaos. Im Gegenteil: durch die Zerstörung wird Schöpfung erst möglich. Die Finsternis offenbart eine Art ›Schicksalsgerechtigkeit‹, die der Mythos im Bild der Vergöttlichung des Sintfluthelden darstellt. Tief im kollektiven Unbewussten, noch hinter den erkennbaren archetypischen Mächten (hinter den Göttern), sind unbewusste, geistige, nicht erkennbare Tendenzen am Werk, welche eine Erneuerung herbeiführen. Diese Erneuerung ist nicht erklärbar, sie findet gewissermaßen ursachlos statt. Der Mythos will nicht erklären, sondern erzählen.

So unerwartet die Flut gekommen ist, so plötzlich hört sie nach Ablauf von sieben Tagen wieder auf. Die Sieben ist eine heilige Zahl. Sieben Nächte liebt Enkidu die Tempeldirne. Ebenso lang weint Gilgamesch um seinen toten Freund. Sieben Stockwerke hat die Arche, sieben Tage dauert die Flut und nochmals eine Woche vergeht mit Warten bis zur Landnahme. In diesen Zahlen zeigt sich eine geheime, heilige Ordnung, eine archetypische Struktur, die hinter allem unheilvollen, scheinbar sinnlosen Geschehen bestehen bleibt. Wenn die Zeit reif ist, und erst dann, wendet sich das Schicksal. Die Mächte des Chaos und des Todes sind zwar eine Realität, die nicht aus der Welt zu schaffen ist, aber sie sind nicht siegreich, das ist das Geheimnis der Götter, welches Utnapischtim mit seinem Sintflutbericht Gilgamesch, dem Verzweifelten, mitteilen möchte. Das ist die Antwort auf die den Helden bedrängende Frage nach der Unsterblichkeit, die tröstliche Botschaft aller Sintflutmythen und ihrer Derivate.

Die Geburt des Lichts –
Die Bewusstwerdungstendenz
des Unbewussten

Im sumerischen Mythos sind es die Strahlen des Sonnengottes Utu, deren Glanz die Finsternis mit neuem Licht erfüllt:

>*»Da kamen die Strahlen des Utu hervor*
>*und erleuchteten die Erde und den Himmel.*
>*Ziusudra öffnete das große Boot,*
>*und die Sonne schickte ihre Strahlen in das gewaltige Schiff.«*[14]

Die Geburt des Sonnenlichts aus der Unterwelt ist ein im alten Ägypten allgegenwärtiges Motiv. Psychologisch weist sie auf die Regeneration des neuen Bewusstseins aus dem kollektiven Unbewussten. Wenn der zum Greis gewordene ägyptische Sonnengott Re, von seinem Tageswerk ermüdet, durch das Horizonttor im Westen in die Unterwelt hinabsteigt, beginnt für ihn ein gefahrvoller Weg, auf welchem er mehrmals an den Rand des Abgrundes gedrängt wird. Aber nur hier, in der Nähe zum Chaos und zur Urfinsternis, kann der Keim des neuen Lichts gezeugt werden. In dichtester Nacht geschieht das Wunder der Regeneration des Lebens. Dann zieht die Sonne und ihre millionenfache Begleitmannschaft weiter, um am Morgen das in der Tiefe gezeugte Leben in voller Kraft in die Welt hinaus entfalten zu können.[15]

Der Sonnengott in seiner Barke durchzieht die dunkle Nacht. Zwar sind die solaren mythischen Bilder Mesopotamiens im Vergleich zu den ägyptischen ungleich weniger differenziert, trotzdem aber liegen beiden Kulturen ähnliche archetypische Anschauungen und Wandlungsvorstellungen zugrunde. Die seelische Energie muss immer wieder die Tageswelt des Bewusstseins verlassen und in die Tiefe hinabsteigen, ins ›Reich der Mütter‹ (Faust). Aus diesem Dunkelreich kommt der Strom des Lebens, die ewige Erneuerung. Manchem allerdings gelingt es nicht, sich von diesem Wunderreich der Tiefe loszureißen. Faust etwa sinkt ohnmächtig hin, nachdem er dort jenes ewig-weibliche Bild der Helena geschaut hat. Nur durch einen Akt der Gnade wird er erweckt und entgeht der Katastrophe. Gnade ist es auch, wenn der Sintflutheld das Unheil überlebt, was der biblische Bericht ausdrücklich betont: »Noah aber hatte Gnade gefunden vor dem Herrn.« (Gen. 6,8) Die Rettung vor der Flut, psychologisch gesagt, die Erhaltung des Bewusstseins vor den ansteigenden Wasser des Unbewussten, ist kein Werk des Menschen allein, weil das Mysterium des Lebens mit seiner Möglichkeit der Bewusstseinserweiterung ein Gottesgeschenk ist (Schamasch).

Dass die Inhalte des Unbewussten auch eine tödliche Tendenz haben, erzählt der Mythos im Bilde des Todeswassers und der verheerenden Stürme, welche alles gewordene Leben zu vernichten drohen. Auch die Urgewalt der Sintflut symbolisiert jene Todesmacht, wobei man sich natürlich immer fragen kann, inwiefern dieser Tod im Dienste des Lebens steht. Jedenfalls ist der Abstieg in die Finsternis der Unterwelt gefährlich und bei allen Völkern mit bestimmten Vorkehrungen verbunden. Wer aber den Durchgang durch die Nacht schafft, was Gnade ist, wird Gott oder, wie sich der Mythos ausdrückt, das Licht des Sonnengottes schauen. Ich erinnere an das bereits früher zitierte Gebet von Gilgamesch zum Sonnengott, in welchem er um dieses Schauen Gottes bittet:

>»Lass meine Augen doch die Sonne schaun,
> dass ich an ihrem Licht mich weiter freue!
> Erscheint das Licht, vergeht das Dunkel ganz,
> Kein Toter aber schaut der Sonne Glanz!«[16]

Ganz ähnlich preist auch der alttestamentliche Dichter von Psalm 104 den Schöpfergott:

> *»Lobe den Herrn, meine Seele!*
> *O Herr, mein Gott,*
> *wie bist du so groß!*
> *Pracht und Hoheit ist dein Gewand,*
> *der du in Licht dich hüllst*
> *wie in ein Kleid ...«*

Der Mensch des 2. und 1. vorchristlichen Jahrtausends ist erfüllt von einer tiefen Sehnsucht nach dem göttlichen Licht, dessen Wirken er wie nirgends sonst in Gottes Schöpfungswerken zu erkennen glaubt. Darin spiegelt sich psychologisch die unstillbare Sehnsucht nach Bewusstseinserweiterung. Die Verheißung und Zusicherung, dass Gott in seinem Wirken erkannt und in seinen Taten geschaut werden kann, will Utnapischtim seinem Gast mit nach Hause geben. Ob Gilgamesch verstanden hat, wissen wir nicht. Angesichts der Tatsache, dass seine Geschichte Jahrtausende überlebt hat, möchte ich es annehmen.

Das Ende der Flut:
Dank und Opfer

Meer und Sturm beruhigen sich. Das Schlimmste ist überstanden. Stille kehrt ein. Utnapischtim fährt mit seiner Erzählung weiter:

»Ich kniete nieder, setzte mich und weinte,
Die Tränen flossen über mein Gesicht.«

An einem Berg ankert das Schiff. Tage vergehen, ehe der Sintflutheld Vögel in die vier Winde aussendet. Die ersten kehren bald zurück, ohne Land gefunden zu haben. Ein Rabe aber flog davon und als er sah, »dass nun die Wasser sich verlaufen hatten, da fraß er, flatterte umher und krächzte.«
Der Gerettete öffnet die Arche und spendet den Göttern ein Dankopfer in je sieben Räucherschalen:

»Die Götter aber rochen ihren Duft,
Sie rochen dieses Opfers süße Düfte.
Es scharten sich alsbald den Fliegen gleich
die hehren Götter um den Opferspender.« (Tf. 11,159ff.)

Die Geschichte ist voller archetypischer Bilder. Im Zentrum steht das Symbol der Sintflut. Es weist, wie wir gesehen haben, auf anstürmende Fluten des Unbewussten hin, denen der Mensch aus eigener Kraft nicht gewachsen ist. In seiner Not zieht er sich in die rettende Arche zurück. Psychologisch entspricht dies einem Introversionszustand, dessen Dauer und Tiefe er nicht selber bestimmt. Geschützt durch das Schiff oder geborgen im Bauch des Fisches wie Jona, wir könnten auch sagen: im Schoße der Depression, erwartet der Held seine Geburt. In einem solchen Introversionszustand, der äußerlich ganz die Gestalt eines ›Krankheitszustandes‹ annehmen kann, wird beinahe alle verfügbare Libido nach innen gewendet. Diese Dynamik kennzeichnet den Individuationsprozess fast aller schwierigen Übergänge im Leben, besonders aber das Geschehen während der großen Krise der Lebensmitte, dort, wo die Sonne ihren Zenit überschritten hat und ihrem Untergang, dem Tod, zustrebt. Zur Introversion gehört die Beschränkung der Sicht. Wer in der Arche sitzt, sieht keinen Horizont. Finsternis verbreitet sich um ihn herum. Aber er ist nicht allein, denn da sind die Tiere, die sein Schicksal mit ihm teilen.

Es ist erstaunlich, wie lange und wie stur wir oft an gewissen Anschauungen festhalten, so als ginge es um die heiligsten Überzeugungen! Manchmal vermag nur ein schmerzlicher Schicksalsschlag solche heiligen Überzeugungen zu zerschmettern. Dann stehen wir vor dem Nichts, eingeschlossen im Schlund, oder wäre besser zu sagen: im Schoße einer Depression und Desorientierung, gewissermaßen ganz nackt dem ausgeliefert, was da kommen mag.

Im Leben im Allgemeinen und in der therapeutischen Praxis im Besonderen bedeutet das unter Umständen ein monatelanges tastendes Vorwärtsschreiten. Nirgends ist Festland in Sicht. Die Träume sind wirr und lassen nicht erkennen, was um alles in der Welt einem von der Hilflosigkeit, von der Einsamkeit und Not befreien könnte. Dann bleibt nichts anderes übrig, als abzuwarten und in Abgeschlossenheit und Isolation von der Umwelt auszuharren, bis eines Tages ein Sonnenstrahl die Finsternis erhellt. Jetzt erst, wo der Boden unter den Füßen etwas fester zu werden verspricht, bricht die ganze Trauer über die durchgestandenen Mühen, brechen Zweifelsgedanken, Hoffnungslosigkeit und seelische Not hervor. Die Erstarrung der Depression beginnt sich zu lösen. »Ich kniete nieder, setzte mich und weinte«, erzählt Utnapischtim. Aber nochmals kommt eine Zeit des Wartens. Zwar ist das Schlimmste überstanden, doch noch ist keine Möglichkeit in Sicht, in der Welt wirklich Fuß zu fassen. Dann werden die ersten Vögel ausgesandt. Wir beginnen unsere Intuition spielen zu lassen. Ideen werden entwickelt: Vielleicht wäre dies möglich oder jenes oder ... Die ersten Vögel kehren bald zurück. Es war ein Schlag ins Wasser. Sie haben kein Festland gefunden. Noch ist es zu früh, konkrete Schritte zu unternehmen. Aber eines Tages bleibt ein Vogel doch auf dem Boden der Realität sitzen. Endlich ist etwas gefunden, das dem Leben eine neue Ausrichtung möglich macht. Wer so die Depression und die Dunkelheit heil überstanden hat, empfindet vor allem Dankbarkeit. Wenn nach einer langen Nacht die Strahlen der Sonne die Farben wieder zum Leuchten bringen (Regenbogen), so gleicht das einem Wunder. Und in der Tat, jedesmal wenn sich ein Regenbogen über dem Horizont erhebt, bin ich aufs Neue von diesem Wunder der Vereinigung von Himmel und Erde fasziniert. Die im dargebrachten Opfer ausgedrückte Erkenntnis des Menschen, dass die Rettung nicht das eigene Werk ist – Demut kann man es nennen –, zieht die Götter magisch an; diese ›sammeln sich um den Altar wie Fliegen‹, weil sie ›dessen süßen Düfte‹ lieben.

Wenn es in regressiven Phasen des Lebens, inmitten von Orientierungslosigkeit und Depression gelingt, mit den Instinkten verbunden zu bleiben (Tiere in der Arche), das heißt konkret: dem Leben in aller Einfachheit und ohne jeden persönlichen Ehrgeiz zu dienen, dann können im Unbewussten archetypische Faktoren neu erwachen (mythisch gesagt: dann werden die Götter umgestimmt und versöhnt). Was nach außen hin einem Krankheitszustand gleichen mag, erweist sich bei genauerer Analyse als ein Heilungsprozess, der weit über das Persönliche hinaus wirksam sein kann. Das Opfer der alten Einstellung und der Verzicht auf längst überkommene Verhaltensweisen und Lebensmuster rufen die Götter, das sind die neu belebten archetypischen Faktoren, auf den Plan und verbinden sie mit dem realen Leben. »Dieses Opfer geschieht nur in einer völligen Hingabe an das Leben, wobei auch alle die in familiären Banden gebundene Libido aus dem engen Kreise in die Weite gebracht werden muss, denn es ist für das Wohlbefinden des

Einzelnen erforderlich, dass er, ... nunmehr erwachsen, selber Zentrum eines neuen Systems werde.« (GW 5, § 644) Wie Jung immer wieder betont, ist dabei die Entwicklung des Eros, einer neuen Form von Liebe und Bezogenheit auf die Mitmenschen und die Welt, unerlässlich. Kein noch so großes Opfer einer alten Einstellung kann als gelungen gelten, wenn es nicht zu einer differenzierteren Gefühlsbeziehung führt. Man kann Letztere geradezu als Kriterium der gelungenen Individuation bezeichnen.

Was der Mythos im Bild des verschlingenden Fisches oder der schützenden Arche ausdrückt, schildert uns der Dichter Goethe im Motiv des Heilschlafes.[17] Zwischen dem hektischen Ende vom ersten Teil des Faustdramas und dem Beginn des zweiten Teiles, zwischen der Kerkerszene, in welcher die Todeshochzeit gefeiert wird, und dem Erwachen von Faust steht der Elfengesang, der seiner Natur gemäß zeitlos ist. Der Heilschlaf hebt alle Zeitdimensionen auf und scheint gerade dadurch Faust zu erneuern. Wie dieser dann endlich erwacht, stimmt er einen wunderbaren Gesang auf die Natur an. Er ist für jedermann spürbar nicht mehr der gehetzte, egoistische Geliebte von Gretchen. Eine Wandlung hat stattgefunden. Faust beginnt sein erneuertes Leben nicht mit Dankopfer wie der Sintflutheld, aber mit einem Hymnus auf die vier Elemente Erde, Luft, Feuer und Wasser, wie dieser nicht schöner ausfallen könnte. Dankbar preist er die göttliche Schöpfung, wobei er auch den Regenbogen nicht zu erwähnen vergisst. Und so lauten die ersten hymnischen Zeilen:

»*Des Lebens Pulse schlagen frisch lebendig,*
Ätherische Dämmerung milde zu begrüßen;
Du, Erde, warst auch diese Nacht beständig
Und atmest neu erquickt zu meinen Füßen,
Beginnest schon, mit Lust mich zu umgeben,
Du regst und rührst ein kräftiges Beschließen,
Zum höchsten Dasein immerfort zu streben.
In Dämmerschein liegt schon die Welt erschlossen,
Der Wald ertönt von tausendstimmigem Leben,

Tal aus, Tal ein ist Nebelstreif ergossen,
Doch senkt sich Himmelsklarheit in die Tiefen,
Und Zweig und Äste, frisch erquickt, entsprossen
Dem duft'gen Abgrund, wo versenkt sie schliefen;
Auch Farb' an Farbe klärt sich los vom Grunde,
Wo Blum' und Blatt von Zitterperle triefen –
Ein Paradies wird um mich her die Runde. ...«
(4'679ff.)

Das ist die paradiesische Morgendämmerung im Anschluss an die Nachtmeerfahrt, ein Geschenk des neu erstandenen Lichts, das Wunder des Sonnenaufgangs. Fausts Verwandlung macht deutlich, worum es im Sintflutbericht geht. Enkidus Tod hat eine fundamentale Krise ausgelöst, und Gilgamesch hätte leicht in Bitternis und Verzweiflung enden können. Dann bliebe ihm nur die Klage über das schwere Schicksal und die Ungerechtigkeit der Götter. Selbst nachdem er die Fahrt über das Wasser des Todes heil überstanden hat, droht er sich in Tragik zu verstricken. Darum folgt hier beispielhaft Utnapischtims Bericht. Gilgamesch war bisher auf der Suche nach einem Unsterblichkeitsideal, das in Tragik enden muss.[18] Er wollte ewigen Ruhm allein durch seine heroische Kraft erringen. Bei Utnapischtim aber und vollends auf seiner Heimkehr erkennt er, dass die Bejahung des Lebens an einem anderen Ort und auf andere Weise stattfindet. Der weise Sintflutheld wird ihm zum Vorbild, er, der sich unter Aufgabe seines Hausstandes in den Dienst des Lebens gestellt hat. Seine Tat war nicht eine heldische, aber er hat es verstanden, sich in die Gegebenheiten der Welt zu fügen und darin der Schöpfung zu dienen.

Doch auch ein solcher Dienst garantiert niemandem, das Leben zu schauen. Wer sein Leben wiedergewinnt, teilhabend am Erwachen aus der Finsternis des Todes und am Sonnenaufgang des neuen Tages, steht vor einem Wunder, vor einem Geschenk der Götter, wie Utnapischtim sagen würde. Vom Helden, der gekämpft hat, wird jetzt nur eines gefordert: dass er sich fügt. Während der

Unterweltsfahrt, im dunklen Zustand der Introversion und des Verschlungenseins, muss er sein Draufgängertum und seine heroische Konsequenz aufgeben. Er muss abwarten; warten bis Land in Sicht kommt, bis der Sturm sich legt und die Fahrt vorbei ist. Gilgamesch muss sich ergeben und – um mit Goethe zu sprechen – vergessen können. Eigensinn führt hier nur in eine tragische Verstrickung hinein. Die Erlösung ist ein Geschenk der Götter (Utnapischtim), der Unterwelt (Ägypten), der Natur (Goethe) oder der regenerierenden Kraft des Unbewussten (Jung). Sie ist weniger vom Helden erkämpft, als vielmehr von ihm erduldet bzw. erlitten worden.

Im Gilgamesch-Epos bricht eine neue Weltanschauung durch, ein Bewusstsein, das sich in großer Offenheit der Schöpfung und ihren Geschöpfen zuwendet. Ein Zeugnis dafür sind verschiedene Sonnenhymnen, von denen hier nur ein kurzer Ausschnitt wiedergeben sei:

»… Du (Schamasch) bist herabgebeugt auf das Gebirge, siehst die Erde an;
das Rund aller Länder hältst du in der Mitte des Himmels im Gleichgewicht.
Die Menschen der Länder insgesamt betreust du;
was immer Ea, der König, der Regent, hervorbringen ließ, ist überall dir übergeben.
Die den Lebensodem haben, die weidest du allzumal;
du bist ihr Hirt, seien sie droben oder drunten.
Du durchmissest die Himmelsbahn ständig immer wieder,
gehst über die weite Erde einher Tag für Tag …
Den ungerechten Richter lässt du das Gefängnis sehen,
den, der Bestechung annimmt, nicht recht handelt, die Strafe tragen …
Aufheller der Finsternis, Erleuchter des Dunkels,
der die Dunkelheit aufbricht, die weite Erde erleuchtet …«[19]

Viele Sonnenhymnen sind vom Bewusstsein einer die Menschheit bergenden kosmischen Weite durchdrungen. Mit großem Vertrauen blickt der Mensch des zweiten und ersten vorchristlichen Jahrtausends auf die aller Kreatur gleichermaßen zukommende Fürsorge und Gerechtigkeit Gottes. Dem wachen Blick des großen Hirten entgeht kein Unrecht. Tag für Tag überquert der Sonnengott den Himmel, sein Handeln ist verlässlich und durchsichtig, denn voller Liebe wendet er sich den Menschen zu.

Auch das Bild, welches uns der Sintflutbericht von Ischtar vermittelt, nimmt milde, gütige und fürsorgliche Züge an. Eben noch hat sie über den von der Flut angerichteten Schaden geschrieen ›wie eine Frau in den Wehen‹. Nun beklagt sie sich über Enlil, der die ganze Katastrophe verursacht hat:

> *»Zum Opfer mögen kommen alle Götter,*
> *Nur Enlil soll fürwahr sich ihm nicht nahen,*
> *Weil ohn' Bedenken er die Sintflut brachte*
> *Und dem Verderben preisgab meine Menschen!«* (T. 11,167ff.)

Von dem furchtbaren, blutrünstigen und kriegerischen Wesen der Göttin ist nichts mehr zu hören. Stattdessen kümmert sie sich in liebevoller Fürsorge um ihre Menschen. Zu diesem milden Zug der Ischtar passt auch das Bild der Frau, von welchem das Gilgamesch-Epos geprägt ist. Die Tempeldirne, welche Enkidu liebte, Siduri, die das schwere Los des verzweifelten Helden mildern wollte, und Utnapischtims Frau, die, wie wir gleich sehen werden, Gilgamesch Mitleid entgegenbringt –, sie alle sind liebende, gütige, hilfreiche und mütterlich-sorgende Frauen. Wenn nun zum Schluss die Göttin selbst solche Züge annimmt, ist das nicht ohne Bedeutung. Wird nämlich die milde Seite ihres Wesens einseitig betont, dann verliert Ischtar die sie charakterisierende Gegensätzlichkeit und Ambivalenz und damit wohl auch ihre eigentliche Kraft. C.G. Jung schreibt zu dieser Thematik: »Die Vollkommenheit ist ein männliches Desideratum, während die Frau von Natur aus zur Vollständigkeit neigt.

Und in der Tat kann auch heute noch der Mann besser und auf längere Zeit eine relative Vollkommenheit aushalten, während sie der Frau in der Regel nicht gut bekommt und sogar gefährlich werden kann. Wenn die Frau nach Vollkommenheit strebt, so vergisst sie ihre diese ergänzende Rolle, nämlich die Vollständigkeit, die zwar an sich unvollkommen ist, aber dafür das der Vollkommenheit so notwendige Gegenstück bildet. Denn wie die Vollständigkeit stets unvollkommen, so ist die Vollkommenheit stets unvollständig und stellt darum einen Endzustand dar, der hoffnungslos steril ist. ›Ex perfecto nihil fit‹ (aus Vollkommenem entsteht nichts), sagen die alten Meister, während dagegen das ›imperfectum‹ die Keime zukünftiger Verbesserung in sich trägt. Der Perfektionismus endet immer in einer Sackgasse …«. (GW 11, § 620)

Wenn der dunkle, zur Vollständigkeit neigende Aspekt des Weiblichen zugunsten der einseitigen Betonung des Hellen-Mütterlichen verdrängt wird, wird das Weibliche, wie es einst in der Göttin dargestellt war, entmachtet, um nicht zu sagen, vergewaltigt. Die alten kriegerischen und blutrünstigen Züge der Göttin geraten in Vergessenheit, das heißt, sie versinken ins Unbewusste. »Je mehr somit das weibliche Ideal in die Richtung des männlichen umgebogen wird, desto mehr verliert die Frau die Möglichkeit, das männliche Streben nach Vollkommenheit zu kompensieren …« (GW 11, § 627) Diese Umwertung im Bilde des Weiblichen hat für die einzelne Frau fatale Folgen. Zwar wird sie anerkannt als liebende, fürsorgliche und beschützende Mutter, ihre ›andere Seite‹ aber, aus der heraus ihre schöpferischen, inspirierenden und geistig anregenden Impulse stammen, wird mehr oder weniger verachtet. Das ist in einer von männlichen Werten dominierten Welt ein großer Verlust, um nicht zu sagen: eine Katastrophe, weil die Frau gerade durch diese ihre ›andere Seite‹ die männliche Erstarrung zu lösen vermöchte. Die Frau ihrerseits verliert dadurch ihre eigentliche, ihrem ›ambivalenten‹ Wesen entspringende Kraft. ›Ex perfecto nihil fit‹ gilt eben auch für die ›vollkommene‹ Mutter. Eine gewisse natürliche Bosheit und Unvollkommenheit sind zwar keine angenehmen, in der Regel aber dem Lebensfluss dienenden Eigenschaften. Immerhin liegt darin doch ein Trost für alle Eltern, deren Erziehung nicht ganz so gelingen will, wie sie es sich wünschen. Denn im Unvollkommenen liegt ein schöpferisches Potential, das die Kinder dereinst nutzen können.

Nicht nur Ischtar, selbst der altehrwürdige Enlil vollzieht angesichts der verheerenden Wirkung der Sintflut einen Gesinnungswandel. Zwar zürnt er anfangs noch darüber, dass sein Plan vereitelt worden ist: »Hat denn ein Sterblicher entrinnen können? Entgehen sollte keiner der Vernichtung!«, doch nach einer längeren Verteidigungsrede des Weisheitsgottes Ea (Enki), der ihn zu einer maßvollen Vergeltung der menschlichen Schuld ermahnt, besinnt sich Enlil, schreitet auf Utnapischtim und seine Frau zu und segnet beide.

Diese kurze Episode macht deutlich, dass die archetypischen Faktoren im kollektiven Unbewussten keine starren Mächte sind, denen der Mensch willenlos preisgegeben ist. Da die Archetypen unter sich alle miteinander verbunden sind, ist es manchmal möglich, durch die Verstärkung eines bestimmten archetypischen Faktors einen anderen »umzustimmen«. In der psychotherapeutischen Praxis ist das von großer Bedeutung. Wenn das Leben eines Patienten, das heißt eines leidenden Menschen, gewissermaßen unter einem schlechten Stern steht, so dass ein Verhängnis nach dem andern über ihn hereinbricht, ist es oft sinnlos, den Ursachen seines Leidens auf den Grund zu gehen. Stattdessen verfolgen seine Träume möglicherweise ein ganz anderes Ziel, indem sie ihn dazu ermuntern, seine Energie dort einzusetzen, wo entwicklungsfähige Keime in ihm angelegt sind. Statt sich etwa in einer unglücklichen Liebe aufzuzehren, gilt es dann, die Libido der eigenen geistigen Entfaltung zuzuführen. Dadurch ist das Leiden nicht unbedingt beseitigt, aber erträglicher geworden, weil im Leben wieder ein Sinn eingekehrt ist. Bis zu einem gewissen Grade steht es dem Menschen frei, welchen Mächten er dienen will.

Der Mensch im Dienst der Schöpfung – Von der Gotteserkenntnis zur Verwirklichung im konkreten Leben

Utnapischtim und seine Gemahlin hausen in der Abgeschiedenheit mythischer Ferne. Hier scheinen sie auf den zu warten, der sie mit der Welt der Menschen verbindet. Diese Verbindung zwischen dem Jenseits und dem Diesseits wiederherzustellen, ist die Aufgabe des zweiten ›Sintfluthelden‹, das Erlösungswerk des Menschen Gilgamesch. Er ist es, der die göttliche Weisheit Utnapischtims in seine Stadt zurückbringen wird. Diese »Heimholung des göttlichen Wissens« entspricht psychologisch der Bewusstwerdung und Integration eines archetypischen Inhaltes aus dem kollektiven Unbewussten. Damit erweist sich Gilgamesch, wie jeder echte Held, als Kulturbringer und Erneuerer des Zeitgeistes.

Utnapischtim und seine Frau symbolisieren den Archetypus des bzw. der alten Weisen, ein im Unbewussten angelegtes Bild der Ganzheit. Man könnte diesen Archetypus als Summe der von der Menschheit je gemachten Erfahrungen und der daraus resultierenden Weisheit definieren. Der alte Weise ist der große Lehrer, Initiator und Seelenführer. Wo er in den Träumen erscheint, geht notwendig eine gewisse Desorientierung, Unbewusstheit und Verwirrung voraus; und wo immer er auftaucht, droht dem Betroffenen die Gefahr der Identifizierung mit ihm. Dabei vermischt sich das Selbst, welches die unverwechselbare Einzigartigkeit des Individuums darstellt, mit dem alten Weisen als einer kollektiven Figur, was natürlich eine Inflation zur Folge hat. Solche Leute entwickeln, wie Jung in einem seiner Zarathustra-Seminare sagt, einen unstillbaren Drang, zu lehren, zu predigen und allen Leuten von ihren tiefen Erfahrungen zu berichten, um möglichst viele Menschen ins Himmelreich zu führen. Es ist dies eine Gefahr, der Analytiker und andere helfende Berufe ganz besonders ausgeliefert sind, weshalb Jung gar von einer ›Analytiker-Neurose‹ spricht.[20] Natürlich erlebt man in diesem Beruf viele positive Übertragungen, so dass man leicht dazu verführt wird, sich selbst für den alten Weisen zu halten. Nur das gewöhnliche Leben, sowie das Eingeständnis, dass man kein Heilmittel anzubieten hat, als jenes, welches im Unbewussten der Analysanden selbst verborgen liegt, kann einem vor dem Schlimmsten bewahren.

Im Segen, den Enlil nach anfänglichem Zorn dem göttlichen Paar spendet, wird deutlich, worum es in Utnapischtims Erzählung geht: um die Erkenntnis, dass jede glückliche Wendung des menschlichen Geschicks ein Akt der göttlichen Gnade ist, ein Gottessegen, den sich der Mensch niemals selbst verdienen kann. Diese Erkenntnis, so einfach sie auch klingen mag, wird Gilgamesch mit nach Hause nehmen. Sie befreit ihn vom Zwang, sich selbst erlösen zu müssen, und öffnet sein Herz für die seelische Innenwelt ebenso wie für seine Mitmenschen. Gilgamesch hat gelernt, zwischen dem Ich und dem alter ego, zwischen dem Ich und dem Selbst, zu unterscheiden. Der Mythos macht das dadurch deutlich, dass er ihm einen unsterblichen Begleiter, den Fährmann Urschanabi zur Seite stellt. Einst träumte Gilgamesch von einem Stern, der ihm vor die Füße fiel. Das war ein erstes aus dem Unbewussten auftauchendes Bild für die ihm vom Schicksal bestimmte Lebensaufgabe: die Bewusstwerdung der von Gott bestimmten Einzigartigkeit und der damit verbundenen Aufgabe der Individuation. Damals war ihm der Stern zu schwer, er konnte ihn nicht tragen. Wir sind wohl erst dann dazu fähig, das eigene Schicksal bewusst anzunehmen, wenn wir zuvor durch einige Strapazen im Dunkel der Nachtfahrt gegangen sind. Das Schwere wird leichter, wenn wir es in uns selbst erkennen. Wir müssen schon selber zum Gefäß werden, damit eine Wandlung aus der eigenen Dunkelheit heraus möglich wird. Dabei geht es nicht um eine subjektive Erkenntnis, sondern um eine Teilhabe an einem Geschehen, dessen Herr wir nicht sind, höchstens dessen Knecht, weshalb sich ja auch Paulus als ein ›Knecht Christi‹ bezeichnet: »Denn wiewohl ich allen gegenüber frei bin, habe ich mich allen zum Knecht gemacht ...«. (1.Kor.9,19) Erst dadurch, so die Meinung des Apostels, werden wir wirklich frei, den unterschiedlichsten Menschen ohne Vorurteile zu begegnen. Die wahre Freiheit ist das »Sich-leer-Machen, um allem Anderen zu dienen« (Nishitani).

Zu dieser Freiheit will Utnapischtim mit seiner Erzählung aufrufen. Der Sintflutheld gilt als ein gottesfürchtiger Mann, der wie Noah ›mit Gott wandelte‹. Der Mythos weist darauf hin, dass der Individuationsweg nicht nur eine Frage der Bewusstwerdung und der Gotteserkenntnis ist. Mit Gott zu wandeln heißt tätig sein. »So wichtig ohne Frage die Bewusstheit ist, weil sie, richtig verwendet, ein unschätzbares Hilfsmittel zur Verwirklichung des Selbst bildet, so ist sie doch nicht allein ausschlaggebend; denn es kommt dabei nicht so sehr auf Wissen und Können oder auf mehr oder weniger Intelligenz an, sondern auf den Gebrauch, der davon gemacht wird, und vor allem auf die seelische Haltung, die ein Mensch den verschiedenen Gegebenheiten seines Lebens und Schicksals gegenüber einnimmt. Wie die Fäden eines Gewebes zu einem Bilde gewirkt werden, so wird das Selbst – als der Gottheit lebendiges Kleid – gewirkt aus den vielen, an sich vielleicht geringfügigen Entscheidungen, zu denen wir uns im Verlauf unseres Lebens veranlasst sehen.«[21]

Wie im Epos die Erkenntnis des göttlichen Geheimnisses durch Utnapischtim der Verwirklichung oder Integration in der Welt durch Gilgamesch vorangeht, so ist das Erkennen eines archetypischen Inhaltes auch im Individuationsprozess des Einzelnen zwar die unumgängliche Voraussetzung von dessen Realisierung im konkreten Leben, ohne Letztere aber wirkungslos. Die Bewusstwerdung eines archetypischen Bildes besagt als solche noch gar nichts. Deren Umsetzung ist das Entscheidende. Sie mag Jahre dauern, ja ein ganzes Leben in Anspruch nehmen. Wir haben demnach keinen Grund, beim ersten Auftreten eines besonders schönen archetypischen Traumes oder gar einer Vision in Jubel auszubrechen, weil die konkrete Verwirklichung des göttlichen Auftrages die höchsten Kräfte eines Menschen herausfordern wird. Eher wäre es angebracht, Gott darum zu bitten, er möge uns jeweils nur so viel zumuten, wie wir auch verkraften können.

Die Schlafprobe – Erkenntnis der eigenen Hinfälligkeit und Wandlung

Mit seiner Entrückung ins mythische Paradies schließt Utnapischtim seine Belehrung ab und wendet sich nun direkt an seinen Zuhörer. Er auferlegt ihm eine Schlafprobe:

> *»Wohlan, versuch, des Schlafs dich zu enthalten*
> *sechs Tage lang und (dazu) sieben Nächte!«*

Ermüdet von den erlittenen Strapazen schläft der Held sofort ein. Während er schläft, sieben Tage lang, bäckt Utnapischtims Frau täglich ein Brot. Anfangs geraten diese schlecht, das fünfte ist noch schimmlig, doch das sechste endlich gar. Damit ist die Hinfälligkeit des Helden zur Genüge erwiesen, und der ihm bestimmte Tod offenkundig. Wie Gilgamesch endlich aufwacht und sich seines ›Versagens‹ bewusst wird, erschrickt er:

> *»O weh, was soll ich tun,*
> *Wo soll ich hingehn noch?*
> *Er, der da weglockt (der Todesdämon),*
> *hält meine Glieder nun bereits gepackt,*
> *Es hockt der Tod in meinem Schlafgemach,*
> *Wohin den Fuß ich setze, ist der Tod!«* (Tf. 11,198ff.)

Ich möchte die vorliegende Episode wie einen von den Göttern inszenierten Traum interpretieren. Dann enthält das Backen der Brote eine durchaus sinnvolle Botschaft, die sich gut in den dichterischen Zusammenhang einfügt. Ohne Zutun der Menschen werden die Brote gebacken. In bildhaft symbolischer Weise wird dem Helden angedeutet, dass das Mysterium der Lebenserneuerung (Brote) während seines Schlafes heranreift. Damit wird an dieser Stelle das Motiv des Heilschlafes eingefügt. Von ihm war bereits die Rede. Ganz ohne die Hilfe der männlich-heroischen Tatkraft ereignet sich im mütterlichen Schoß, im Ofen, die Wandlung. Wo die heroische Tat das höchstes Ideal darstellt, da kann der Schlaf nichts anderes sein als ein schmählicher Tod: ein unendliches Dunkel, wie jenes trostlose Dasein des Achill in der Unterwelt[22]. Wer jedoch die Nachtfahrt hinter sich hat, beginnt zu ahnen, dass inmitten der Finsternis ein neuer Lebenssinn geboren werden kann.

Noch versteht Gilgamesch den »Traum« nicht. Er erwacht und ist verärgert. Trotzdem scheint die Botschaft zu wirken und den Helden gerade durch die ihm zugefügten Schicksalsschläge vom Zwang des Sich-selbst-verwirklichen-Müssens zu befreien. Auch wenn Gilgamesch, eben erst aus seinem Schlaf erwacht, scheinbar nichts versteht, so wird er doch, sich seinem Schicksal fügend, immer menschlicher.

Diese Episode des Epos schildert die verschlungenen Wege der Individuation in berührender Weise. Es ist ja nicht so, dass wir das, was wir, etwa durch die Botschaft der Träume oder durch synchronistische Ereignisse, längst wissen könnten, auch wirklich verstanden haben. Viele Inhalte des Unbewussten lauern an der Schwelle des Bewusstseins und warten bloß darauf, dass das Ich sie erkennt und endlich im Leben umsetzt.

Nun besteht in unserem Fall aber eine spezifische Gefahr. Wo es um die Begegnung mit dem alten Weisen geht – wie bei Gilgameschs Besuch beim Sintfluthelden –, droht eine Inflation des Ich, die leicht zur psychischen Katastrophe ausarten kann. Darin identifiziert sich das Ich mit den archetpyischen Inhalten des Unbewussten, womit es sich in ungebührlicher Weise aufbläht (*inflatio*). Auch Gilgamesch wäre beinahe einer solchen Aufgeblasenheit verfallen, meinte er doch, dem Sintfluthelden gleich zu sein. Jedenfalls muss er jetzt seine Endlichkeit radikal anerkennen. Der Tod bleibt eine Realität. So wie der Schlaf den Menschen immer wieder einholt, so auch der Tod. Es ist dies das für die Sumerer charakteristische tragische Bewusstsein, das U. Mann schön beschrieben hat: »In Sumer findet sich Tragik; aber zugleich Glaube an das Heil hinter allem vordergründig Furchtbaren, und eben dies ist echte Tragik. Ich kann im dritten Jahrtausend nirgends ein Wissen von echter Tragik entdecken, das so hell wäre wie das sumerische ... Die tragische Verfassung des Menschseins erkannt zu haben, ist Sumers höchster Ruhm. ... Den Gilgameschepen hat kein anderer Kulturkreis der Zeit etwas Gleichartiges entgegenzusetzen. Hier in Sumer ist die Tragik entstanden, und ihr Ursprung ist die weit ausgreifende Ganzheitstendenz des sumerischen Geistes.«[23]

Im wiederkehrenden Motiv des Schlafes zeigt sich die realistische Auffassung vom Tod. »Man achte auf das Motiv des Schlafs im Epos. Zu Beginn strahlt der Held von animalischer und sexueller Lebenskraft, ist unruhig und ungestüm, strebt nach Ruhm, kennt keine Todesfurcht. Am Ende hat die Angst ihn erfasst, er kann den Schlaf nicht überwinden und findet Trost in der Ergebung.«[24] In seiner leider bis heute nicht ins Deutsche übertragenen Antrittsrede über »die religiöse Bedeutung des Schlafes in Ägypten« erwähnt der holländische Ägyptologe A. de Buck[25] viele ägyptische Texte, in denen der Schlaf mit dem Tod gleichgesetzt wird. So heißt es in einem Pyramidenspruch:[26]

»O König, du gehst und du kehrst wieder,
du schläfst und du erwachst,
du stirbst und du lebst.
Steh (doch) auf und betrachte,
was dein Sohn für dich getan hat.
Wach auf und höre,
was Horus für dich getan hat.«

Der Tote und der Schläfer befinden sich in einer andern und fremden Welt. Wenn sie erwachen, sind beide erneuert, verjüngt, ein neuer Mensch. Nach ägyptischer Auffassung schlafen nachts selbst die Götter, weshalb sie allmorgendlich geweckt werden müssen. Das ist die Aufgabe des Priesters. In diese Richtung, denke ich, müssen wir den Todesbegriff des Gilgamesch-Epos suchen. Der Tod ist eine tragische Realität, die sich durch nichts aus der Welt schaffen lässt, die aber wie der Schlaf ein tiefes Geheimnis in sich birgt.

Fluch und Reinigung

Die der Schlafprobe folgenden Verse sind schwer verständlich. Sie enthalten einen Fluch Utnapischtims gegen seinen Fährmann.

»Urschanabi, der Landeplatz missachte dich!
Die Übergangsstelle verschmähe dich!...«[27]

Urschanabi wird verstoßen und dazu verurteilt, Gilgamesch hinfort zu begleiten. Diese »Vertreibung aus dem Paradies« legt die Vermutung nahe, dass Gilgamesch wie Adam und Eva in den Raum der göttlichen Prärogative eingebrochen ist (vgl. Jung, GW 14,2, § 274), womit er den Zorn der Himmlischen erweckt hat. Auch im Gilgamesch-Epos ist die Erweiterung des Bewusstseins, d.h. Erkenntnis, mit einer *Schuld* verbunden, so dass man sich fragen muss, ob Bewusstseinserweiterung ohne Schuld überhaupt denkbar ist. Das scheint nicht der Fall zu sein.

Die Stelle ist psychologisch bedeutsam. Wann immer der Mensch in die jenseitige Sphäre des Unbewussten eindringt, erfordert die Rückkehr ins gewöhnliche Leben ein Opfer auf der *göttlichen* Seite. Das ist der Grund jener oft befremdlichen Trauer, die uns nach einem beglückenden Erlebnis plötzlich überfallen kann. Segen und Fluch gehören unabdingbar zusammen, und wir können nur hoffen, dass der Segen um ein klein wenig überwiegen wird. Jede Begegnung mit dem Selbst birgt eine gewisse Schuld in sich, weil sie den Konflikt zwischen dem Diesseits und dem Jenseits verschärft. Solange der Fährmann die Schwelle zwischen dem Bewusstsein und dem Unbewussten hütet, scheint die Gegensätzlichkeit der beiden Welten noch gemildert zu sein. Doch je bewusster ein Mensch wird, desto unausweichlicher ist er mit den Inhalten des Unbewussten konfrontiert. Fortan ist es nicht mehr möglich, so zu tun, als gäbe es jene andere Stimme des *alter ego* nicht oder als wäre sie weit ab von uns in mythischer Ferne, so dass es uns gewissermaßen freisteht, ob wir auf sie hören wollen oder nicht. Es geht uns mit den inneren Figuren nicht anders als mit unseren Mitmenschen: wer immer uns im Innersten berührt hat, der wird uns zeitlebens begleiten, selbst dann, wenn sich der Kontakt auf ein Minimum beschränkt.

Wohl im Bewusstsein dieser urmenschlichen Schuld folgt darum die Szene der Waschung. Utnapischtim gebietet seinem Fährmann, Gilgamesch zum Reinigungsbade zu führen:

> *»Da brachte Urschanabi ihn zum Waschplatz,*
> *Und Gilgamesch spült' seinen Schmutz hinweg*
> *im Wasser, dessen Reinheit gleich dem Schnee,*
> *Auch warf er seine Felle von sich ab,*
> *auf dass das Meer hinweg sie spüle und*
> *Die Schönheit seines Leibes sichtbar werde.*
> *Es wich sein altes Stirnband einem neuen,*
> *Und ein Gewand bedeckte seine Nacktheit:*
> *Bis er in seine Stadt zurückgelangt,*
> *Bis seine Wanderung ein Ende hat,*
> *Würd' sauber bleiben dies Gewand und neu!«*
> (Tf. 11,247ff.)

Wenn wir diese Waschung mit derjenigen nach dem Sieg über Chuwawa vergleichen, spüren wir, wie sehr uns hier ein anderer Held entgegentritt. Damals hieß es:

> *»Er (Gilgamesch) wusch sein Haar, polierte seine Waffen,*
> *Warf in den Nacken seines Hauptes Schopf,*
> *Legt' ab die schmutz'gen Kleider, nahm sich reine,*
> *Tat an den ..., ihn umgürtend.*
> *Als die Tiara er aufs Haupt gesetzt,*

Hob ihre Augen auf die wunderbare Ischtar
zu Gilgamesch in seiner Mannesschöne.« (Tf. 6,1ff.)

Wie verschieden ist der Ton dieser beiden Beschreibungen! Jetzt wird nicht mehr der Held gelobt, sondern die *reinigende Wirkung des Wassers*, das göttliche Element von Enki. Das Meer spült die schmutzigen Felle hinweg. Nicht gekrönt ist der Held, aber er trägt ein Stirnband. Sein jetziges Gewand dient nicht der Demonstration königlicher Macht, nur seine Nacktheit soll es bedecken. Darum ist dieses Reinigungsbad mehr als eine »einfache Geste der Gastfreundschaft«[28] Utnapischtims. Es ist ein Hinweis auf die Erneuerungskraft des göttlichen Wassers, von welchem die Gnade der körperlichen, geistigen und seelischen Erfrischung ausgeht. Weil es den göttlichen Geist in sich schließt, vermag die Berührung mit diesem Element geistig zu beleben. Enki ist als Gott des Süßwasserozeanes auch der Gott der Weisheit. Gilgameschs Taufbad entspricht einer geistig-religiösen Neuorientierung und damit der neutestamentlichen Vorstellung vom Ablegen des alten Adams (Röm 5,14; 6,3-6; 1. Kor 15,45-47): Denn »der erste Mensch ist von der Erde, irdisch, der zweite Mensch vom Himmel«.

Das ist es, was die Berührung mit den lebendigen Wassern des Unbewussten psychologisch bewirkt: eine Erneuerung und Belebung der Seele. Wer immer die nötige Ausdauer, Geduld und Demut aufbringt, wird sich aufgrund seiner Erfahrung der seelischen Inhalte mehr und mehr von innen her verlässlich begleitet fühlen, so wie Gilgamesch, an dessen Seite von nun an der göttliche Urschanabi stehen wird. Als Fährmann symbolisiert er einen Diesseits und Jenseits, Bewusstsein und Unbewusstes, verbindenden Faktor. Seine Begleitung zeigt an, dass Gilgamesch die Fähigkeit erworben hat, auf die im Wasser verborgene Weisheit zu hören, dass er gelernt hat, den verborgenen Schatz zu heben und diesen in den Dienst des Alltags und der Menschen zu stellen.

»Ich habe eine Kraft in meiner Seele«, sagt Meister Eckehart in einer seiner Predigten, »die Gottes ganz und gar empfänglich ist.

Ich bin des so gewiss, wie ich lebe, dass mir nichts so ›nahe‹ ist wie Gott. Gott ist mir näher, als ich mir selber bin; mein Sein hängt daran, dass mir Gott ›nahe‹ und gegenwärtig sei!« Freilich darf das nicht in allzu einfacher Art psychologisch vereinnahmt werden, denn wenig später fügt der Theologe Eckehart hinzu: »Soll die Seele Gott erkennen, so muss sie sich selbst vergessen und muss sich selbst verlieren; denn solange sie sich selbst sieht und erkennt, so sieht und erkennt sie Gott nicht. Wenn sie sich aber um Gottes willen verliert und alle Dinge aufgibt, so findet sie sich wieder in Gott. Indem sie Gott erkennt, erkennt sie sich selbst und alle Dinge ...«[29] Je mehr Gilgamesch sich selbst verliert, desto mehr erkennt er die heilende Wirkung der Seele und beginnt, das Geheimnis des Utnapischtim zu verstehen.

◆

Gilgamesch hört von der vernichtenden Gewalt der großen Flut. Nachdem er die Schlafprobe nicht bestanden hat, wird ihm Ur-schanabi, ein Diener des Gottes des Süßwassers und der Weisheit, als Begleiter auf die Heimreise mitgegeben. Dann erfährt er die reinigende und erneuernde Wirkung des Wassers an sich selbst. Immer geht es um das *Wasser* und die in ihm enthaltenen Kräfte. Nicht mehr das Helden-Ich steht im Mittelpunkt, sondern die im Wasser wirkende göttliche Macht. Psychologisch entspricht das einer *Verschiebung vom Ich zum Selbst*. Meister Eckehart sagt in einer andern Predigt: »Dieses Wasser ist Gnade und Licht und entspringt drinnen und dringt empor und springt hinüber in die Ewigkeit.«[30] Wer die Gnade und das Licht des Wassers erkannt hat, dessen Leben verliert die Enge des heroischen Kampfes, an dessen Ende der Tod allein ihn erwartet, es verliert den Zwang des Sich-selbst-verwirk-lichen-Müssens und erweitert sich, die Tragik überwindend, zur kosmischen Weite des geistig-seelischen Abenteuers.

Die Schlange und das Wunderkraut – Bekenntnis zur Endlichkeit

Schon haben Gilgamesch und Urschanabi ihr Schiff bestiegen, da werden sie nochmals zurückgerufen. Utnapischtims Frau hat ihren Mann gefragt, was er dem Helden nach all den überstandenen Mühen auf den Heimweg mitzugeben gedenke, worauf dieser sich besinnt und Gilgamesch ein Geheimnis der Götter verrät:

>*»Da gibt es eine Pflanze, steckdornähnlich …,*
>*Sie sticht dich gleich der Rose (?) in die Hand.*
>*Wenn deine Hände diese Pflanze heben,*
>*so findest du durch sie ein neues Leben!«*
>*Kaum hat Gilgamesch diese Worte vernommen, bindet er sich*
>*Steine an die Füße, taucht in die Tiefe des Meeres hinab und*
>*holt sich das Wunderkraut. Dann fährt er mit seinem Begleiter*
>*und Freund über das große Wasser zurück. Ermüdet von der*
>*Überfahrt rasten die beiden am Ufer eines Teiches:*
>*»Als einen Teich mit kühler Flut er sah,*
>*Stieg Gilgamesch hinein und nahm ein Bad.*
>*Doch eine Schlange roch des Krautes Duft,*
>*Still stieg sie auf und raubte das Gewächs.*
>*Kaum kehrt' sie um, warf schon die Haut sie ab.*
>*Da hockte Gilgamesch sich weinend nieder,*
>*Die Tränen flossen über sein Gesicht …«*
>*In weiser Selbstbeschränkung erkennt Gilgamesch die Vergeblichkeit seines Tuns: (Schott)*

»Ach, rate mir doch, Schiffer Urschanabi!
Für wen, Urschanabi, mühten sich meine Arme?
Für wen verströmte mein Herzblut?
Nicht schaff' ich Gutes mir selbst —« (Tf. 11,268ff.)

Utnapischtims Frau hätte es wissen müssen: So kann Gilgamesch die Unsterblichkeit nicht erlangen. Doch wie schon beim Backen der Brote will die göttliche Mutter dem Helden ein Geheimnis des chthonisch-weiblichen Lebens offenbaren. Naturgemäß kann sie ihm die tragische Seite des Daseins nicht ersparen, doch Gilgamesch ist reif genug, den hintergründigen Sinn zu erkennen. Er fragt nicht mehr nach dem Warum und setzt, sich seinem Schicksal fügend, den Heimweg fort.

Die Geschichte hat märchenhafte Züge: In der Tiefe des Meeres liegt der wunderbare Schatz verborgen. Der Held erringt die schwer erreichbare Kostbarkeit, verliert sie aber schon bald an die Schlange.

Um dem Sinn der Erzählung näher zu kommen, möchte ich wiederum vorschlagen, das Geschehen wie einen Traum zu behandeln. Zuvor aber möge das Umfeld dieses »Traumes« betrachtet werden. Gilgamesch ist zusammen mit seinem göttlichen Begleiter auf dem Heimweg. Der Weg zurück bedeutet einen kritischen Wendepunkt und ein gefährdetes Vorhaben. Das Abenteuer der Wanderung zu Utnapischtim ist eines, die Rückkehr in die Realität, in die Welt, ein anderes. Wer große Dinge erlebt, seien dies nun konkrete äußere Erlebnisse oder innere überwältigende Erfahrungen, dem erwächst zugleich die Aufgabe, diese mit der Alltagswirklichkeit zu verbinden. Die Umsetzung hat immer den Geruch des Gewöhnlichen und wird gerade deshalb zum eigentlichen Prüfstein. Der Heimkehrer, dem dies nicht gelingt, wird leicht zum neurotischen Sonderling, zum Eigenbrödler und Misanthropen, zu einem Menschen, der sich nicht mehr in die Gemeinschaft einfügen kann. Demgegenüber will die Individuation Beziehung schaffen, sie will, dass sich die in der Begegnung mit dem Unbewussten gemachte seelische Erfahrung im Zusammensein mit anderen Menschen bewährt, dass sie hier weiter wirkt und den grauen Alltag mit dem ihr eigenen Farbenspiel erhellt. Dass dies nicht eine Offenheit um jeden Preis bedeuten kann, ist selbstverständlich, denn dies wäre nichts anderes als die anfängliche neurotische Distanzlosigkeit dessen, der alles für sich in Besitz nehmen möchte. Ob der Held auf seiner langen Wanderung wirklich ein anderer geworden ist, wird sich erst jetzt entscheiden. Resigniert er oder wird er sich zum Leben bekennen? Die Schlangenepisode gibt uns die Antwort.

Ein letztes Mal erscheint das Motiv vom Abstieg in die dunkle Tiefe. In »Psychologie und Alchemie« erwähnt Jung den Traum eines jüngeren Mannes mit folgendem Inhalt: »Im Meere liegt ein Schatz. Man muss durch eine enge Öffnung tauchen. Es ist gefährlich; aber man wird unten einen Gefährten finden. Der Träumer wagt den Sprung ins Dunkle und entdeckt dort unten einen schönen, regelmäßig angelegten Garten mit einem Springbrunnen in der Mitte.« (GW 12, § 154)

Seit Tausenden von Jahren liegt die schwer erreichbare Kostbarkeit in der Tiefe des Meeres verborgen, in den Urgewässern, aus denen einst das Universum entstanden ist. Schon die Sumerer kannten den weltschöpferischen Aspekt des Urmeeres. Ein sumerischer Schöpfungsmythos erzählt, dass einst nur das uranfängliche Meer gewesen sei, über dessen Anfang oder Geburt sich nichts sagen lässt. Daraus sei dann der kosmische Berg aufgetaucht. »An-ki« hieß er, was so viel bedeutet wie »Himmel-Erde«, womit das Universum gemeint ist. Nach der Trennung von Himmel und Erde durch den Luftgott Enlil wurden die lichtspendenden Astralkörper erschaffen, und bald darauf entstanden die Pflanzen, die Tiere und die Menschen.[31] Aus dem »Mutterleib des Meerwassers« wächst der kosmische Berg, an dessen Ufer der Sintflutheld ankert. In der Finsternis des Berges oder des Meeres findet die Erneuerung des Lebens statt; Gilgamesch hat es auf seiner Wanderung selbst erfahren. Darum taucht er jetzt hinab, um das Lebenskraut mit dem bezeichnenden Namen »Jung wird der Mensch als Greis« oder wie Jacobsen übersetzt »As Oldster Man Becomes Child«[32] zu bergen. Mit diesem

Fund scheint sich seine Sehnsucht nach ewiger Jugend zu erfüllen. Doch die Schlange will es anders!

Der erwähnte moderne Träumer findet auf dem Meeresgrund einen paradiesischen Garten und einen Gefährten. Jung deutet den Schatz im Meer, den Gefährten und den Garten mit dem Springbrunnen als »eine und dieselbe Sache ... nämlich das Selbst« (§ 155). Dabei gilt es zu beachten, dass dieses Selbst ein Non-Ego jenseits jeder Subjektivität ist. Auch Gilgamesch fand auf seiner Wanderung den Paradiesgarten. Auch er ist von einem Freund begleitet. Doch im Unterschied zu jenem Traum ist es im Gilgamesch-Epos ein hässliches, stachliges Kraut, das die Kraft der Erneuerung in sich trägt. Einst war der Held ein mächtiger König, nun soll ihm ein stachliges Kraut zum Symbol des Lebens werden. Es ist ein weit verbreitetes Motiv, dass aus dem Unscheinbaren und Unbeachteten, aus den Garstigkeiten und Widrigkeiten des Lebens das unsterbliche Wesen hervorgeht. Die Unansehnlichkeit der Wunderpflanze steht in starkem Kontrast zum einstigen herrschaftlichen Gehabe des Königs von Uruk. Das Selbst nimmt wohl immer diejenige Gestalt an, die gegenüber der jeweiligen Bewusstseinslage die größtmögliche Ergänzung bedeutet, denn sein Anliegen ist die Ganzheit, d.h. die umfassende Persönlichkeit. In diesem Sinne ist es das Allerunbedeutendste und zugleich auch das Allerbedeutendste.

Auch das Symbol der Pflanze hat im Blick auf das einstige Vertrauen des Helden auf seine eigenen Kräfte eine kompensatorische Funktion. Die Pflanze wächst und gedeiht ohne jedes Zutun des Menschen. Sie repräsentiert die im Unbewussten verborgene Wachstumskraft. Ihre Erdverbundenheit weist den Helden auf seine Verwurzelung, auf seine Verbindung mit dem Irdischen und auf naturhaft-chthonische Werte hin. Die Erde und das Meer meinen beide jene Vergangenheit von Boden und Wasser, aus der alles entstanden ist. Sie sind der Urgrund, von welchem auch der Geist seine Nahrung bezieht. Die Wunderpflanze aus dem Meer versinnbildlicht deshalb einen natürlich gewachsenen und in tiefen Seinsschichten verwurzelten inneren Wert.[33] Die heilende Wirkung dieses Urgrundes soll Gilgamesch offenbar helfen, die Rückkehr in die irdische Welt zu bewältigen.

Beflügelt vom »Besitz« des Wunderkrautes setzt der Held seine Heimkehr fort. Nun doch ermattet vom Rückweg nimmt er in einem Teich ein kühlendes Bad, was psychologisch als ein partielles Versinken des Bewusstseins ins Unbewusste gedeutet werden kann. Wieder ist es ihm unmöglich, im entscheidenden Moment wachsam zu sein. Da raubt ihm die *Schlange* das Lebenskraut, frisst es und häutet sich. Bezeichnenderweise ist es nicht Gilgamesch, der gewandelt wird, sondern die Schlange. In ihr erkannte der archaische Mensch seit eh und je ein wichtiges Seelentier. Wegen ihrer Fähigkeit zur Häutung gilt sie als unsterblich und wird zum Symbol der Erneuerung und Wiedergeburt. Nach ägyptischer Vorstellung durchlaufen »alle Wesen die riesige Schlange der Wiedergeburt, um sich von ›Greisen‹ in ›kleine Kinder‹ zurückzuverwandeln.«[34] Als Kaltblütler gehört die Schlange zu den bewusstseinsfernen Schichten der Instinktsphäre, d.h. des Unbewussten. »Wann immer eine Schlange erscheint, symbolisiert sie ein Stück unserer instinktiven Psychologie, das einfach unnahbar ist, etwas von furchtbarer Macht, ein Ding, das unerbittlich ist, und mit dem wir keine Kompromisse machen können ...« − »Wann solch ein monströses Tier in einem Traum erscheint, wissen wir, dass etwas aus dem Unbewussten auftaucht, das nicht durch Willenskraft beeinflusst werden kann. Es ist wie ein Schicksal, das nicht abgewendet werden kann.«[35]

Die Schlange steigt aus der Tiefe des Wassers auf, was die Vermutung nahe legt, dass zwischen ihr und der Wunderpflanze eine geheime Identität bestehe. Jedenfalls gehört sie in den gleichen chthonisch-weiblichen Naturbereich wie das Lebenskraut und steht damit in Opposition zur lichten, männlich-geistigen Welt des Sonnenhelden. Die aus dem Wasser auftauchende Schlange, die sich das Lebenskraut zurückholt, repräsentiert ein in der Tiefe wohnendes *Numen der schöpferischen Wandlungsfähigkeit*. Für Menschen mit einem christlichen Hintergrund eher ungewohnt, liegt dieses gerade in den triebhaften, instinkthaften und naturgebundenen Regungen, kurz: im Animalischen, verborgen. Eben noch war Gilgamesch im Besitz des Wunderkrautes, doch während eines Bades im Teich, in einem kurzen Anfall von Unbewusstheit, verliert er es wieder. Dieses Motiv des Nicht-Erkennens eines lebenswichtigen Momentes[36] und des Versagens im entscheidenden Augenblick ist in Mythen und Märchen aller Völker weit verbreitet. Gereicht es dem Menschen zur Tragik oder vielleicht doch zu seinem Heil, dass ihn das Schicksal immer wieder mit solch unerwarteten Wendungen heimsucht? Jedenfalls ist das von der Schlange angekündete Schicksal unabwendbar.

Die Schlange verbindet Höchstes und Niedrigstes. In Träumen taucht sie gerne dann auf, wenn der Träumer von seinem unbewussten Seelenhintergrund in gefährlicher Weise entfremdet ist. Auf der Heimkehr, kurz vor dem Ziel, scheint diese Kluft für Gilgamesch ein bedrohliches Ausmaß anzunehmen. Es ist *die* große Gefahr für jeden, der bereichert und erfüllt durch die im Unbewussten verborgene Weisheit von der Unterweltsfahrt zurückkehrt, dass er den ihm zugewachsenen inneren Reichtum zum Eigennutz missbraucht. Dann stellt er die göttliche Wahrheit in den Dienst seines Ich, wodurch Letzteres bloß aufgebläht wird.

Gilgamesch kehrt mit leeren Händen zurück. Aus der Sicht des Ich ist es eine bittere Wahrheit, dass die Individuation so wenig »Erfolge« zeigt. Von höherer Warte aus betrachtet ist aber gerade diese »Erfolglosigkeit« und »Leere« dasjenige, was uns mit dem Selbst verbinden kann. Damit ist natürlich nicht gesagt, dass die Erfahrung des Numinosen und die damit verbundene innere Reifung keinerlei äußere Wirkungen hätte. Aber es geht dabei eben nicht um das Ansehen der Person, nicht um Macht oder Glanz, sondern um die seelische Bezogenheit des Individuums auf alles Seiende.

Für die heroische Weltorientierung mit ihrer Betonung des Männlichen, Lichten und Geistigen ist der Verzicht auf Macht und Besitz zugunsten des dunklen, weiblich-chthonischen Bereiches ein »Verlust«. Daher wird die Schlange im Laufe der symbolgeschichtlichen Entwicklung mehr und mehr zur Urfeindin der oberen

Götterwelt. Davon ist im Epos aber noch nichts zu spüren. Gilgamesch bricht zwar beim Verlust der Wunderpflanze in Tränen aus, nimmt diesen im übrigen aber gelassen hin. In einer für den archaischen Menschen typischen Weise akzeptiert er die Mächtigkeit seiner Gegenspielerin scheinbar selbstverständlich. Das zeugt doch von einer gewissen Weisheit.

Die Geschichte vom Kraut des Lebens demonstriert die Überlegenheit der Schlange gegenüber dem Helden, und es ist nicht verwunderlich, dass diese auch als ein geistiges Tier, d.h. als Symbol des erlösenden Nous (Geist, Vernunft) verstanden wird (Jung, GW 11, § 619). Gegenüber der einseitigen Betonung des solaren Bewusstseins legt sie den Akzent auf die »dunkle, tiefe, unbegreifliche Seite Gottes«[37].

Durch ihr Eingreifen weist Utnapischtims Frau Gilgamesch auf sein Versagen, auf seine Menschlichkeit, hin. Dadurch aber ermöglicht sie ihm den Zugang zu einem weiblich-chthonischen Geist, zu einer im dunklen Reich der Natur verborgenen weiblichen Kraft und Spiritualität. Im Centovalli, in einem Tal des südlichen Tessin, finden sich überall Marienbildnisse, auf welchen die Gottesmutter das Jesuskind im Schoße trägt. Darunter ist der Spruch zu lesen: »*In gremio matris sedet sapientia patris*« – im Schoß der Mutter sitzt die Weisheit des Vaters.[38] So hat sich diese Botschaft bis in unsere Tage hinein erhalten: das Wissen um eine Weisheit, die der seelischen Matrix entspringt.

Mit Schmerzen erkennt Gilgamesch seine Beschränkung. Wie er den Verlust der Wunderpflanze realisiert, setzt er sich hin und weint. Seine Tränen zeigen, dass er verstanden hat, worum es geht. »*Nicht schaff' ich Gutes mir selbst.*« Der Held hat erkannt, dass er ein Opfer bringen muss. Opfern muss er das Kraut, das den alten Knaben jung macht, und damit die Illusion ewiger Jugend. Der Held darf nicht zurückblicken, sich nicht zurücksehnen nach den goldenen Tagen der Jugend. Es ist ein natürlicher Instinkt, symbolisiert durch die Schlange, die ihm diese Einsicht aufzwingt, denn jedes Leben strebt seinem Ende zu und sucht seinen Tod. Wo immer Heimkehr und

Tod bevorstehen, droht ein kindisches Abgleiten in die eigene heroische Vergangenheit. Darum fordert die Schlange von Gilgamesch das unumgängliche Opfer der Trennung von der Jugend, die bewusste Erkenntnis seiner Endlichkeit.

Gilgameschs Trauer ist durch und durch menschlich und entspricht einer unausweichlichen Erfahrung im Leben. Nur allzu oft meinen wir, alles verloren zu haben. Wie Gilgamesch fragen wir uns dann, wozu wir uns eigentlich abmühen. Der Lebensweg ist eben kein gerader, sondern ein Schlangenweg, auf welchem wir von einem Extrem ins andere geworfen werden. Es ist manchmal schwierig, in dem labyrinthischen Gewinde ein sinnvolles, die Gegensätze einigendes Geschehen zu erkennen.

Zuweilen allerdings würde es genügen, die Träume zu beachten und ihnen zu folgen. Während unser Bewusstsein getrübt ist, und wir im Dunkeln einer Depression gefangen sind, sprechen die Bilder aus dem Unbewussten oft eine deutlich andere Sprache: hier ist alles belebt, es blüht und gedeiht, ein Umbruch kündet sich an, oder eine Verwandlung, wie diejenige der sich häutenden Schlange.

Die Stadt – Der königliche Mensch als Diener

Gilgamesch und Urschanabi wandern weiter und stehen schon bald vor den gewaltigen Mauern der Heimatstadt Uruk. Da sagt der Held, nicht ohne einen gewissen Stolz, zu seinem Freund, dem Fährmann:

> *»Wohlan denn, Urschanabi, steig empor*
> *zu Uruks Mauer, schreit' auf ihr entlang,*
> *Blick auf die Gründung, sieh das Ziegelwerk,*
> *ob es nicht völlig aus gebranntem Stein!*
> *Die sieben Weisen legten ihren Grund!*
> *Sie führt um ein Sar (eine Maßeinheit) Stadt,*
> *um eins an Gärten,*
> *ein Sar mit Gruben, wo den Lehm man holt,*
> *und um den Weihbezirk des Ischtartempels –*
> *Drei Sar und Uruks Weihbezirk umschließend!«*
> (Tf. 11,304ff.)

Gilgamesch und sein unsterblicher Begleiter sind am Ziel angelangt. Damit schließt sich der Kreis der Dichtung. Schon das Eingangswort zum Epos lobte in hymnischen Tönen den Erbauer dieser heiligen Stadt:

> *»Der alles schaute bis zum Erdenrande,*
> *Jed' Ding erkannte und von allem wusste,*
> *Verschleiertes enthüllte gleichermaßen,*
> *Der reich an aller Weisheit und Erfahrung,*

Geheimes sah, Verborgenes entdeckte,
Verkündete, was vor der Flut geschah,
Der ferne Wege ging bis zur Erschöpfung,
All seine Müh' auf einen Stein gemeißelt –
Er baute des umwallten Uruk Mauer
Rings um Eanna, den geweihten Tempel.«

Mit der Ankunft in Uruk schließt das Epos. Gilgameschs Einsamkeit und Isolation, die ihn seit Enkidus Tod hart bedrängt haben, nehmen damit ein Ende. Der Held ist in die Gemeinschaft zurückgekehrt.

Der Rückzug in Innerlichkeit und Isolation auf der einen, die Heimkehr auf der andern Seite sind zwei unerlässliche Aspekte des Individuationsweges, denn dieser ist, wie C.G. Jung in »Psychologie der Übertragung« schreibt, sowohl ein »innerer, subjektiver Integrationsvorgang, (wie auch) ein ebenso unerlässlicher, objektiver Beziehungsvorgang« (GW 16, § 448). Das Erste mag eine zeitweilige Isolation von der gewohnten Umgebung erfordern, das Zweite aber macht die Beziehung zur Gemeinschaft unerlässlich. Es gibt keine Individuation ohne einen lebendigen Bezug zur Welt, weil das Leben der Welt und das Leben aller Menschen ein ständig fließendes Kontinuum ist, in welchem alles mit allem und jeder mit jedem verbunden ist. »Wenn jemand glaubt, es sei völlig isoliert«, so Jung in einem Seminar, »so ist das eine neurotische Einbildung, die natürlich morbid ist«. Das zeigt lediglich, dass der Betreffende vom kollektiven Menschen in sich nichts weiß.[39]

Das kollektive Muster ist tief in der Struktur des Selbst verwurzelt. Darum wird in den Träumen moderner Menschen »das Selbst ... oft durch ein Tier symbolisiert, welches unsere Instinktnatur und deren Verbindung zur Naturumgebung darstellt. Diese Beziehung des Selbstsymbols zur umgebenden Natur und sogar zum All, zeigt, dass dieses ›Kernatom der Seele‹ irgendwie mit der ganzen inneren und äußeren Welt verwoben ist ... Ein bekannter Zoologe (Portmann) sagte deshalb, dass die Innerlichkeit des Tieres weit in die Welt hinausgreife und sich Raum und Zeit ›verseele‹. Auch das

Unbewusste des Menschen ist in ungeahnt tiefer Weise auf seine Umgebung, Sozialgruppe und weiterhin auf Raum und Zeit und die ganze Natur um sich abgestimmt.«[40]

Diese Verwobenheit des Menschen mit seiner Umgebung ist Gilgamesch auf dem langen Weg zum mythischen Weltende bewusst geworden. Wer darum weiß, ahnt etwas vom kosmischen Grund, aus welchem alles in Jahrmillionen entstanden ist und wohin alles wieder zurückkehren wird. Gilgamesch hat seine Ausdauer unter Beweis gestellt, er, der »ferne Wege ging bis zur Erschöpfung« und dabei – wie Schott übersetzt – »einmal matt war und bald wieder frisch«.

Das unermüdliche Dranbleiben, auch dann, wenn Rückschläge einen immer wieder zurückwerfen, ist eine Grundvoraussetzung des schöpferischen Lebens. Wer frei vom Eigenwillen ist, weiß um die eigene Bedingtheit, er weiß um den Ursprung des Lebens in einer Quelle, die sich dem Bewusstsein entzieht. Das ist es, worauf C.G. Jung mit seiner Hypothese vom kollektiven Unbewussten hinweisen wollte: auf den Urgrund, der allem Seienden immer schon vorangeht und dieses in unendlich ferner Zukunft überdauert. Wir verstehen unter einem freien Leben allerdings oft genau das Gegenteil: die Loslösung von allen Einschränkungen, die unseren Durchhaltewillen auf die Probe stellen, eine Unabhängigkeit, die zu nichts verpflichtet. Demgegenüber ist Gilgamesch mit der göttlichen Quelle in Berührung gekommen. Sie hat in ihm die Liebe zur Welt und zu den Menschen neu geweckt. Sichtbares Zeichen dafür ist sein unsterblicher Begleiter Urschanabi, der jetzt mit ihm vor Uruks Mauern steht.

Es ist wohl kein Zufall, wenn unser Text *vier* Bereiche von Uruk erwähnt: die Stadt, die Palmgärten, die Flussniederungen und den Weihbezirk des heiligen Ischtartempels, eine Gliederung, die nicht real, sondern symbolisch zu verstehen ist. Im altorientalischen Lebensraum bedeutet jede Siedlung eine Welt für sich, ein sakrales Ganzes. Sie gilt als Mittelpunkt der Welt, was durchaus kosmisch gemeint ist. Wie die häufig anzutreffende quaternäre Struktur zeigt, ist die Stadt ein Ganzheitssymbol.[41]

Daraus ergibt sich eine weitere Bedeutung der Stadt, diejenige der Abgrenzung gegenüber dem unheimlichen Reich der dämonischen Mächte. Die Stadt ist eine Welt-in-sich, die sich vom Nichtsein abgrenzt. Ringsum herrscht das Chaos. Dabei sind es nicht nur die feindlichen Nachbarvölker, deren Ansturm die Befestigungsmauern standhalten sollen, sondern ebenso sehr all jene gottfernen finsteren Mächte, vor denen der heilige, gotterfüllte Bezirk Schutz gibt. Die Gefahr des archaischen Menschen ist das Absinken in die Dunkelheit der uranfänglichen Unbewusstheit. »Seine Bewusstheit ist nämlich noch unsicher und steht auf schwankenden Füßen. Sie ist noch kindlich, eben aufgetaucht aus den Urwassern. Leicht kann eine Woge des Unbewussten über sie hinwegschlagen ... Alles Trachten der Menschheit ging daher nach Befestigung des Bewusstseins. Diesem Zwecke dienten die Riten, die *représentations collectives*, die Dogmata; sie waren Dämme und Mauern, errichtet gegen die Gefahren des Unbewussten, die ›perils of the soul‹« (Jung, GW 9/1, § 47). Die Stadt und deren mächtiges Mauerwerk, sowie die in ihr vollzogenen Riten und Kulthandlungen gewähren Schutz gegen zweierlei Gefahren, die allerdings für den damaligen Bewohner ein und dieselbe ist: die Abwehr des anstürmenden Feindes ebenso sehr wie diejenige der dunklen dämonischen Gewalten.

Diese Stadt ist das Erste, was Gilgamesch seinem unsterblichen Begleiter zeigt, so als wollte er ihm, nicht ohne einen gewissen Stolz, sagen: »Schau, das habe ich geschaffen!« Das ist durchaus legitim. Wer die Dunkelheit überstanden hat, darf sich seiner Werke erinnern, weil er nicht mehr in Gefahr ist, sich derentwegen gleich für einen Halbgott zu halten. Gilgamesch hat Gnade gefunden und weiß um die Notwendigkeit der regenerierenden Kraft aus der Tiefe. Deshalb ist anzunehmen, dass er jetzt ein gesundes Selbstbewusstsein besitzt, das nicht schon beim geringsten Anlass inflationär wird. Im konkreten Fall mag ein solches Selbstbewusstsein für Außenstehende zuweilen als Arroganz erscheinen. In Wirklichkeit ist es aber eine im Leben mit seinen Schicksalsschlägen errungene

278

Stärke, die sich ihres wahren, göttlichen Grundes durchaus bewusst bleibt. Dass Gilgamesch diesen göttlichen Grund kennt, sagt das Epos deutlich: Sieben Weise legten ihren Grund. Sie ist Menschen- *und* Gotteswerk, ein Symbol für das Zusammenspiel von Ich und Selbst, aus welchem eine stärkste Kraft hervorgeht.

Hier endet die Erzählung, hier, wo sich das Heilige und Göttliche mit der Sphäre des Menschen verbinden, wo das Zentrum und die Mitte, aus welcher heraus die Welt erfahren werden kann, bewusst wird. Der Held ist in die Gemeinschaft zurückgekehrt. Die Rück- kehr zur Welt gehört zur Verpflichtung dessen, den der Individua- tionsprozess zeitweise in die Einsamkeit geführt hat. Die Lehmgru- ben, die Gärten und die Häuser sind in das ganzheitliche Schlussbild ebenso einbezogen wie der Heilige Bezirk der Göttin. Gilgamesch ist ein *Diener* der menschlichen Gemeinschaft geworden, auch und gerade als *König*. Durch die erlittenen Entbehrungen hat er sich selbst und damit Gott gefunden. Noch Jahrtausende später klingt sein Erlebnis nach, wenn es in der islamischen Mystik, die in derselben Gegend beheimatet ist wie das Gilgamesch-Epos, von Gott heißt: »›Himmel und Erde umfassen Mich nicht, aber das Herz meines treuen Dieners umfasst mich.‹ Das Herz, unter dem Ansturm der Heimsuchungen gebrochen, gleicht einer Ruine, die den kost- barsten Schatz enthält, den Schatz ›Gott‹, der erkannt werden wollte. Wenn der Mensch seine eigene Wertlosigkeit und absolute Armut erkannt hat, findet er diesen Schatz, der ihm ›näher als die Halsschlagader ist‹ (Sura 50/16); denn, wie das Wort des Propheten sagt: › *Wer sich selbst kennt, kennt seinen Herrn.*‹«[42]

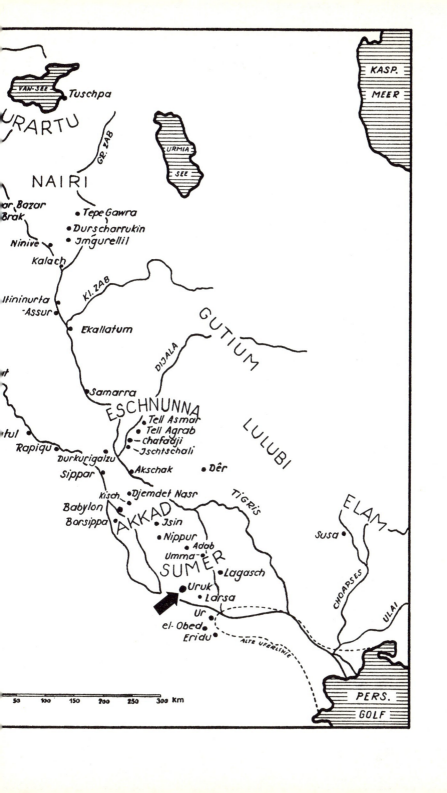

Zeittafel

5000 - 3500	*Urgeschichte*: Ackerbau und Viehwirtschaft, Jagd und Fischfang.
3200 - 2800	*Frühe Hochkultur*: Ureinwohner. Obed-Kultur. Uruk bereits ein Kulturzentrum. Um 3000 »Erfindung« der Schrift.
2800 - 2350	*Frühdynastische Zeit*: Rivalisierende Stadtstaaten. Gilgameschs Mauerbau in Uruk. Sumerisches Heldenzeitalter semitisch beeinflusst.
2350 - 2200	*Erstes semitisches Großreich*: Sargon von Akkad. Vermutlich Vorbild für das akkadische Gilgamesch-Epos, das um 1200 in Erinnerung an Sargon verfasst worden ist. Naramsin »Gott von Akkade«. »Gottkönigtum«.
2200 - 2100	Sumerische Renaissance: *Gutäerherrschaft*, Gudea von Lagasch, der gute Hirte seines Volkes, ein Friedefürst.
2100 - 2000	Sumerische Renaissance: *3. Dynastie von Ur aus Uruk.* Schulgi feiert als »Gottkönig« die Heilige Hochzeit. Amoriter brechen von Nordwesten ins Land ein. Leid und Elend, Klage um die Zerstörung von Ur.
ab 2000	*Beginn der altbabylonischen Zeit: Isin-Larsa-Zeit.*
um 1750	Hammurabi von Babylon.

Daten der Gilgamesch-Tradition

ca. 2800	Gilgamesch, König in Uruk (?).
Ende 3. Jahrtausend	Erste sumerische Gilgamesch-Dichtungen.
18./17. Jahrhundert	So genannte »altbabylonische Rezension«: Die alten Gilgamesch-Sagen wurden vermutlich schon damals in einem großen akkadischen Epos zusammengefasst.
um 1200	Ein unbekannter babylonischer Dichter schmiedet die alten Gesänge zu einem Gesamtkunstwerk zusammen.
1. Jahrtausend	Neuassyrische Bearbeitung in Ninive, gefunden in der Tontafelbibliothek des Königs Assurbanipal (668-628 v.Chr.).

Glossar der wichtigsten Gestalten

An (*Anu*):
Oberster Gott des sumerischen Pantheons, »das große Oben«. Als Himmelsvater Bewahrer der kosmischen Ordnung. In Uruk Hauptgottheit neben dem Inannaheiligtum. Erst in der Spätzeit werden beide miteinander verbunden.

Dumuzi:
»Der rechte Sohn«, als *Ama'uschumgal* der »Drachensohn«. Als Partner der Heiligen Hochzeit ist er der in vielen Gesängen verehrte Geliebte der Inanna. Seine religionsgeschichtliche Einordnung bleibt umstritten. In erster Linie ist er wohl ein Vegetationsgott, dann auch Jäger und Hirte. Er verkörpert die vitale Triebkraft der Natur, den élan vital von Pflanzen Tieren und Menschen. Als Sohngeliebter ist ihm ein früher Tod bestimmt.

Enki (*Ea*):
Herr der Erde und des Süßwasserozeans, auch Gott der Weisheit. Als numinose Macht des Wassers und des männlichen Samens verkörpert Enki eine befruchtende Kraft. Er allein kann Inanna aus der Unterwelt befreien und hat darin »schamanistische« Züge. Enki gehört zu der jüngeren Göttergeneration, die die Menschheit bei der Sintflut vor dem Zorn Enlils schützt. Mit seinem erfinderischen, den Menschen zugewandten Wesen sorgt er ganz allgemein für die Erneuerung und Belebung der Seele.

Enkidu:
Der »Tierbruder« des Gilgamesch, der ihn bei seinem Abenteuer im Zedernwald begleitet. Sein Tod gilt als Strafe für die Beleidigung der Inanna.

Enlil:
Die bei weitem wichtigste Persönlichkeit der sumerischen Götterwelt. Als »Herr-Wind« offenbart er sich in Donner und Blitz, in Wolkenbrüchen und dunklen Gewitterregen. Er ist ein Gott der »alten Garde« und herrscht als Wettergott souverän über seine Schöpfung. Sein unberechenbares Wesen macht es, dass die Menschen ihn fürchten. Dennoch ist er als Schöpfergott, der das Urelternpaar voneinander getrennt hat (wie der ägyptische Schu), ein kreativer und erfinderischer, den Menschen wohlgesinnter Geist.

Inanna-Ischtar:	Die wohl wichtigste Göttin des sumerisch-babylonischen Pantheons. Die sumerische Inanna und die babylonisch-se-mitische Ischtar sind schon bald zu einer Gottheit verschmol-zen, wobei sie beide von ihrem Wesen her durchaus ver-schiedene Züge aufweisen. So hat zwar Inanna auch aggres-sive Züge, ist aber längst nicht so kriegerisch, grausam, blutgierig und wild wie die babylonische Ischtar. An ihrem Tempel wird der Kult der Heiligen Hochzeit gefeiert. In später Zeit wird sie zur Himmelsherrin und Gemahlin des Anu. Der berühmteste Mythos von Inanna berichtet von ihrem Abstieg in die Unterwelt. Inanna ist keine mütterliche Göttin und auch keinem Mann als Ehefrau verpflichtet. Stets bewahrt sie ihre Unabhängigkeit und ist als solche eine typische »Jungfrauengöttin«, »Eine-in-sich«, die *femme par excellence*, die autonom und von andern Gottheiten unabhän-gig waltet. Sie verkörpert die Vitalität des sexuellen Triebes, den élan vital schlechthin, sei es im Sinne des Liebesspieles, sei es im Sinne des Kriegsrausches. Als weibliche Schöpferkraft versinnbildlicht sie die Lebensdynamik in jeder Form.
Ninsun:	Mutter des Gilgamesch und Priesterin des Sonnengottes Schamasch.
Schamasch:	(sum. *Utu*) Der Sonnengott, der Gilgamesch in besonderer Weise zugewandt ist. Während der sumerische Utu noch stark kriegerische Züge hat, verschwinden diese in babyloni-scher Zeit, so dass er mehr und mehr zum (gerechten) Richter von Himmel und Erde wird. Seine Verehrung nimmt schon im Gilgameschepos »monotheistische Züge« an, wie sie sich später in der Gestalt des babylonischen Marduk deutlich durchsetzen. Psychologisch verkörpert der Sonnengott das Mysterium des Bewusstseins, das heißt einen Bewusstseitsfak-tor im kollektiven Unbewussten.
Siduri:	Churritisch: »junges Weib«. Sie wohnt am Rande des my-thischen Meeres, wo sie als Schenkin den abgezehrten Gil-gamesch empfängt. Sie rät ihm zur Umkehr, er aber will nichts davon wissen. So wandelt sie sich von der Verführerin zur Führerin und zeigt ihm den Weg.
Urschanabi:	Der göttliche Fährmann, der Gilgamesch auf seiner Rückkehr vom Sintfluthelden begleitet.
Utnapischtim:	Der Sintflutheld, der wie der biblische Noah die Menschheit vor dem endgültigen Untergang bewahrt. Als Dank für seine Tat wird er unsterblich und haust zusammen mit seiner Frau in der Ferne jenseits des mythischen Meeres.

Anmerkungen

Herkunft und Umfeld des Gilgamesch-Epos

1 Zur sumero-babylonischen Kultur- und Religionsgeschichte: Th. Jacobsen, The Treasures of Darkness; ders., Mesopotamien, in: Alter Orient – Mythos und Wirklichkeit, hg. von H. Frankfort, u.a., Stuttgart 1981; J.J.A. van Dijk, Sumerische Religion, in: J.P. Asmussen, Handbuch der Religionsgeschichte, Göttingen 1971; S.N. Kramer, Die Wiege der Kultur, Zeitalter der Menschheit, Time-Life Bücherei 1969; W. von Soden, Zweisprachigkeit in der geistigen Kultur Babyloniens. Österreichische Akademie der Wissenschaften, Phil.-hist. Klasse, Wien 1960.

2 Man vermutet, dass sie aus dem Nordosten oder über den Persischen Golf aus Zentralasien nach Mesopotamien eingewandert sind. Hier haben sie sich um 3500 v.Chr. niedergelassen.

3 H. Schmökel, Ur, Assur und Babylon. Drei Jahrtausende im Zweistromland, Zürich 1955; ders., Geschichte des alten Vorderasien, Leiden 1957, und W. von Soden, Zweisprachigkeit, S. 6-11. Einen prägnanten Überblick neueren Datums gibt Helgard Balz-Cochois, Inanna, Wesensbild und Kult einer unmütterlichen Göttin, in: Studien zum Verstehen fremder Religionen, Hg. J. Assmann und Th. Sundermeier, Gütersloh 1992, S. 27- 42. Sie beruft sich stark auf H.H. Nissen, Gründzüge einer Geschichte der Frühzeit des Vorderen Orients, Darmstadt 1990[2].

4 So Bottéro, in Fischer Weltgeschichte 1965, S. 104; zitiert nach: Balz-Cochois, S. 35, Anm. 34; vgl. auch Anm. 28.

5 H. Schmökel, Das Gilgamesch-Epos, Stuttgart 1978[4]; A. Schott, Das Gilgamesch-Epos, neu hg. von W. von Soden, reclam Verlag, Stuttgart 1984[3]. Die neueste Übersetzung: J. Bottéro, L'Epopée de Gilgames, Le grand homme qui ne voulait pas mourir, Gallimard, Paris 1992. Zur Entstehungsgeschichte: Schott, ebenda, Einleitung, sowie K. Oberhuber (Hg.), Das Gilgamesch-Epos, mit Aufsätzen verschiedener Autoren zum Epos.

6 W. Dilthey, Ideen über eine beschreibende und zergliedernde Psychologie, 1894, Ges. Schriften Bd. V, S. 180. Zur Auseinandersetzung mit Dilthey aus der Sicht der Jung'schen Psychologie siehe: A. Schweizer,

Gilgamesch, Von der Bewusstwerdung des Mannes. Eine religionspsychologische Deutung, Theologischer Verlag, Zürich 1991, Wissenschaftliches Nachwort, S. 213ff.

7   E. Jung/M.L. von Franz, Die Gralslegende in psychologischer Sicht, Zürich 1960, S. 222f.

8   Diesen Hinweis verdanke ich Regine Schweizer-Vüllers.

9   W. Binder, Literatur als Denkschule, München, Zürich 1972, S. 137; siehe auch H.G. Gadamer, Hermeneutik I, Wahrheit und Methode, Gründzüge der philosophischen Hermeneutik, Gesammelte Werke Bd. I, Tübingen 1986, S. 279: Gadamer sieht im »Gegensatz eines echten mythischen Denkens und eines pseudomythischen dichterischen eine romantische Illusion ..., die auf einem Vorurteil der Aufklärung beruht: dass nämlich das dichterische Tun, weil es eine Schöpfung der freien Einbildungskraft sei, an der religiösen Verbindlichkeit des Mythos keinen Teil mehr habe.«

10   Vgl. dazu Rivkah Schärf Kluger, The Archetypal Significance of Gilgamesh, Einsiedeln 1991, p. 16f.

11   Eanna ist neben dem Tempel des Himmelsgottes An ein Hauptheiligtum von Uruk. In ihm wird die Schutzgöttin der Stadt, Inanna, verehrt.

12   Die 12. Tafel des Epos ist im Folgenden nicht berücksichtigt. Sie berichtet von Enkidus Aufenthalt in der Unterwelt und ist lediglich eine akkadische Übersetzung des Mittelstücks eines alten sumerischen Liedes mit dem Titel »Gilgamesch, Enkidu und die Unterwelt«. Sie gehört sicher nicht zum Gesamtwerk, ersetzt vielmehr seit der sargonidischen Periode (7. Jh. v.Chr.) den ursprünglich anderen Schluss. Es ist müßig darüber zu spekulieren, wie der einstige 12. Gesang ausgesehen haben mag. Eine einleuchtende Hypothese liefert uns F.M.Th. de Liagre Böhl, Das ewige Leben im Zyklus und Epos des Gilgamesch, in: K. Oberhuber, Das Gilgamesch-Epos, S. 237-275, bes. S. 262f. Ich kann aber auf diese und andere redaktionsgeschichtlichen Frage nicht eingehen. So lassen wir das Epos mit dem elften Gesang enden, was, wie sich zeigen wird, durchaus sinnvoll ist. Vielleicht ist es wie im Leben: den wirklichen Schluss kennen wir nicht.

*I. TEIL: Gilgamesh und Enkidu – Das Leben als
Kampf und Abenteuer*

1   Vgl. dazu F. Stolz, Der mythische Umgang mit der Rationalität und der rationale Umgang mit dem Mythos, in: H.H. Schmid (Hg.), Mythos und Rationalität, Gütersloh 1988, S. 83.

2 R. Kluger-Schärf, Einige psychologische Aspekte des Gilgamesch-Epos, in: Aspekte Analytischer Psychologie 6, 1975 (Festschrift zum 100. Geburtstag von C.G. Jung), S. 388.

3 M.L. von Franz, Der ewige Jüngling, S. 110.

4 Diese Auffassung vom Mythos, die mehr dessen Dynamik in den Vordergrund rückt, wird etwa von Fritz Stolz vertreten. Sie lässt sich auf folgenden Nenner bringen: Der Mythos beinhaltet »eine Transformation von (allenfalls verschiedenen) Unordnungszuständen zu einem Ordnungszustand.« F. Stolz, Das Gleichgewicht von Lebens- und Todeskräften als Kosmos-Konzept Mesopotamiens, in: M. Svilar (Hg.), Der Mensch und seine Symbole, Bern 1986, S. 53. Auch andere Begriffspaare ließen sich heranziehen: die Transformation von der Labilität zur Stabilität oder von der Irrealität zur Realität. Immer schreitet der Mythos von der Bedrohung des Lebens zu einem stabilen, doch dynamischen Wirklichkeitsverständnis voran. Darin zeichnet er sich durch einen hohen Realitätssinn aus.

5 Vgl. Kluger-Schärf, Aspekte, S. 388; dies., Gilgamesh, p. 29.

6 Im Folgenden zitiert nach der Verszählung der Hamburger Ausgabe.

7 Historisch spiegelt sich in dieser Begegnung des ungleichen Paares die Konfrontation von Nomaden und Sesshaften, die immer wieder zu kriegerischen Auseinandersetzungen geführt hat.

8 A. Schimmel, Mystische Dimensionen des Islam. Die Geschichte des Sufismus, München 1995[5], S. 436.

9 »Es ist eine uralte und tiefe Erkenntnis darin, dass das Bewusstwerden seiner selbst mit dem Bewusstsein einer Schuld einhergeht. Schon die biblische Paradiesgeschichte drückt diese Erkenntnis aus ...« (E. Jung, von Franz, S. 187). Während für den biblischen Menschen die Schuld in der Erkenntnis liegt, ist es bei Parzival und beim modernen Menschen gerade umgekehrt. Seine Schuld liegt darin, dass er nicht erkennen will. Parzival versäumt es, beim Anblick des Gralsgefäßes die entscheidende Frage zu stellen, wodurch er schuldig wird. Parzivals Unbewusstheit entspricht weitgehend der heutigen Problematik, in welcher die Existenz des Dunklen und Irrationalen als ein innerseelischer Faktor weitgehend abgespalten oder nach außen, etwa in irgendwelche Horrorfilme, projiziert ist. Dahinter steht die Angst vor dem dunklen Aspekt der Großen Mutter, bzw. des Weiblichen. (Vgl. dazu A. Schweizer-Vüllers, Gedanken zum Suchtproblem der Gegenwart, in: Analytische Psychologie 11, 1980, S. 7ff.). Auch im Gilgamesch-Epos schimmert diese menschliche Urangst immer wieder durch.

10 Das wird bei der Tötung des Ungeheuers Chuwawa deutlich. Denselben Übergang zu einer bewussten Erfassung der Distanz von Tier und Mensch weist M.L. Henry für den biblischen Schöpfungsbericht in

Gene_is 2 nach. In: Das Tier im religiösen Bewusstsein des alttestamentlichen Menschen, in: B. Janowski (Hg.), Gefährten und Feinde des Menschen, Neukirchen-Vluyn, 1993, S. 24ff. Ebenso: G. van der Leeuw, Phänomenologie der Religion, § 8, Die heilige Mitwelt. Die Tiere.

11 Eine ähnliche Funktion haben auch die Darstellungen von Jagdszenen in ägyptischen Gräbern: sie wollen vom selig Verstorbenen das Böse abwehren und fernhalten.

12 K. Meuli, Griechische Opferbräuche, in: Gesammelte Schriften, 2.Bd., Basel/Stuttgart 1975, S. 950.

13 K. Meuli, Griechische Opferbräuche, S. 958; Kalevala, Das finnische Epos, Stuttgart 1985.

14 An ist der sumerische Himmelsgott. In einem spätbabylonischen Lehrgedicht wird Inanna, die reizende junge Frau erhöht und zur Gattin des Himmelsgottes ernannt: »Zusammen mit An wohnst du im heiligen Schlafzimmer.« Eine deutsche Übersetzung des Mythos bei: B. Hruska, Das spätbabylonische Lehrgedicht »Inannas Erhöhung«, in: Archiv Orientalni 37, 1969, S. 473ff. Eine französische Variante in: R. Labat, Les Religions du Proche Orient asiatique, 1970. L'Exaltation d'Ischtar, p. 240ff.

15 Die sumerische *Inanna* und die semitische *Ischtar* sind zur Zeit der Entstehung des Gilgamesch-Epos längst zu *einer* Göttin verschmolzen. Die Namen werden im Folgenden abwechselnd verwendet, wobei ihre Bezeichnung als »Inanna« die Betonung auf ihr sumerisches Wesen legt.

16 Vgl. dazu O. Keel, Das Hohelied, Zürich 1986, S. 22f. Vor allem fehlt dem Hohenlied im Gesamten der dramatische Aufbau, der für ein Kultlied unentbehrlich ist. Auch die Teilnehmer der Heiligen Hochzeit werden nie beim Namen genannt, was in allen sumerischen und babylonischen Texten der Fall ist.

17 Der Hintergrund seiner Entstehung, so Helgard Balz-Cochois in ihrem Buch über Inanna, bildet ein Geschichtsschock: das katastrophale Ende des göttlichen *Naramsin* und seines Gottesstaates von Akkad. Er, der sich »Gott von Akkade« und »Gemahl der Ischtar« nennen ließ, konnte seinem brutalen Schicksal, dem Sturz ins Bodenlose, nicht entgehen. Balz-Cochois, Inanna, S. 130-133.

18 Wichtige Hinweise zum Wesen der Inanna-Ischtar verdanke ich Prof. Mark Brandes, Freiburg i. Br. Zur Literatur siehe: H. Balz-Cochois, Inanna, S. 129ff.; W.H.Ph. Römer, Einige Überlegungen zur »Heiligen Hochzeit« nach altorientalischen Texten, in: Von Kanaan bis Kerala, Festschrift für J.P.M. van der Ploeg, Neukirchen-Vluyn 1982, S. 421: »Mit dem Hierosgamos-Ritus verbunden ist offenbar auch eine Schicksalsentscheidung seitens der Göttin für den König und das Land ...«.

Ebenso auch J. van Dijk, Sumerische Religion, S. 480. Ganz deutlich wird diese Schicksalsbestimmung in der Hymne des *Schulgi* (Ur-III-Dynastie um 2000 v.chr.), in welcher die Priesterin als Repräsentantin der Inanna zum König spricht:
»Für den König, den En-Priester habe ich mich gebadet, für den Hirten, Sumers Sohn, habe ich mich gebadet ...
Wenn der *En*-Priester zum reinen Bett Inannas kommt, wenn der Hirte Dumuzi gesagt hat:
›Ich will ihren Schoß öffnen‹«, wenn er seine Hand in meinen Schoß gelegt hat, ...
dann will ich den En-Priester liebkosen, *ein gutes Schicksal für ihn bestimmen* ...«
(van Dijk, Sumerische Religion, S. 485; Balz-Cochois, S. 134f. In der Hymne des *Ischmedagan* ist vom »Ort der Schicksalsentscheidung« die Rede. Siehe: W.H.Ph. Römer, Sumerische »Königshymnen« der Isin-Zeit, Leiden 1965, S. 268).

19 Römer, Königshymnen, S. 136ff.

20 Wörtlich: »Meine Mutter ist der (Himmels)drache«, also etwa: der Drachensohn.

21 W. Helck, Betrachtungen, S. 63; J. Bachofen, Das Mutterrecht (Erstausgabe 1861). Im Anschluss an Helck: Balz-Cochois, Inanna, S. 117-122. Zur Problematik der »heilen matriarchalen Vorzeit«: S. Heine, Wiederbelebung der Göttinnen? Zur systematischen Kritik einer feministischen Theologie, Göttingen 1987. Ihre Auseinandersetzung mit Bachofen: S. 102ff. Doris Brockmann, Ganze Menschen − Ganze Götter. Kritik der Jung-Rezeption im Kontext feministisch-theologischer Theoriebildung, Paderborn, München, Wien, Zürich 1991.

22 Zit. nach: Wolkstein/Kramer, Inanna, S. 37.

23 H. Balz-Cochois, Inanna, S. 103 und 223, Anm. 37.

24 Zit. nach: A. Schimmel, Mystische Dimensionen des Islams, S. 417 und 424.

25 »Inannas Abstieg in die Unterwelt«, Text bei S.N. Kramer, Sacred Marriage Rite, Death and Resurrection, p. 107ff.; und ders., Geschichte beginnt mit Sumer, München 1959. Die neueste mir bekannte Übersetzung des Mythos in: J. Bottéro, S.N. Kramer, Lorsque les dieux faisaient l'homme, Mythologie mésopotamienne, Ed. Gallimard 1989, p. 276ff.

26 So Balz-Cochois, Inanna, S. 126.

27 Übersetzt nach: Bottéro/ Kramer, Lorsque les dieux faisaient l'homme, S. 322, Zeilen 76ff.

28 Die Bezeichnung »Eros« kommt im Neuen Testament gar nicht vor. Der Begriff der Agape schließt das Verhältnis Gott-Mensch stets mit

ein. *Für Paulus offenbart sich in der Agape eine Tat Gottes.* Darum lässt sich, wo er von der Liebe spricht, diese nicht auf ein ethisches Handeln reduzieren. Vom Eros unterscheidet sie sich insofern, als die Agape die Gewalttätigkeit (Paulus: den Zorn Gottes) per definitionem ausschließt. Gottes Liebestat, so der Theologe Paulus, ist stärker als alle Mächte und Gewalten, stärker als der Tod (Röm. 8,37ff.; 1. Kor. 15,55ff.). Menschliche Liebe ist allein in der Liebe Gottes begründet.

29 J.V. Andreae, Chymische Hochzeit, Christiani Rosencreutz, Anno 1459, eingeleitet und herausgegeben von R. van Duelmen, Stuttgart 1981[3].

30 Klarer in der englischen Übersetzung: materialisation of spirit and spiritualisation of matter.

31 Heraklit, Fragmente, griechisch und deutsch, hg. von B. Snell, Sammlung Tusculum, Zürich 1983, B 14.

32 Ovid, Metamorphosen, übersetzt und herausgegeben von H. Breitenbach, reclam, Stuttgart 1982, 3. Buch, 138-252.

33 Dazu Marie Louise von Franz, Die Erlösung des Weiblichen im Manne, Frankfurt am Main, 1986[3].

34 Rosarium Philosophorum, Ein alchemisches Florilegium des Spätmittelalters, Faksimile der illustrierten Erstausgabe, Frankfurt 1550, Bd. 2, Herausgegeben und erläutert von J. Telle, übersetzt von L. Claren und J. Huber, Frankfurt 1992, S. 23.

35 Schott: »Die Waffe des Anu stürzte auf mich herab ...«. J. Bottéro, L'Épopée de Gilgames, Gallimard 1992, p. 79: »Une façon de bloc (venu) du Ciel est pesamment tombé près de moi.«

36 Bottéro, p. 79: »Moi, je le cajolais, comme une épouse.«

37 Übersetzung nach Heidel und Schmökel; Schott übersetzt statt »Stern«: »die Waffe des Anu«, Bottéro »une façon de bloc«.

38 E. Hornung, Tal der Könige, Darmstadt 1983, S. 33. Erst mit Sesostris II. hat diese Tradition ein Ende um 1850 v.Chr., weil das Jenseits jetzt immer enger mit Osiris, dem Herrscher des unterweltlichen Totenreiches verbunden wird. (S. 35)

39 Vgl. dazu und zum folgenden Marie Louise von Franz, The Way of the Dream, A Conversation with Fraser Boa, Toronto (1991), S. 63ff.

40 Vgl. dazu Regine Schweizer-Vüllers, Das Bild Gottes. Deutung der mittelalterlichen Legende von der Entstehung des Volto Santo durch Nikodemus, in: Jungiana Reihe A, Bd. 6.

41 Diese Verschiebung vom Ich zum Selbst ist, so weit ich sehe, das zentrale Anliegen der theologischen Hermeneutik. Gott selbst sei es, so der Theologe Hans Weder, der unser (ichhaftes) Selbstgespräch überwindet. Dies aber geschieht durch die biblischen Texte, denn: »Die Befreiung des Menschen aus seinem Selbstgespräch soll möglichst den Texten selbst überlassen werden.« (Neutestamentliche Hermeneutik, Zürich 1986, S.

107) Ich stimme diesem Ansatz durchaus zu, vorausgesetzt allerdings, dass mit den Texten nicht nur die biblischen, sondern alle Zeugnisse der Geistesgeschichte gemeint sind.

42 »Wisse mein Sohn, dass du diese Wissenschaft so lange nicht haben kannst, bis du deine Seele für Gott reinigst und Gott weiß, dass du einen zuverlässigen und rechten Sinn hast. Dann wird er dich zum Herrn dieser Welt machen. Aristoteles sagt: O, wenn Gott treue Sinnesart in einem Menschen wüsste, dann würde er ihm gewiss das Geheimnis enthüllen.« Rosarium philosophorum, Bd. 2, S. 30.

43 So etwa F.D. Peat, Synchronizität, Die verborgene Ordnung, Goldmann Verlag 1992, S. 57.

44 W. Heisenberg, Wandlungen in den Grundlagen der Naturwissenschaft, Zehn Vorträge, Stuttgart 1980[11], S. 61.

45 Zu dieser Thematik siehe: B. Janowski, u.a. (Hg.), Gefährten und Feinde des Menschen. Sowie: A. Schweizer, Seelenführer durch den verborgenen Raum. Das ägyptische Unterweltsbuch Amduat, Kösel-Verlag München 1994, S. 42ff. 1. Stunde: Der Jubel der Paviane – Die Berührung mit der Tierseele.

46 Anders Schott: »Ich nahm sie und legte an meine Seite sie an.« Bottéro: »Je l'ai déposée à tes pieds.«, Schmökel, Thompson u.a. sprechen von der Mutter.

47 Den Hinweis auf diese Stelle verdanke ich R. Schärf Kluger, Gilgamesh, p. 83.

48 K. Kerényi, Labyrinth-Studien, Amsterdam/Leipzig 1941, S. 15.

49 Eine gute Zusammenfassung der sumerischen Gilgamesch-Gesänge bei Schott, Das Gilgamesch-Epos, im Anhang. Vgl. auch S.N. Kramer, The epic of Gilgamesh and its Sumerian sources, in: Journal of the American Oriental Society 64, 1944, p. 17-23, sowie den Artikel »Gilgamesch« im Bd. 3 des Reallexikons der Assyriologie.

50 Das Herrenzimmer unserer Großväter hatte durchaus seinen Sinn!

51 Ich gebrauche diese Begriff hier als innerseelische Realität im Sinne einer inneren beschützenden, zur Vernunft mahnenden und realitätsbezogenen Instanz.

52 Der Name bedeutet »Herrin der Wasserleitung«. Ninsun ist Priesterin des Sonnengottes Schamasch.

53 Diese Gedanken verdanke ich Rikvah Schärf, Gilgamesh, S. 90.

54 Ich gebrauche das Wort »Mutter« hier wieder wie den Begriff der »Eltern« als eine psychische Instanz, in welcher sich all jene Erfahrungen, Besorgnisse, Wünsche und Hoffnungen, die von der realen Mutter ausgegangen sind, internalisiert haben. Der Mutterkomplex hat sich zwar im Zusammensein mit der realen Mutter herangebildet, hat beim erwachsenem Manne aber kaum mehr etwas mit dieser zu

tun. Es ist ein innerseelisches Energiefeld (ein Komplex), das bei jedem Mann zeitlebens von großer Bedeutung ist. Es kann je nachdem Segen oder Fluch bewirken.

55 M.L. von Franz, Der ewige Jüngling, Der Puer Aeternus und der kreative Genius im Erwachsenen. Kösel-Verlag, München 1992[2]. Sowie: L. Jung, Der Archetypus des Knaben, Jungiana, Egg 1995.

56 Felsrelief von Jazylykaja, um 1300 v.Chr., Abb. in: J. Malten, Der Stier in Kult und mythischem Bild, Jahrbuch des deutschen archäologischen Instituts, 43. Bd., 1928, S. 111 und neueren Datums: W. Helck, Betrachtungen zur großen Göttin, S. 100. Die abgebildeten Figuren gehören zur *hurritischen* Form der Göttermythologie, wie sie sich am Ende des hethitischen Reiches als Staatsreligion durchgesetzt hat.

57 Aus: B. Johnson, Die große Mutter in ihren Tieren, S. 122, Abb. 122.

58 Vergil, Aeneis, Buch III, 4ff. Deutsch von Emil Staiger, Zürich 1981. Siehe auch das Nachwort von E. Staiger, S. 382.

59 Siehe A. Schweizer, Seelenführer, S. 87.

60 Altbabylonisches Fragment, in Tell-Harmal am Stadtrand von Bagdad gefunden; bei Schott und Bottéro Tf. 4, Anfang. Nach Bottéro (Tablette IV, p. 99) steigt Gilgamesch auf einen Berggipfel, um dort, in größtmöglicher Nähe zu Schamasch, einen Inkubationsschlaf abzuhalten. »Puis Gilgames, monté au faîte de la Montagne, versa de la farine-à-brûler pour Samas (ein mantisches Ritual), en disant: ›Montagne, apporte-moi un songe, promesse de bonheur!‹«. Der Traum selbst fehlt bei Bottéro.

61 Siehe: J. Assmann, Ägyptische Hymnen und Gebete, Zürich und München 1975 und ders., Sonnenhymnen in Thebanischen Gräbern, Mainz am Rhein 1983.

62 Bei Schott und Bottéro, wo *beide* Helden bedroht sind, fehlt das Motiv vom gleißend hellen Mann, der die Befreiung bringt. Gleich Röhrichtfliegen scheinen sie gerettet zu werden: »Mais nous, pareils à des 'mouches-de-cannaie', nous nous égaillions(?)!«

63 In späterer Zeit entspricht diesem Typus der babylonische Schöpfer- und Weltgott Marduk.

64 Dazu und zum Folgenden: H. Balz-Cochois, S. 82ff.

65 Dazu: H. Balz-Cochois, Inanna, S. 172-176; sowie M. Weippert, Synkretismus und Monotheismus, in: B. Assmann, D. Harth (Hg.), Kultur und Konflikt, Frankfurt a.M. 1990, und S. Heine, Wiederbelebung der Göttinnen?, S. 49-52.

66 Zum biblischen Monotheismus: Weippert, M. Synkretismus und Monotheismus. Zur problematischen Vorstellung von Ägypten als »Wiege des Monotheismus« grundlegend: E. Hornung, Der Eine und die Vielen, Darmstadt 1973, sowie ders., Echnaton, Die Religion des Lichtes, Zürich 1995, S. 97-104.

67 J. Bottéro, La Religion Babylonienne, Paris 1952, p. 91. Zu Schamasch als Richter: H. Schmökel, Kulturgeschichte des Alten Orients, S. 132f. und 270-284.

68 W. Beyerlin, (Hg) Religionsgeschichtliches Textbuch zum Alten Testament, Göttingen 1974, S. 126. Der Hymnus stammt aus Assurbanipals Bibliothek, ist indessen älter: gegen Ende des 2. Jahrtausends vor Christus. Vgl. zu diesem Text die alttestamentlichen Psalmen 19,5-7; 104; 107; 113 und 136.

69 K. Kerényi, Einführung in das Wesen der Mythologie, Hildesheim 1980, S. 17.

70 Vgl. dazu: R. Schärf-Kluger, Gilgamesh, p. 104-107.

71 M.L. von Franz, Aurora consurgens, in: C.G. Jung, GW 14/3, S. 279.

72 Oden Salomos, 1,1, in: E. Hennecke, W. Schneemelcher, Neutestamentliche Apokryphen II, Tübingen 1964[3], S. 578f.

73 M.L. von Franz, Aurora consurgens, in: Jung, GW 14/3, S. 121.

74 Mit dem *lapis* bezeichnen die Alchemisten den Stein der Weisen, ein Symbol des höchsten Wertes, des Selbst. Sie erkennen in ihm den Erlöser der Welt, so wie *Christus* der Erlöser der Menschen ist. Vgl. M.L. von Franz, Aurora consurgens, Jung, GW 14/3, S. 370.

II. TEIL: Inanna-Ischtar — eine unmütterliche Göttin.
Gedanken von Leben und Tod

1 J. Bottéro, La Religion Babylonienne, p. 37.

2 Zur Göttin als Jungfrau siehe: E. Harding, Frauenmysterien, Berlin 1982[2], S. 87ff. bes. S. 95; W. Helck, Betrachtungen zur großen Göttin, sowie H. Balz-Cochois, Inanna.

3 R. Labat, Les religions du Proche-Orient asiatique, Le cycle d'Ishtar, p. 238: »l'élan de vie, la majesté, la force créatrice de la femme et de l'homme.«

4 H. Balz-Cochois, Inanna, S. 87-90.

5 Vgl. dazu F.M.T. de Liagre Boehl, Das Problem ewigen Lebens im Zyklus des Gilgamesch-Epos, in: K. Oberhuber (Hrsg), Das Gilgamesch-Epos, S. 239.

6 R. Labat, Religions, p. 249.

7 R. Labat, Religions, p. 249.

8 Theresia von Jesu, Das Buch der Klosterstiftungen, 2. Bd. der sämtlichen Schriften von Theresia von Jesu, Kösel-Verlag, München 1989[4], Achtes Hauptstück, S. 72.

9 Zum Begriff der *me* siehe: G. Farber-Flügge, Der Mythos »Inanna und Enki« unter besonderer Berücksichtigung der Liste der me, in: Studia Pohl 10, Rome 1973, S. 117-123; sowie Stolz, Tradition orale, p. 28f.« Il est vraisemblable que *me* est en relation avec le verbe *me-en*, ›être‹; il s'agit donc d'un mot qui signifie à la fois la structure et la force de tout être.« Siehe auch K. Oberhuber, Der numinose Begriff ME im Sumerischen, Innsbruck 1963.

10 Überraschenderweise war es eine Frau, die Sargontochter Encheduanna, die als Priesterin und Theologin Inanna als Kriegsgöttin verherrlicht hat. Siehe: Balz-Cochois, S. 72-79; 160.

11 Siehe Abbildung in: H. Schmökel, Ur, Assur und Babylon, T. 10. Die Vase gehört in die Djemdet-Nasr-Zeit (2800-2700 v.Chr.). Literatur: E. Heinrich, Kleinfunde aus den archaischen Tempelschichten in Uruk, Berlin 1936, S. 15ff.

12 Abbildung aus: H. Schmökel, Ur, Assur und Babylon, Tafel 10

13 Zur Deutung der Szene, vgl. E. Heinrich, Kleinfunde aus den archaischen Tempelschichten in Uruk, Berlin 1935, S. 15f. Hinter den beiden Schilfrohrbündeln im Rücken der Vertreterin der Göttin sind zwei unmittelbar hintereinander gesetzte Widder zu sehen, auf deren Schultern zwei Männer stehen. Der vordere »hält mit den ausgestreckten Armen einen Gegenstand, dessen Form als Schriftzeichen in den älteren Lagen der Schicht III vorkommt und En zu lesen ist.« (S. 16) Offenbar soll der En-Titel demjenigen verliehen werden, welcher der Göttin in der langen Prozession all die auf der Vase abgebildeten Gaben überreicht. Die Szene aus dem frühgeschichtlichen Uruk weist zwar nicht auf eine Heilige Hochzeit, aber doch auf eine ähnliche Konstellation hin, in welcher die Stadtgöttin dem Priesterfürsten seine Macht verleiht. Siehe: Balz-Cochois, Inanna, S. 61. Den Hinweis auf diese Deutung verdanke ich Prof. Mark Brandes. Siehe auch: H.J. Nissen, Grundzüge einer Geschichte des Vorderen Orients, Darmstadt 1983, S. 113-115.

14 Dass die babylonische Ischtar ursprünglich vielleicht sogar androgyn gedacht worden ist (»elle danse en sa virilité!« heißt es in einem Hymnus [Labat, p. 230]), wäre psychologisch gesehen durchaus sinnvoll und käme der Interpretation der Göttin als ein archetypisches Bild des Weiblichen entgegen. Die Zweigeschlechtlichkeit entspräche der phylo- wie ontogenetischen Entwicklung des Menschen aus einer uroborischen Einheit heraus, in welcher sich im Psychischen noch keine geschlechtliche Identität herangebildet hat. Nur allmählich löst sich das Ich aus dem uroborischen Stadium des Anfangs heraus. Gerade das Gilgamesch-Epos mit seiner Betonung der Männerfreundschaft ist ein Zeugnis dieser Entwicklung. Vgl. E. Neumann, Ursprungsgeschichte des Bewusstseins,

Zürich 1949, S. 279-334; und H. Barz, Männersache. Kritischer Beifall für den Feminismus, Zürich 1984, S. 31ff.

15 G. Isler, Der Schlangenkuss, Zur Erlösung des Weiblichen in den Volkssagen des Alpengebietes, in: Jungiana, Reihe A, Bd. 1, Küsnacht 1989, S. 111.

16 U. Mann, Theogonische Tage, Suttgart 1970, S. 254ff. Jetzt werden verschiedene Götter, und zwar besonders die lebenswichtigen unter ihnen selbst Abenteurer.»Beim Schicksalsgott Enlil, dem Luft- und Sturmherrn, gehört das wilde Schweifen zum Wesen, desgleichen bei der Liebesherrin Inanna, die sich in die Unterwelt begibt und verliert; ebenso schweift Isis in alle Länder, um den Osirisleib wiederzufinden. Dieses mythologisch geschilderte Götterschweifen ist nicht einfach ziellos ... aber es ist noch sehr viel vager, eben schweifender, als das ganz direkte und zielsichere Stürmen der jungen Göttergeneration, wie wir es dann im folgenden Jahrtausend beobachten werden. Die Götter des dritten Jahrtausends suchen ihr Ziel erst noch ...« (S. 257).

17 Th. Jacobsen, Treasures of darkness, p. 26. Auch J. Bottéro, La Religion Babylonienne, sieht in Dumuzi-Tammuz ein Symbol der Vegetation: »Symbole de la végétation qui disparaît puis renaît chaque année, il était censé mourir, descende aux Enfers, puis revenir à la lumière..« (p. 45). Moortgat kommt in seiner gründlichen Untersuchung sumerischer Bildmotive zum selben Schluss. A. Moortgat, Tammuz, Der Unsterblichkeitsglaube in der altorientalischen Bildkunst, Berlin 1949.

18 Van Dijk, Sumerische Religion, S. 482f. Balz-Cochois, Inanna, S. 93ff.

19 Ulrich Mann, Theogonische Tage, S. 276. Vgl. auch Balz-Cochois, S. 93ff.

20 Übersetzungen und Kommentare in: S.N. Kramer, Sumerian Mythology, p. 86-96. Th. Jacobsen, Treasures, p. 47-63; A. Falkenstein, Der sumerische und der akkadische Mythos von Inannas Gang zur Unterwelt, Festschrift für W. Caskel, 1968, S. 97-110; J.van Dijk, Sumerische Religion, S. 481-485, sowie J. Bottéro, S.N. Kramer, Lorsque les dieux faisaient l'homme, 1989.

21 Dazu vergleiche J. van Dijk, Sumerische Religion, S. 482. Viele Einzelheiten des Mythos bleiben im Dunkeln. In seinen Grundzügen kreist er um die Thematik von Leben und Tod und zeigt die Unausweichlichkeit des Letzteren. Die beiden das Todesgeschick erleidenden Gottheiten verkörpern verschiedene Aspekte landwirtschaftlicher Tätigkeiten. Dumuzi ist der Hirte, Geschtinanna repräsentiert die Weinrebe. Beide »pendeln zwischen den beiden Bereichen (von Erde und Unterwelt, AS) hin und her und lassen die Menschen an der Vermittlung zwischen Leben und Tod teilhaben.« So zielt der Mythos auf die Vermittlung der lebensfördernden und lebensmindernden Kräfte

und will diese in eine stabile Gleichgewichtsdynamik bringen (Stolz, Gleichgewicht, S. 60f). Die Ausweitung des Herrschaftsbereiches der Himmelskönigin zur Unterwelt hin wäre eine Katastrophe. Der Tod und das Leben sind aufeinander angewiesen, und nur die gegenseitige Ausgewogenheit garantiert die Erhaltung des Kosmos.

22 Gilgameschs Ablehnung der Göttin hat auch einen realpolitischen Hintergrund. Uruk besteht aus den beiden Stadtteilen Kullaba und Eanna. Die höchste Gottheit des ersten, dem Gilgamesch angehört, ist der Himmelsgott Anu, diejenige des zweiten Inanna. Mit ihrem Liebesangebot möchte Inanna Anus Stadtteil an sich binden, um damit auch über den Himmel zu verfügen. Hinter ihrem Anliegen versteckt sich also ein geheimes Machtstreben. Erst in der Spätzeit zieht Inanna in Kullaba ein und wird jetzt zu Antum, zur Gemahlin des Himmels. Hier wird ihr im 3. Jh. vor Chr. ein riesiges Heiligtum gebaut. (Ich verdanke diesen Hinweis Prof. Mark Brandes.) Zu Uruks Baugeschichte: H.J. Nissen, Grundzüge, S. 104ff. bes. 110.

23 G. Isler, Der Schlangenkuss, S. 113. In dem Aufsatz geht es um die Erlösung der Jungfrau in verschiedenen Alpensagen. Bei einigen Varianten muss die Schlange nicht geküsst, sondern in Anlehnung an das mythologische Motiv des Drachenkampfes getötet oder wenigstens hart geschlagen werden. Zur psychologischen Bedeutung und Notwendigkeit der Überwindung des dunklen Weiblichen siehe G. Isler, Die Überwindung der Hexe. Zum psychologischen Verständnis einiger Hexensagen, in: Beiträge zur Europäischen Ethnologie und Folklore, hg. von L. Petzold, Frankfurt a.M.

24 Die Entwicklungsgeschichte von einer matriarchalen zu einer patriarchalen Welt ist vielfach beschrieben worden und sei hier nicht wiederholt. Ich erinnere bloß an die beiden Werke von E. Neumann, Ursprungsgeschichte des Bewusstseins, und von J. Bachofen, Das Mutterrecht. Ich werde auf diesen religionsgeschichtlichen Aspekt des Epos noch zurückkommen. Das Evolutionskonzept des Urmatriarchats jedoch lässt sich für Mesopotamien kaum nachweisen. Vgl. dazu F. Stolz, Feministische Religiosität, S. 504-506.

25 E. Harding, Frauenmysterien, S. 87ff.

26 Christa Wolf, Voraussetzungen einer Erzählung: Kassandra, Darmstadt 1983, S. 116. (Hervorhebung A.S.)

27 Es scheint sich in dieser Aufzählung um verschiedene zum Teil nicht mehr bekannte Ischtar-Überlieferungen zu handeln, die die Göttin alle in ein schlechtes Licht rücken. Der Redaktor unseres Textes steht der Göttin und ihrem Kult skeptisch gegenüber, vermutlich weil er ein Anhänger der Schamasch-Religion ist.

28 Ovid, Metamorphosen, Zehntes Buch, Verse 53ff.

29 A. Heidel, The Gilgamesh epic and Old Testament Parallels, Chicago 1940, p. 52.

30 R. Kluger-Schärf, Aspekte des Gilgamesch-Epos, S. 401. und dies., Gilgamesh, p. 130.

31 M.L. von Franz, Aurora consurgens, GW 14/III, S. 235.

32 So dargestellt im gesamten Ostmittelmeerraum, siehe: W. Helck, Betrachtungen, S. 137f.

33 Siehe dazu Kluger-Schärf, Psychologische Aspekte, S. 402.

34 Reallexikon für Assyriologie, Bd.V, Art. Inanna.

35 Zur Frage der Weisheit im sumero-babylonischen Raum: C. Wilcke, Göttliche und menschliche Weisheit im alten Orient; B. Alster, Väterliche Weisheit in Mesopotamien, beide in: A. Assmann, (Hg.) Weisheit, Archäologie der literarischen Kommunikation III, München 1991.

36 M.L. von Franz, Der ewige Jüngling, S. 136.

37 M.L. von Franz, Psychologische Märcheninterpretation, Knaur Sachbuch, München 1989, S. 55.

38 C.G. Jung, Zugang zum Unbewussten, in: Der Mensch und seine Symbole, Olten 1968, S. 85.

39 M. Eliade, Die Religionen und das Heilige, S. 305.

40 Bottéro, L'Épopée, p. 287: ... Mais Enlil, en colère,/ se tourna vers Samas-le-céleste: »Tu parles ainsi parce que,/ tout comme un de leurs camarades, tu n'as cessé/ de les rejoindre chaque jour!«

41 Für Letzteres tritt H. Weder, Neutestamentliche Hermeneutik, S. 405 ein; für gnostische Herkunft: G. Barth, Der Brief an die Philipper, Zürcher Bibelkommentare, Zürich 1979, S. 46. In der anschließenden Interpretation des Philipperhymnus folge ich G. Barth, ebenda, S. 40-48.

42 In der alttestamentlichen Weisheitsliteratur gibt es zum Teil wörtliche Parallelen zu außerisraelitischen Texten, so etwa Sprüche 22,17-23,11, eine Passage, die dem Weisheitsbuch des Amenemope entnommen ist. Vgl. dazu und zum Folgenden: G. von Rad, Weisheit in Israel, Neukirchen-Vluyn, 1985[3]. Das Buch gibt eine wunderbare, allgemein verständliche Einführung in die Vorstellungen und Entwicklungslinien der altestamentlichen Weisheit.

43 G. von Rad, S. 101. Das Zitat stammt von R. Guardini, Gegenwart und Geheimnis, 1957, S. 23, zitert nach von Rad.

44 Thomasakten, in: Hennecke-Schneemelcher, Neutestamentliche Apokryphen, S. 303 und 349ff.

45 Während das chinesische oder gnostische Konzept mit einem zyklischen Denken der ewigen Wiederkehr des Gleichen verbunden sind, wird dieses im Christentum durch die Betonung des geschichtlich bedingten Heilsereignisses in Jesus Christus durchbrochen. Je mehr damit die in der Natur verwurzelten Aspekte des Gottesbildes in den Hintergrund

treten, desto wichtiger wird die geistige Dimension. Darum betont Paulus, dass der Geist Gottes im Menschen wohne (Römer 8,9) und dass nur er die Tiefen Gottes (*profunda Dei*, 1. Kor. 2,10) zu erforschen vermöge. Diese Vergeistigung des Gottesbildes bewirkt einerseits eine starke Verinnerlichung des religiösen Suchens (Eph. 3,16), andrerseits eine Ausgrenzung des natürlichen oder animalischen Menschen (1. Kor. 2,14: *anthropos psychikos; homo animalis*) aus dem religiösen Menschenbild.

46 J. Assmann, Ägyptische Hymnen und Gebete, Artemis Verlag Zürich und München, 1975, S. 97ff. und ders., Sonnenhymnen in thebanischen Gräbern, Mainz am Rhein, 1983.

47 D.H. Lawrence, Apocalypse, The Albatros 1932, p. 74f. Zitiert nach: K. Kerényi, Vater Helion, in: Eranos Jahrbuch X, 1943, S. 85f.

48 Lao-Tse, Tao te king, Übersetzung von V.V. Strauss, Manesse Verlag Zürich, 1959, Nr. 33, S. 100, Vgl. dazu Röm. 14,7f.

49 H. Zimmer, Philosophie und Religion Indiens, suhrcamp tb, Frankfurt 1973, S. 258.

50 E. Neumann, Die große Mutter, Olten 1977[3], S. 221.

51 C.G. Jung, Nietzsches Zarathustra, Notes of the Seminar given in 1934 -1939, edited by J.L. Jarrett, in two parts, London 1994, Bd. 1, p. 57

52 M. Eliade, Geschichte der religiösen Ideen, Bd. I, Freiburg i.Br. 1979[2], S. 74ff.

53 F. Cumont, Die Mysterien des Mithras, Darmstadt 1981, S. 122ff.

54 Vgl. dazu C.G. Jungs psychologische Begründung aus der Inzestproblematik heraus: C.G. Jung, GW 16, Die Psychologie der Übertragung, § 431ff. Jung stützt sich darin auf den hervorragenden Artikel von J. Layard, The Incest Taboo and the Virgin Archetype, in: Eranos Jb. XII, 1945.

55 Während im 3. Jahrtausend die jeweilige Stadtgottheit für die Wahrung der Rechtsinteressen verantwortlich war, rückt im 2. Jahrtausend der Sonnengott Schamasch als ›Richter Himmels und der Erden‹, als ›Wahrer des Rechtes‹, nachhaltig in den Vordergrund. Jetzt entsteht die berühmte Gesetzessammlung des Hammurabi, über deren Zeilen für alle sichtbar der Sonnengott als Hüter von Recht und Ordnung thront. Gegenüber den alten sumerischen Rechtsauffassungen stellt der Codex Hammurabi allerdings eher einen Rückschritt dar. Sein Fundus stammt aus der Nomadentradition, die mit ihrer »Aug' um Auge, Zahn um Zahn-Mentalität« im Unterschied zur humanen städtischen Rechtstradition des alten Sumers doch recht brutal ist. (Ich verdanke diesen Hinweis Prof. Mark Brandes.) Vgl. Schmökel, Kulturgeschichte des alten Orients, S. 132.

56 de Liagre Böhl, Das ewige Leben, S. 255.

III. TEIL: *Gilgamesch Lebenssuche –*
Der Archetypus des Weges

1   Gilgamesch betet zum Mondgott Sin und zu einer Göttin, deren Namen nicht erhalten ist, die aber das Attribut »die größte aller Göttinnen« trägt, was oft mit Ischtar verbunden wird! Hat er Ischtar eben noch verschmäht, würde er sich bereits hier wieder bittend an sie wenden. (siehe: Bottéro, Gilgames, p. 157.)

2   Vgl. dazu E. Jung und M.L. von Franz, Gralslegende, S. 87: Anmerkungen zum Wurfspeer.

3   Vgl. dazu E. Drewermann, Tiefenpsychologie und Exegese, Bd. I, S. 188.

4   Darum begegnen wir in der Gilgameschliteratur immer wieder der Fehlinterpretation, wonach der Held gescheitert sei. Die entsprechenden Autoren übersehen m.E. den inneren Wandlungsprozess des Helden, die Entwicklung eines höheren Bewusstseins und die Vertiefung seiner religiösen Einstellung. So etwa J. Bottéro, La Religion Babylonienne, Paris 1952.

5   Siehe, Jung, Zarathustra-Seminar, p. 48

6   Siehe dazu E. Staiger, Nachwort zu Vergil, Aeneis, Zürich 1981, S. 379.

7   K. Nishitani, Was ist Religion?, Frankfurt am Main 1982, S. 43.

8   M.L. von Franz, Die religiöse Dimension der Analyse, in: Psychotherapie, S. 197.

9   In der Übersetzung von Erika Lorenz, Der nahe Gott, Freiburg im Br. 1985, S. 151. Vgl. Theresia von Jesu, Weg der Vollkommenheit, 6. Bd. der sämtlichen Schriften, Kösel-Verlag, München 1990[5], Kap. 28,2, S. 142. Theresa bezieht sich hier auf den Kirchenvater Augustin, der Gott an vielen Orten gesucht, bis er ihn endlich in seinem Innern gefunden habe (Bekenntnisse, Buch X, Kap. 27).

10 Johannes Tauler, Predigten, zitiert nach: Louise Gnädinger, Johannes Tauler, Lebenswelt und mystische Lehre, München 1993, S. 142f.

11 R.M. Rilke, Briefe an einen jungen Dichter, Insel Verlag, Frankfurt a.M. 1987, S. 12 und 29.

12 Auch das *apokalyptische Sternenweib* wäre zu erwähnen. Es wird von einem fürchterlichen Drachen mit sieben Köpfen und zehn Hörnern verfolgt und flieht in die Wüste (Off. 12). Doch auch da wird die Mutter des göttlichen Kindes vom Satan bedroht: aus dessen Maul fließt ein reißender Strom, der sie vernichten soll. »Doch die *Erde* half dem Weibe, und die Erde tat ihren Mund auf und verschlang den Strom ...«. Das bringt ihre Rettung, die dadurch vollendet wird, dass ein Engel den Satan ergreift und für tausend Jahre in Fesseln legt (Off. 20). In der

ägyptischen Wüste schließlich haust der Schlangendämon *Apophis*, der Schreckliche, der mit seiner unersättlichen Gier die ganze Schöpfung bedroht. Vor seinen Angriffen ist selbst der Sonnengott Re nie sicher.

13 C.G. Jung, Briefe III, 3.6.1957, S. 97. Der Brief richtet sich an Erich Neumann. Er enthält eine kritische Antwort auf dessen eben erschienenes Buch »Tiefenpsychologie und neue Ethik«.

14 Bonaventura, Itinerarium mentis in Deum, (Pilgerbuch des Seele zu Gott), Lateinisch und Deutsch, Kösel-Verlag, München 1961, S. 132-135: »Weil das reinste und absolute Sein (*esse purissimum et absolutum*) als das Sein schlechthin das erste und letzte ist, deshalb ist es aller Dinge Ursprung und vollendendes Ziel.«

15 Erläuterungen von Julian Kaup zum Itinerarium, ebenda S. 164.

16 Siehe, M.L. von Franz, C.G. Jungs Rehabilitation der Gefühlsfunktion in unserer Zivilisation, in: Jungiana Reihe A, Bd. 2, Küsnacht 1991, S. 29.

17 Zit. nach: L. Gnädinger, Johannes Tauler, S. 186. Das folgende Zitat ebenda.

18 A. Moortgat, Tammuz, Der Unsterblichkeitsglaube in der altorientalischen Bildkunst, Berlin 1949, S. 114.

19 Der *Skorpion* ist oft mit weiblichen Gottheiten verbunden, so auch mit der ägyptischen Selkis, der Schutzgöttin der Toten. Ob es sich bei der Darstellung von Ur um eine Geburtsgöttin handelt, wie B. Johnson (Die Große Mutter in ihren Tieren, S. 346f.) meint, oder nicht doch um den düstern Todesaspekt einer Inanna nahen Göttin, bleibe dahingestellt. Beides jedenfalls, Tod und Geburt, sind Grenzphänomene und um ein solches scheint es sich in unsrer Erzählung zu handeln. Die Skorpionmenschen erinnern an die Kerubim, die Jahwe eingesetzt hat, um nach der Vertreibung von Adam und Eva den Garten Eden und den Baum des Lebens zu bewachen (Gen. 3,24). Als geflügelte Sphinxen sind auch sie Mischwesen aus Löwenleib, Menschenkopf und Geierflügeln. (Vgl. O. Keel, Mit Cherubim und Serafim, in: Bibel heute, 28. Jg. 1992, S. 171-174). Genau wie in unsrer Erzählung bewachen sie den Zugang zum Paradiesgarten, der sich Gilgamesch jenseits des finstern Berges eröffnen wird. Wem es gelingt, an den Furcht erregenden Torwächtern und deren »Höllenglanz« vorbeizukommen, dem öffnen sich die Tore zum heiligen Bezirk.

20 Aus: B. Johnson, Die große Mutter in ihren Tieren, S. 347, Abb. 320.

21 Jung, Zarathustra-Seminare, Vol. 1, p. 151.

22 »*kathoos kai epegnoostheen*«: die hier verwendete Aoristform ist von Paulus ganz bewusst gewählt worden, denn sie bezeichnet, wie Wilckens festgestellt hat, »das vergangene Heilsereignis als zugleich in der Gegenwart wirkendes, die Existenz des Christen begründendes Handeln Gottes« (W. Wilckens, Weisheit und Torheit. Eine exegetisch-religi-

onsgeschichtliche Untersuchung zu 1. Kor. 1 und 2, Tübingen 1959, BHTh 26, S. 30.). Dem Apostel geht es nicht um irgendeinen Tatbeweis des Menschen vor Gott, nicht um menschliches Erkennen, sondern umgekehrt um die bereits geschehene und sich immer neu ereignende Tat *Gottes* für den Menschen. (Vgl. dazu H. Weder, Gesetz und Sünde, NTS 31, S. 370: »Durch den Tatbeweis komme ich gar nicht an das Leben heran, so wenig ich durch das Werk an das Gottesverhältnis herankomme, das Gott schon geschaffen hat.«) Die paulinische Theologie wendet sich gegen gnostische Strömungen, in welchen weniger von einer Erwählung durch Gott, als vielmehr von einem mystischen Wechselverhältnis von Mensch und Gott die Rede ist. Dass der von Gott Erkannte der von ihm Erwählte ist, entspricht alttestamentlich-jüdischer Tradition.

23 Vgl. dazu: A. Schweizer, Seelenführer durch den verborgenen Raum.

24 Vgl. dazu vor allem: A. Heidel, The Gilgamesh epic and Old Testament parallels, Kap. III, Death and Afterlife, p. 137ff., sowie speziell zu den Todesvorstellungen im Gilgamesch-Epos: F.M.T. de Liagre Boehl, Das Problem ewigen Lebens.

25 M.L. von Franz, Traum und Tod, München 1984, S. 96f.

26 M.L. von Franz, Nike und die Gewässer der Styx, in: Archetypische Dimensionen der Seele, S. 303.

27 Zitiert nach K. Kerényi, Vater Helios, S. 83.

28 E. Hornung, Altägyptische Höllenvorstellungen, S. 14 und 33.

29 Zit. nach: L. Gnädinger, Johannes Tauler, S. 199.

30 Siehe L. Gnädinger, Johannes Tauler, S. 167. Noch stärker bringt diesen Gedanken *Johannes vom Kreuz* in seiner Leidensmystik zum Ausdruck. Für ihn ist der »Eintritt der Seele in die dunkle Nacht« (S. 29) unausweichlich, weil die Seele nur im »dunklen Feuer« von Gott gereinigt werden kann (S. 17). So sind viele Arten von Schmerzen und Qualen, in welchen Gott die Seele läutert, durchzustehen. Johannes vom Kreuz, Dunkle Nacht, Zweiter Band der sämtlichen Werke, Kösel-Verlag, 1987[8]. Im »Gesang zwischen der Seele und dem Bräutigam« (Bd. 4) wird die Todes- zur Liebesmystik, der Gang durch Finsternis und Qual zur Suche nach dem Geliebten.

31 L. Gnädinger, Johannes Tauler, S. 395.

32 E. Hennecke, W. Schneemelcher, Neutestamentliche Apokryphen II, Tübingen 1964[3], S. 576.

33 G. Hertzka, W. Strehlow, Die Edelsteinmedizin der heiligen Hildegard, Freiburg im Br. 1986[2], S. 154. (Hervorhebung AS).

34 Das Leben der Heiligen Theresia von Jesu, Erster Band der sämtlichen Schriften, Kösel-Verlag München 1994, S. 276.

35 M.L. von Franz, 14,3, Aurora consurgens, S. 117-119.

36 J.B. Pritchard, Ancient Near Eastern Texts Relating to the Old Testament, p. 89, note 152.

37 Th.W. Adorno, Minima Moralia, Reflexionen aus dem beschädigten Leben, suhrcamp tb 1978, S. 44.

38 Der hier verwendete Begriff der »*Anima*« ist im Unterschied zu C.G. Jungs Terminologie nicht auf den Mann beschränkt. Wenn wir den Mythos aus der Sicht der Individuation der Frau interpretieren, dann repräsentiert der Held den Animus, der sich von einer tyrannischen, dem Machtaspekt verfallenen Instanz zu einem seelisch-geistigen Faktor entwickelt, der das Leben der Frau überaus bereichern kann. Siduri als »Anima« wäre insofern eine Verführerin zum gewöhnlichen Leben, als sie diese Entfaltung des Animus zum Geistigen hin zu verhindern droht. Eine Frau begnügt sich dann mit der bloß weiblichen Rolle und verfällt so dem Archetyp des natürlichen Lebens. Die von C.G. Jung beschriebenen Wirkungen der negativen Anima als Gereiztheit und Launenhaftigkeit können im Leben einer Frau dort beobachtet werden, wo diese geistig unterfordert ist. Umgekehrt können im Leben des Mannes die typischen Merkmale des negativen Animus dann auftreten, wenn dieser unbewusst mit seiner Anima identisch ist. Dann vertritt ein Mann stur irgendwelche Meinungen und ist nicht mehr imstande, ein differenziertes Urteil zu fällen oder gar Kritik zu ertragen. Insofern kann also auch der Begriff »Animus« auf beide Geschlechter angewendet werden.

39 H. Zimmer, Philosophie und Religion Indiens, S. 191f.

40 M.L. von Franz, Aurora consurgens, S. 395.

41 Zitiert nach: M.L. von Franz, Aurora consurgens, S. 395f.

42 Das wäre ein Beispiel für die in der vorangehenden Anmerkung erwähnte 38 »Animusbesessenheit« des Mannes!

43 Zum Motiv des Odysseus am Mastbaum siehe: Homer, Odyssee, 12. Gesang. Die Metapher war von großer Bedeutung für die Kirchenväter; dazu: H. Rahner, Symbole der Kirche, Die Ekklesiologie der Väter, Salzburg 1964, Antenna crucis.

IV. TEIL: Heimkehr

1 K. Nishitani, Was ist Religion?, S. 179.

2 H. Gressmann, E. Ebeling, H.Ranke, Altorientalische Texte zum Alten Testament, Berlin 1926[2], S. 175.

3 L. van der Post, Wenn Stern auf Stern aus der Milchstraße fällt, Zürich 1995, S. 6f.

4   W. Bernet, Inhalt und Grenze der religiösen Erfahrung, Eine Untersu-
    chung der Probleme der religiösen Erfahrung in Auseinandersetzung mit
    der Psychologie C.G. Jungs, Bern 1955, S. 64.

5   C.G. Jung im Gespräch, Interviews, Reden, Begegnungen, Zürich 1960,
    S. 198.

6   Der Sintflutbericht ist ursprünglich ein Werk für sich, das erst in später
    Zeit ins Epos eingeflochten worden ist. Dabei ist es dem Redaktor in
    erstaunlicher Weise gelungen, ein Gesamtwerk zu schaffen. Vom Sint-
    flutmythos sind uns mehrere Versionen überliefert, unter anderem auch
    eine, wenn auch fragmentarische, sumerische. Der umfassendste Bericht
    ist der akkadische. Zur Übersetzung beider Varianten vgl. W.G. Lambert
    und A.R. Millard, Atrachasis, The Babylonian Story of the Flood. Siehe
    auch W. Beyerlin (Hg.), Religionsgeschichtliches Textbuch zum Alten
    Testament, S. 115ff.

7   Ebenso spricht Bottéro vom Gebären der Göttin nicht der Menschen:
    »Je n'aurai donc mis mes gens au monde, que pour en remplir la mer,
    comme de poissonnaille!« p. 191.

8   In einem Vortrag über das »Lob des Polytheismus« sagt der Philosoph
    Otto Marquard: »Mythen sind Geschichten. Wer den Mythos verab-
    schieden will, muss also die Geschichten verabschieden, und das geht
    nicht, denn: wir Menschen sind immer in Geschichten verstrickt.« [S.
    93] Das führt ihn zur Feststellung, dass es aussichtslos sei, die Mythen
    abschaffen zu wollen und zur Grundthese: »Gefährlich ist immer und
    mindestens der Monomythos; ungefährlich hingegen sind die Polymy-
    then. Man muss viele Mythen – viele Geschichten haben dürfen, darauf
    kommt es an; wer – zusammen mit anderen Menschen – nur einen Mythos
    – nur eine einzige Geschichte – hat und haben darf, ist schlimm dran.« [S.
    97f.] (in: Abschied vom Prinzipiellen, Philosophische Studien, reclam,
    Stuttgart 1987.

9   W.G. Lambert, Atrachasis, The Babylonian Story of the Flood, p. 43,
    Tablet I,i,3f.

10 C.G. Jung im Gespräch, S. 26. Anmerkungen in Klammern: AS.

11 Wie weit die Verfasser die babylonische Erzählung gekannt haben, ist
    schwer eruierbar. Zweifellos bestehen wichtige Parallelen, so dass ir-
    gendeine Verbindung bestanden haben muss, doch dürfen darob die
    Unterschiede beider Dichtungen nicht übersehen werden. Vgl. dazu
    W.G. Lambert, p. 24: »... it is obvious that the differences are too great
    to encourage belief in direct connection between Atra-hasis and Genesis,
    but just as obviously there is some kind of involvement in the historical
    traditions generally of the two peoples.« Die biblischen Berichte stam-
    men aus zwei verschiedenen Quellen, aus jener des Jahwisten (J) und
    aus der um einiges jüngeren Priesterschrift (P).

12 Die Gewässer der Styx können nur mit dem Horn einer sagenhaften einhörnigen Eselsart, die in Skythien lebt, geschöpft werden.

13 M.L. von Franz, Nike, in: Archetypische Dimensionen, S. 301f.

14 W.G. Lambert, p. 145, sowie: H. Gressmann, E. Ebeling, Altorientalische Texte zum Alten Testament, S. 115. Ziusudra ist der sumerische Sintflutheld.

15 A. Schweizer, Seelenführer durch den verborgenen Raum.

16 Meissner-Fragment, I,13-15. Die Einordnung dieses Fragmentes ist unklar. H. Schmökel setzt es an den Schluss der 9.Tafel. Vom Inhalt her gehört es m.E. eher an deren Anfang.

17 Vgl. dazu: E. Staiger, Fausts Heilschlaf, Hamburger Akademische Rundschau 2, 1947/48, S. 251-257

18 E. Staiger, Fausts Heilschlaf, Hamburger Akademische Rundschau 2, schreibt dazu: »Alle Tragik beruht ja zuletzt auf unerbittlicher Konsequenz. Konsequent sind Oedipus, Michael Kohlhaas, Meister Anton ...«. Gegenüber solcher Konsequenz bekennt sich Goethe zum Vergessen, und das ist wohl auch das, was Utnapischtim dem Helden Gilgamesch rät: ›Das Leben, das du suchst, wirst du nicht finden. Nur wenn du vergessen kannst, wird sich dein Leben erneuern!‹ Emil Staiger fährt fort: »Weil sie (die tragischen Helden) keinen Punkt vergessen, werden sie auf unlösliche Widersprüche aufmerksam und gehen an den Widersprüchen zugrunde. So könnte es jetzt mit Faust (und mit Gilgamesch) geschehen. Er würde zunächst sich selbst bezichtigen. Er würde dann bald eine unheilvolle Beschaffenheit der Welt entdecken, in der es schwer fällt, die Schuld zu meiden. Und mit einer Klage gegen die Gottheit ... würde er schließlich untergehen ... Goethe dagegen bekennt sich in dem entscheidenden Augenblick zum Vergessen. Das heißt: kein starres menschliches Urteil über die Schuld ist ihm das Höchste, sondern der tiefe Lebenswille der Natur ... Jeder Schlag ist nicht bloß ein Auslöschen des Bewusstseins, sondern zugleich eine Einkehr in den gütigen, unablässig, auf Leben bedachten Willen der Natur ...«. Siehe S. 251-257.

19 A. Falkenstein, W. von Soden, Sumerische und akkadische Hymnen und Gebete, S. 240ff. Denselben bewusstseinsgeschichtlichen Entwicklungsschritt beobachten wir im Zusammenhang mit dem ägyptischen Sonnengott Re zur Zeit der »Neuen Sonnentheologie«, die kurz vor Echnaton anzusetzen ist. Dazu: A. Schweizer, Echnatons Sonnenglauben. Die religiöse Dimension der Bewusstwerdung, in: Analytische Psychologie 1991.

20 Jung, Zarathustra, p. 154f.

21 E. Jung, M.L. von Franz, S. 141. (Hervorhebung von A.S.).

22 »Suche mich über den Tod nicht zu trösten, berühmter Odysseus!

Lieber wollte ich über der Erde um Taglohn bei einem
ärmlichen Bauern, der selber nur dürftig dahinlebt, mich schinden,
als in dem Kreise aller Verstorbenen König zu heißen!« Odyssee, 11.
Gesang, 488ff.

23 U. Mann, Theogonische Tage, S. 276 und 282.

24 F.M.T.de Liagre Böhl, Das Problem ewigen Lebens, S. 264.

25 A. de Buck, De Godsdienstige opvatting van den slaap inzonderheid in
het oude egypte, in: MVEOL Nr. 4, Leiden 1939.

26 Pyr. 1975f. In: R.O. Faulkner, The Ancient Egyptian Pyramid Texts,
Oxford University Press 1060; neu: 1993.

27 Bottéro, p. 200: »Cette *passe marine* te déteste!«

28 So H. Schmökel Gilgamesch, S. 108, Anm. 5. Eine gewisse Schwierig-
keit der vorliegenden Deutung ergibt sich daraus, dass in unserem Text
zunächst vom Meer die Rede ist, das Wasser des Meeres üblicherweise
aber nicht mit Enki, dem Gott des Süßwassers, verbunden wird.
Dennoch scheint mir die segenbringende Wirkung dieses Wassers auf
Enki hinzuweisen. Das in Vers 248 gelobte Wasser, dessen Reinheit
speziell betont wird, muss nicht mit dem Meerwasser, dem Gilgamesch
seine alten Kleider übergeben hat, identisch sein.

29 Meister Eckehart, Deutsche Predigten und Traktate, herausgegeben von
J. Quint, München 1978[5], Predigt 36, S. 323. Zum letzten Satz vgl.
Clemens Alexandrinus, Paedagogus III,l: »Denn wenn ein Mensch sich
selber kennt, so wird er Gott erkennen.«

30 Meister Eckehart, Deutsche Predigten, S. 392, Nr. 51.

31 S.N. Kramer, Sumerian Mythology, p. 41 und ders., Geschichte beginnt
mit Sumer, S. 67ff.

32 T. Jacobsen, Treasures, p. 219. Bottéro, p. 203: »Le-vieillard-rajeunit«

33 Vgl. S. Birkhäuser-Oeri, Die Mutter im Märchen, Stuttgart 1976, S.
126.

34 E. Hornung, Tal der Könige, S. 122. Zum psychologischen Verständnis
der Schlange: A. Schweizer, Seelenführer, 109ff., 153ff., 206ff. u.ö.

35 C.G. Jung, Dream Analysis. Notes of the Seminar given in 1928-1930
by C.G. Jung, Ed. by W. McGuire (Bollingen Series XCIX), Princeton
N.J. 1984, p. 326. Zitiert nach G. Isler, Der Schlangenkuss, S. 109.

36 Vgl. C.G. Jung, GW 9/I, Über Wiedergeburt, § 245. Die Stelle bezieht
sich auf die islamische Chadir-Legende, in welcher Moses durch Leichtsinn einen Fisch verliert.

37 M.L. von Franz, Referat in: C.G. Jung, Seminare, Kinderträume, Olten
1987, S. 260. Die folgenden Zitate ebenda.

38 Das Motiv stammt von der italienischen Wallfahrtskirche St. Maria di
Re.

39 C.G. Jung, Zarathustra, p. 103.

40 M.L. von Franz, Der Individuationsprozess, in: Archetypische Dimensionen der Seele, S. 362f. und Jung, GW 14,1, §§ 275f.

41 Die ägyptische Hieroglyphe für Stadt hält den ältesten Grundplan der Siedlung fest: den durch ein Straßenkreuz viergeteilten Kreis: Als Symbol der Ganzheit kann die Stadt geradezu hymnisch besungen werden, wie in der Schlussvision der neutestamentlichen Apokalypse vom tausendjährigen Friedensreich, wo von der Stadt als dem neuen Jerusalem gesagt wird, sie sei »gerüstet wie eine Braut, die für ihren Mann geschmückt ist«. Sie ist »von Gott her aus dem Himmel herabgekommen«, hat eine »große und hohe Mauer« und nichts »Unreines wird in sie eingehen«. (Off. 21) Die Symbolik des Hierosgamos weist zurück auf die alte Vorstellung der Stadt als Ort der Vereinigung der Gegensätze von Himmel und Erde, auf den kosmischen Bezirk, in welchen der göttliche Friede eingekehrt ist.

42 Zitiert nach Annemarie Schimmel, Rumi, Leben und Werk des großen Mystikers, München 1995[8], S. 88.

Literaturverzeichnis

Textausgaben zum Gilgamesch-Epos

Bottéro, J., L'Epopée de Gilgames, Gallimard 1992
Heidel, A., The Gilgamesh epic and Old Testament parallels, Chicago 1940
Schmökel, H., Das Gilgamesch-Epos, Stuttgart 1978[4]
Schott, A., Das Gilgamesch-Epos, neu hg. von W. von Soden, Stuttgart 1984[3]
Speiser, E.A., The Epic of Gilgamesh, in Pritchard, J.B. (ec.), Ancient Near Eastern Texts Relating to the Old Testament, 2nd ed. Princeton, 1955
Thompson, R. Campbell, The Epic of Gilgamesh, London, 1928

Verwendete Literatur

Abt, T., Fortschritt ohne Seelenverlust, Bern 1988[2]
Adorno, Th.W., Minima Moralia, Reflexionen aus dem beschädigten Leben, suhrcamp tb 1978
Andreae, J.V., Chymische Hochzeit, Christiani Rosencreutz, Anno 1459, eingeleitet und herausgegeben von R. Van Duelmen, Stuttgart 1991[3]
Asmussen, J.P., Handbuch der Religionsgeschichte, Göttingen 1971
Assmann, J., Ägypten. Theologie und Frömmigkeit einer frühen Hochkultur, Stuttgart 1984
ders., Sonnenhymnen in thebanischen Gräbern, Mainz am Rhein, 1983
ders., Ägyptische Hymnen und Gebete, Zürich und München 1975
Bachofen, J., Das Mutterrecht, Edition Suhrcamp tb 1975 (Erstausgabe 1861)
Balz-Cochois, H., Inanna, Wesensbild und Kult einer unmütterlichen Göttin, in: Studien zum Verstehen fremder Religionen, Hg. J. Assmann und Th. Sundermeier, Gütersloh 1992
Barta, W., Das Gespräch eines Mannes mit seinem Ba, Münchner Ägyptologische Studien Bd. 18, 1969
Barth, G., Der Brief an die Philipper, Zürcher Bibelkommentare, Zürich 1979
Barz, H., Männersache. Kritischer Beifall für den Feminismus, Zürich 1984
Bernet, W., Inhalt und Grenze der religiösen Erfahrung, Eine Untersuchung der Probleme der religiösen Erfahrung in Auseinandersetzung mit C.G. Jung, Bern 1955

Beyerlin, W. (Hg.), Religionsgeschichtliches Textbuch zum Alten Testament, Göttingen 1974

Binder, W., Literatur als Denkschule, München, Zürich 1978

Birkhäuser-Oeri, S., Die Mutter im Märchen, Stuttgart 1976

Boehl, F.M.T. de Liagre, Das Problem ewigen Lebens im Zyklus des Gilgemsch-Epos, in: Oberhuber, K., Das Gilgamesch-Epos, Darmstadt 1977

Bonaventura, Itinerarium mentis in Deum, (Pilgerbuch des Seele zu Gott), Lateinisch und Deutsch, Kösel-Verlag, München 1961

Bottéro, J., La Religion Babylonienne, Paris 1952

Brockmann, Doris, Ganze Menschen – Ganze Götter. Kritik der Jung-Rezeption im Kontext feministisch-theologischer Theoriebildung, Paderborn, München, Wien, Zürich 1991.

Buck, de A., De Godsdienstige opvatting van den slaap inzonderheid in het oude egypte, in: MVEOL Nr. 4, Leiden 1939

Clemens Alexandrinus, Paedagogus

Cumont, F., Die Mysterien des Mithras, Darmstadt 1981

van Dijk, J.J.A., Sumerische Religion, in: J.P. Amussen, Handbuch der Religionsgeschichte, Göttingen 1971

Dilthey, W., Ideen über eine beschreibende und zergliedernde Psychologie (l894), Ges. Schriften Bd. V

Drewermann, E., Tiefenpsychologie und Exegese, Bd.I, Zürich 1987

Eckehart, Meister Eckehart, Deutsche Predigten und Traktate, hg. von J. Quint, München 1978[5]

Eichmann-Leutenegger, Beatrice, Verabredungen mit Männern, Zürich 1994

Eliade, M., Die Religionen und das Heilige, Salzburg 1954

ders., Geschichte der religiösen Ideen, Bd. I, Freiburg i.Br. 1979[2]

Falkenstein, A., von Soden W., Sumerische und akkadische Hymnen und Gebete, Zürich 1953

ders., Art. »Gilgamesch« im Reallexikon der Assyriologie, Bd. III

ders., Der sumerische und der akkadische Mythos von Inannas Gang zur Unterwelt, Festschrift für W. Caskel, 1968

Farber-Flügge, G., Der Mythos »Inanna und Enki« unter besonderer Berücksichtigung der Liste der Me, in: Studia Pohl 10, Rome 1973.

Faulkner, R.O., The Ancient Egyptian Pyramid Texts, Oxford University Press 1060; neu: 1993

von Franz, M.L., Das Unbewusste und die Wissenschaften, in: Der Mensch und seine Symbole, Olten 1968

dies., Aurora consurgens, Mysterium coniunctionis, Ergänzungsband, C.G. Jung GW 14,3, Olten 1978[2]

dies., Traum und Tod, München 1984

dies., Die Erlösung des Weiblichen im Manne, Frankfurt am Main 1986[3]

dies., Referat in: C.G. Jung, Seminare, Kinderträume, Olten 1987 dies., Psychologische Märcheninterpretation, Knauer Sachbuch, München 1989

dies., Die religiöse Dimension in der Analyse, in: Psychotherapie, Einsiedeln 1990

dies., The Way of the Dream, A conversation with Fraser Boa, Toronto 1991

dies., C.G. Jungs Rehabilitation der Gefühlsfunktion in unserer Zivilisation, in: Jungiana, Reihe A, Bd. 3, Küsnacht 1991, S. 17ff.

dies., Der ewige Jüngling, Der Puer Aeternus und der kreative Genius im Erwachsenen, Kösel-Verlag München 1992[2]

dies., Nike und die Gewässer der Styx, in: Archetypische Dimensionen der Seele, Einsiedeln 1994

dies., Der Inividuationsprozess, in: Archetypische Dimensionen der Seele, Einsiedeln 1994

Gadamer, H.G., Hermeneutik I, Wahrheit und Methode, Grundzüge einer philosophischen Hermeneutik, Gesammelte Werke Bd. l, Tübingen 1986

Gnädinger, L., Johannes Tauler, Lebenswelt und mystische Lehre, München 1993

Goethe, J.W., Hamburger Ausgabe in 14 Bänden von E. Trunz

Gressmann, H., Ebeling, E., Ranke, A., Altorientalische Texte zum Alten Testament, Berlin 1926[2]

Harding, E., Frauenmysterien, Berlin 1982[2]

Heine, S., Wiederbelebung der Göttinnen? Zur systematischen Kritik einer feministischen Theologie, Göttingen 1987

Heisenberg, W., Wandlungen in den Grundlagen der Naturwissenschaft, Zehn Vorträge, Stuttgart 1980[11]

Helck, W., Betrachtungen zur großen Göttin und den ihr verbundenen Gottheiten, in: Religion und Kultur der Alten Mittelmeerwelt in Parallelforschungen, Bd. 2., München und Wien 1971

Hennecke, E., Schneemelcher, W., Neutestamentliche Apokryphen II, Tübingen 1964[3]

Heraklit, Fragmente, griechisch und deutsch, hg. von B. Snell, Sammlung Tusculum, Zürich 1983

Hertzka, G., Strehlow, W., Die Edelsteinmedizin der heiligen Hildegard, Freiburg im Br. 1986[2]

Homer, Odyssee, Werke in 2 Bänden, aus dem Griechischen übersetzt von D. Ebener, Bibliothek der Antike, Berlin und Weimar 1983

Horkheimer, M., Adorno, Th.W., Dialektik der Aufklärung, Frankfurt am Main 1969

Hornung, E., Altägyptische Höllenvorstellungen, Berlin 1968

ders., Der Eine und die Vielen, Darmstadt 1973

ders., Tal der Könige. Die Ruhestätte der Pharaonen, Darmstadt 1983

ders., Echnaton, Die Religion des Lichtes, Zürich 1995

Hruska, B., Das spätbabylonische Lehrgedicht »Inannas Erhöhung«, in: Archiv Orientalni 37, 1969

I Ging, Das Buch der Wandlung, übersetzt von R. Willhelm

Isler, G., Der Schlangenkuss, Zur Erlösung des Weiblichen in den Volkssagen des Alpengebietes, in: Jungiana, Reihe A, Bd. l, Küsnacht 1989

ders., Die Überwindung der Hexe. Zum psychologischen Verständnis einiger Hexensagen, in: Beiträge zur Europäischen Ethnologie und Folklore, hg. von L. Petzold, Frankfurt a.M., Bd. 4, 1993

Jacobsen, Th., Toward the Image of Tammuz, Cambridge 1970

ders., The Treasures of Darkness, London 1976

ders., Mesopotamien, in: H. Frankfort (Hg.), Alter Orient – Mythos und Wirklichkeit, Stuttgart 1981

Janowski, B., u.a. (Hrsg.), Gefährten und Feinde des Menschen. Das Tier in der Lebenswelt des alten Israel, Neukirchen-Vluyn 1993

Johannes vom Kreuz, Dunkle Nacht, Zweiter Band der sämtlichen Werke, Kösel-Verlag, 1987[8]

ders., Geistlicher Gesang, Vierter Band, 1993[6]

Johnson, B., Die Große Mutter in ihren Tieren, Olten 1990

Jung, C.G., Gesammelte Werke, Walter Verlag Olten 1974-1994

ders., Briefe, 3 Bände

ders., Seminare, Kinderträume, Olten 1987

ders., Zugang zum Unbewussten, in: Der Mensch und seine Symbole, Olten 1968

ders., Dream Analysis. Notes of the Seminar given in 1928-1930 by C.G. Jung, Ed. by W. McGuire (Bollingen Series XCIX), Princeton N.J. 1984

Jung, C.G. im Gespräch, Interviews, Reden, Begegnungen, Zürich 1960

Jung, C.G., Erinnerungen, Träume, Gedanken, aufgezeichnet und herausgegeben von A. Jaffe, Zürich 1962

Jung, C.G., Nietzsches Zarathustra, Notes of the Seminar given in 1934-1939, edited by J.L. Jarrett, in two parts, London 1994

Jung, E., von Franz, M.L., Die Gralslegende in psychologischer Sicht, Zürich 1960

Jung, L., Der Archetypus des Knaben, Jungiana, Egg 1995

Kalevala, Das finnische Epos, Stuttgart 1985

Keel, O., Das Hohelied, Zürich 1986

ders., Eine Kurzbiographie der Frühzeit des Gottes Israels. In: Bulletin. Europäische Gesellschaft für katholische Theologie, 5. Jg, Heft 2, Tübingen 1994

ders., Mit Cherubim und Serafim, in: Bibel heute, 28. Jg. (1992)

Kerényi, K., Labyrinth-Studien, Amsterdam/Leipzig 1941

ders., Vater Helios, in: Eranos Jahrbuch X, 1943

ders., Einführung in das Wesen der Mythologie, Hildesheim 1980

Kirk, G.S., Myth. Its Meaning and Functions in Ancient and other Cultures, Cambridge 1970

Kluger-Schärf, R., Einige psychologische Aspekte des Gilgamesch-Epos, in: Aspekte Analytischer Psychologie 6, 1975 (siehe auch: Schärf-Kluger)

Kramer, S.N., The epic of Gilgamesh and its Sumerian sources, in: Journal of the American Oriental Society 64, 1944

ders., Geschichte beginnt mit Sumer, München 1959

ders., The Sacred Marriage Rite, London 1969

ders., Die Wiege der Kultur, Zeitalter der Menschheit, Time-Life Bücherei 1969

ders., Sumerian Mythology, A Study of Spiritual and Literary Achievement in the Third Millenium B.C., Philadelphia 1972

Labat, R., Les Religions du Proche Orient asiatique, 1970

Lambert, W.G., Millard, A.R. Atrachasis, The Babylonian Story of the Flood, Oxford 1969

Lao-Tse, Tao te king, Übersetzung von V.V. Strauss, Manesse Verlag Zürich 1959

Lawrence, D.H., Apocalypse, The Albatros 1932

Layard, J., The Incest Taboo and the Virgin Archetype, in: Eranos Jb. XII, 1945

Leeuw, G., van der, Phänomenologie der Religion, Tübingen 1970[3]

Lorenz, E., Der nahe Gott, Freiburg im Br. 1985

Maier Johann (Übersetzer), Die Texte vom Toten Meer, München 1960

Malten, J., Der Stier in Kult und mythischem Bild, Jb. des deutschen archäologischen Instituts, 43. Bd. 1928

Mann, U., Theogonische Tage. Die Entwicklungsphasen des Gottesbewusstseins in der altorientalischen und biblischen Religion, Stuttgart 1970

Marquard, O., Abschied vom Prinzipiellen, Philosophische Studien, reclam Stuttgart 1987

Meuli, K., Griechische Opferbräuche, in: Ges. Schr., 2. Bd. Basel, Stuttgart 1975

Moortgat, A., Tammuz, Der Unsterblichkeitsglaube in der altorientalischen Bildkunst, Berlin 1949

Neumann, E., Ursprungsgeschichte des Bewusstseins, Zürich 1949

ders., Tiefenpsychologie und Neue Ethik, München 1973[3]

ders., Die große Mutter, Olten 1977[3]

Nishitani, K., Was ist Religion?, Frankfurt am Main 1982

Nissen, H.H., Gründzüge einer Geschichte der Frühzeit des Vorderen Orients, Darmstadt 1983

Oberhuber, K. (Hg.), Der numinose Begriff ME im Sumerischen, Innsbruck 1963

ders., Das Gilgamesch-Epos, Wege der Forschung 215, Darmstadt 1977

Ovid, Metamorphosen, übersetzt und hgg. von H. Breitenbach, reclam Stuttgart 1982

Peat, F.D., Synchronizität. Die verborgene Ordnung, Goldmann tb 1992

van der Post, L., Wenn Stern auf Stern aus der Milchstraße fällt, Zürich 1995

Pritchard, J.B., Ancient Near Eastern Texts Relating to the Old Testament, Princeton 1963[3]

von Rad, G., Weisheit Israels, Neukrichen-Vluyn, 1985[3]

Rahner, H., Symbole der Kirche, Die Ekklesiologie der Väter, Salzburg 1964

Rilke, R.M., Briefe an einen jungen Dichter, Insel Verlag, Frankfurt am Main 1987

Römer, W.H.Ph., Einige Überlegungen zur »Heiligen Hochzeit« nach altorientalischen Texten, in: Von Kanaan bis Kerala, Festschrift für J.P.M. van der Ploeg, Neukirchen-Vluyn 1982

ders., Sumerische »Königshymnen« der Isin-Zeit, Leiden 1965

Rosarium Philosophorum, Ein alchemistisches Florilegium des Spätmittelalters, Faksimile der illustrierten Erstausgabe, Frankfurt 1550, Bd. 2, J. Telle (Hrsg. und Übersetzer)

Rudin, J., Ein Beitrag von C.G. Jung zur Religionspsychologie, in: H. Zollinger, (Hg.), C.G. Jung im Leben und Denken unserer Zeit, Olten 1975

Schärf-Kluger, R., The Archetypal Significance of Gilgamesh, Einsiedeln 1991 (siehe auch Kluger-Schärf)

Schimmel, A., Rumi, Leben und Werk des großen Mystikers, München 1995[8]

dies., Mystische Dimensionen des Islam. Die Geschichte des Sufismus. München 1995[5]

Schmökel, H., Das Gilgamesch-Epos, Stuttgart 1978[4]

ders., Ur, Assur und Babylon. Drei Jahrtausende im Zweistromland, Zürich 1955

ders., Geschichte des alten Vorderasiens, Leiden 1957

ders., Kulturgeschichte des Alten Orient, in Zusammenarbeit mit H. Otten, V. Maag und T. Beran, Stuttgart 1961

ders., Das Land Sumer, Urban-Bücherei 13, Stuttgart 1962

Schweizer, A., Gedanken zum Suchtproblem der Gegenwart, in: Analytische Psychologie 11, 1980

ders., Echnatons Sonnenglauben. Die religiöse Dimension der Bewusstwerdung, in: Analytische Psychologie 1991

ders., Gilgamesch. Von der Bewusstwerdung des Mannes. Eine religionspsychologische Deutung, Theologischer Verlag Zürich, 1991

ders., Seelenführer durch den verborgenen Raum, Das ägyptische Unterweltsbuch Amduat, Kösel-Verlag München 1994

Schweizer-Vüllers, R., Das Bild Gottes. Deutung der mittelalterlichen Legende von der Entstehung des Volto Santo durch Nikodemus, in: Jungiana Reihe A, Bd. 6

Soden, W., von, Zweisprachigkeit in der geistigen Kultur Babyloniens, Österreichische Akademie der Wissenschaften, Phil.-hist. Klasse, Wien 1960

Staiger, E., Nachwort zu Vergil, Aeneis, Zürich 1981

ders., Fausts Heilschlaf, Hamburger Akademische Rundschau 2, 1947/48

Stolz, F., Das Gleichgewicht von Lebens- und Todeskräften als Kosmos-Konzept Mesopotamiens, in: M. Svilar (Hg.), Der Mensch und seine Symbole, Bern 1986

ders., Tradition orale et tradition écrite dans les religions de la Mésopotamie antique, dans: Ph. Bargeaud (Ed.), La mémoire des Religions, Genève 1988

ders., Der mythische Umgang mit der Rationalität und der rationale Umgang mit dem Mythos, in: H.H. Schmid, (Hg.), Mythos und Rationalität, Gütersloh 1988

ders., Feministische Religiösität - Feministische Theologie, Religionswissenschaftliche Perspektiven, in: Zeitschrift für Theologie und Kirche, 1989

Theresia von Jesu, Das Leben der heiligen Theresia von Jesu, Erster Bd. der sämtlichen Schriften, Kösel-Verlag, München 1994[8]

dies., Das Buch der Klosterstiftungen, Zweiter Bd. der sämtlichen Schriften von Theresia von Jesu, Kösel-Verlag, München 1989[4]

dies., Weg der Vollkommenheit, Sechster Bd. der sämtlichen Schriften, Kösel-Verlag, München 1990[5]

Vergil, Aeneis, Deutsch von E. Staiger, Zürich 1981

Weder, H., Gesetz und Sünde, Gedanken zu einem qualitativen Sprung im Denken des Paulus, NTS 31 (1985)

ders., Neutestamentliche Hermeneutik, Zürich 1986

Weippert, M., Synkretismus und Monotheismus, in: J. Assmann, D. Harth (Hg.), Kultur und Konflikt, Frankfurt a.M. 1990

Wilcke, C., Göttliche und menschliche Weisheit im Alten Orient, in: A. Assmann (Hg.), Weisheit, München 1991

Wilckens, W., Weisheit und Torheit. Eine exegetisch-religionsgeschichtliche Untersuchung zu 1. Kor. 1 und 2, Tübingen 1959, BHTh 26

Wolf, Chr., Voraussetzungen einer Erzählung: Kassandra, Darmstadt 1983

Wolf, W., Kulturgeschichte des Alten Ägypten, Stuttgart 1962

Wolff, T., Einführung in die Grundlagen der Komplexen Psychologie, in: Studien zu C.G. Jungs Psychologie, Zürich 1981[2]

Wolkstein, D., Kramer, S.N., Inanna, Queen of Heaven and Earth, New York 1983

dies., The First Love Stories, Harper Collins Publisher, New York 1991

Zimmer, H. Philosophie und Religion Indiens, suhrcamp tb, Frankfurt 1973

Lexika

Lexikon der Ägyptologie, Herausgegeben von W. Helck und E. Otto, Wiesbaden 1972 ff.

Paulys Realencyclopädie der classischen Altertumswissenschaft, Supplement-band IX, Stuttgart 1968

Reallexikon der Assyriologie und Vorderasiatischen Archäologie, herausgegeben von D.O. Edzard, Berlin, New York 1928ff.

Für weitere religionsgeschichtliche Literatur siehe A. Schweizer, Gilgamesch (1991)

Register

317